신약성경입문

생명의 샘터

미우라 아야꼬 지음
김유곤 옮김

설 우 사

역자의 말

　성경은 만인의 책이다. 단지 기독교의 경전만은 결코 아니다. 성경을 모르고서는 세계의 문화, 특히 서양 문화를 도저히 이해할 수 없으며, 문학 예술을 감상할 수 없다. 불후의 명작은 거의가 성경에서 제재(題材)를 취한 것들이기 때문이다. 그러기에 성서만큼 베스트 셀러이자 롱셀러인 책도 없다.
　그러나 이 성경이 반드시 만인이 읽고 곧 이해할 수 있는 쉬운 책인가 하면 그렇지는 않다. 그 이유는 여러 가지가 있겠으나, 우리와는 우선 2천 년이란 시간적인 간격과 팔레스타인 지역이라는 공간적인 거리가 개재해 있기 때문이다. 그래서 현대의 우리와는 역사·문화·풍습·언어 등의 차이가 있다. 그러므로 처음으로 성경을 대하는 이에게는 손쉬운 해설서가 필요하다.
　저자인 미우라아야꼬(三浦綾子) 여사는 일본의 유명한 기독교적 입장에 선 작가이다. 그녀는 신학자도 아니고 성직자도 아니다. 그녀는 평신도로서 자기의 체험에 입각해서 이 입문서를 썼다. 평신도이기에 그만큼 더 순수한 관점에서 순수한 해설을 가했고, 작가이기 때문에 더욱 재치있는 문장이 빛을 발하고 있음을 본다.
    번역도 원저자의 의도를 살려 쉽고 명쾌하게 이해되도록 하느라고 정성을 다하였다. 이 입문서를 통하여 독자 여러분이 좀더 신약성경과 친숙하게 되어, 신선한 샘터에서 생명의 샘물을 마음껏 마시게 되기를 바라마지 않는다.

1991년 7월
역자 김유곤

머리말

사람은 대체로 언제 어떠한 동기로 성경을 읽게 될까?

우리 나라 가정의 약 8할은 성경을 가지고 있다고 하는데, 그 성경을 사람들은 어떻게 해서 구하게 되었을까?

남에게서 선물받았다는 사람도 있을 것이고, 어느 날 서점에서 문득 눈에 띄어 샀다고 하는 사람도 있을 것이다.

언젠가 나는 한 권의 성경을 사기 위하여 낙도에서 일부러 배를 타고, 도시의 서점에까지 나와서 사갔다는 사람의 말을 듣고 감동한 적이 있다.

아무튼 갖가지 경로로 성경이 우리 집 안에 들어와 있는 것이다. 그러나 아무리 자기 자신이 사 왔어도 그 성경을 처음부터 끝까지 다 읽었다고 하는 사람은 그렇게 많이 있으리라고 생각되지 않는다. 대개의 경우 펴보기는 했으나 곧 덮어 버렸다든가, 오래 전부터 성경이 집에 있기는 하나 펼쳐 본 적은 없다든가 하는 것이 보통일 것이다.

세상에는 성경과는 전혀 관계없이 일생을 마치는 사람도 적지 않다. 그러나 어떤 사람이라도 일생에 한 번이나 두 번은 반드시 "오오, 하나님!"하고 외치며 "도대체 어떻게 하면 좋은가?"하고, 탄식하며 슬퍼하고 괴로워하는 일이 있을 것이다.

만일 그런 때에 그 사람이 성경을 알고 있다면, 그 괴로움과 슬픔은 그 사람에게 있어서 단순한 괴로움이나 슬픔에 그치지 않고 매우 다른 의미를 가질지도 모른다. 나 자신이 성경을 몰랐을 때의 나와, 알고 나서부터의 나를 비교해 보고 그렇게 생각하게 된 것이다.

나는 13년이라는 오랜 세월 동안 병을 앓아 왔었다. 육친과 애인의 죽음을 겪었다. 인간 관계의 고민도 있었다. 그러나 성경을 알게 된 후에 그러한 슬픔과 괴로움은 그전의 슬픔과 괴로움과는 전혀 다른 의미를 가지게 되었다.

나는 성경을 한 번도 가져 본 적이 없는 사람, 읽어 보기는 했으나 어려워서 읽을 수 없다고 생각되어 포기한 사람, 그런 사람들과 함께 신약성경의 세계에 대하여 되도록 쉽게 말해 보고 싶어서 이 책을 쓰기 시작하였다.

내게도 성경은 어려운 책이었기에 그런 사람들의 마음을 잘 알 수 있기 때문이다. 지금은 그다지 볼 수 없으나 나의 소녀시절에는 이른바 노방전도를 하는 구세군의 모습을 흔히 볼 수 있었다.

북을 치며

    믿기만 하오

    믿는 사람은 아무든지

    구원 얻으리

라고 찬송가를 목청껏 부르며 성경을 읽고 길 가는 사람들에게 전도하는 것이었다. 대개의 사람들은 관심을 나타내지 않고 재빨리 지나쳐 버린다.

그 가운데는 "예수쟁이들이군"하고 들으라는 듯이 비웃는 사람도 있었다. 그러나 때로는 두세 사람이 발걸음을 멈추고 가만히 그 말에 귀를 기울이는 사람도 있었다.

나는 관심을 보이지 않고 지나쳐 버리는 사람 쪽이었다. 그러나 이 노방전도에 이끌려 신자나 목사가 된 사람도 더러 있었다.

나는 이「신약성경 입문」을「보석」이라는 월간잡지에 13회에 걸쳐 연재하였다. 정치·경제·사회 사건을 중심으로 편집하는 이 잡지에,「新約聖經 入門」을 연재할 때, 나는 참으로 노방전도를 시작하는 심정으로 썼다. 이 잡지는 종교잡지가 아니기 때문이다.

아마 많은 사람들은「新約聖經 入門」이란 나의 글에는 아무 관심도 보이지 않고, 건너뛰고 읽는 것이 아닐까 하고 나는 생각하였다. 이 단행본 역시 여러 가지 종류의 책들이 진열되어 있는 서점의 한 귀퉁이에 진열될 것이다. 역시 노방전도와 같은 것이 되지 않을지 모르겠다.

대개의 사람들은 이 책을 손에 들려고 하지 않을지도 모른다. 그러나 몇몇 사람은 열심히 읽어 줄지도 모른다. 그런 사람이 한 사람이나 두 사람만 있어도 좋다. 나는 그 사람들을 위하여 이 책을 세상에 보내고 싶은 것이다.

되풀이하지만, 나는 이「신약성경 입문」을 처음부터 끝까지 되도록 쉽게 쓰려고 애썼다. 나는 원래 목사도 아니고 전도사도 아니다. 주일마다 교회에 다니며 예배를 드리고 목사님의 설교를 듣고 있는 평신도에 불과하다. 그러므로 전문적인 것은 아무것도 모른다.

그리스도를 믿고 25년 간 목사님과 신앙의 선배에게 듣기도 하고 여러 가지 기독교 잡지와 참고서들을 읽기도 하면서 스스로 느끼고 생각한 것을 쓴 것뿐이다.

선인들이 연구하고 생각한 것이 내 나름의 형태로 이 책에 나타난 것뿐이며, 말하자면 남의 연구를 인용하거나 옮긴 것이 많다. 그러나 내 나름의 미력을 다하여, 이 책이 신약성경의 입문서로서 다소라도 이용되도록 기도하면서 썼다.

이 빈약한 책을 통하여 성경과 친해질 수 있게 된다면 참으로 다행이겠다. 이 책은 전에 출판한 「구약성경 입문」의 자매편이다. 성경은 구약과 신약을 합해야 완전한 한 권이므로 이 입문서도 또한 두 권을 합하여 한 권으로 생각하며 읽어 주기 바란다.

그리고 각 장이 고르지 못하며 마태복음에 특히 지면을 많이 할애하고, 서신은 그 성격상 좀 간단하게 되었음을 양해해 주기 바란다.

미우라 아야꼬

차례

역자의 말 3

머리말 5

1강 마태복음 11

2강 마가복음 70

3강 누가복음 87

4강 요한복음 111

5강 예수의 십자가 132

6강 예수의 죽음과 부활 155

7강 사도행전 173

8강 사도들의 서신집 189

9강 푸대접받는 야고보서 192

10강 로마서 197

11강 고린도전서 199

12강 고린도후서 202

13강 갈라디아서 206

14강 에베소서 ·········· 210

15강 빌립보서 ·········· 212

16강 골로새서 ·········· 214

17강 데살로니가(전·후)서 ·········· 218

18강 디모데(전·후)서 ·········· 221

19강 디도서 ·········· 224

20강 빌레몬서 ·········· 225

21강 히브리서 ·········· 228

22강 베드로(전·후)서 ·········· 231

23강 요한일서 ·········· 234

24강 요한 이·삼서 ·········· 237

25강 유다서 ·········· 240

26강 요한계시록 ·········· 242

1
마태복음

사랑하는 사람에게서 받은 성경

내가 처음으로 성경을 손에 든 것은 교회학교에 다니던 초등학교 3학년 때다. 그러나 이때 내가 교회학교에 다닌 것은 하나님을 믿고 싶어서가 아니었다.

우리 집은 방이 셋밖에 없는 작은 집이었는데, 당시 12명이나 되는 대가족으로 사내아이가 많아서 일요일이면 온 집안이 떠들썩하게 조용한 날이 없었다.

비 오는 날이나 겨울의 추운 날이면 아무래도 집 안에서 놀게 된다. 더구나 책읽기를 좋아하던 나는 그런 싸움의 세계가 싫어서 친구가 꼬시는 대로 교회에 다닌 것뿐이다. 말하자면 조용한 일요일이 좋았던 것이다. 그러므로 그때 성경을 읽은 것이 내게 그렇게 큰 영향을 주지는 못했다. 커서 성경을 읽은 것은 이미 27세가 된 요양중의 일이다. 그때도 나는 성경을 진심으로 읽고 싶은 생각은 없었다.

나는 전쟁 중에 다른 교사들처럼 무턱대고 열성을 부리던 교사였다. 7년째 되던 해 패전을 당했다. 일본은 미군의 점령하에 들어갔다. 미군의 지령으로 교과서는 꽤 많은 페이지를 먹으로 까맣게 칠하지 않으면 안 되었다. 그러한 작업을 학생들에게 지시하면서 아직 젊었던 나의 가슴은 견딜 수 없는 굴욕감으로 괴로웠다. 어제까지 당당하게 가르쳐 왔던 교과서에 먹칠을 하게 한다는, 이 이상한 체념 속에서 나는 언덕에서 굴러 떨어지는 것 같은 속도로 허무의 구렁텅이에 떨어져 버린 것이다.

자세한 것은 자서전「길은 여기에」에 썼지만 그때부터 나는 이미 열심있는 교사는 아니었다. 그때까지 열성적이었던 만큼 교과서에 먹칠을 하게 한 교사인 나는, 아이들 앞에 얼굴을 들 수 없다고 생각하며 교단에 섰다. 더 이상 나는 엄하게 꾸짖는 교사가 아니었다. 수업중 학생들이 떠들어대거나, 숙제를 해오지 않더라도 그냥 내버려두었다. 여기저기 먹칠투성이인 교과서, 그 어디를 펴서 대체 무엇을 가르치라는 것인가? 어제까지 옳던 것이 왜 옳지 않은가? 과연 오늘 옳지 않은 것이 정말 틀린 것인가? 나는 가르친다는 것이 얼마나 무거운 책임인가를 그때 겨우 깨달았고 그것이 나를 전율케 했다. 그리고 나는 교실에서 뜨게질을 하면서 학생들에게 자습을 시키는 교사가 되어 버렸다.

이러한 가운데서 나는 두 남자와 거의 동시에 약혼하고, 퇴직하고, 그 직후 병이 나서 결핵 요양원에 들어갔다. 그리고 3년이란 세월이 흐르고, 나는 여전히 허무주의적인 나날을 보내며 요양하고 있었다. 그러한 내 앞에 나타난 것이 어렸을 적 친구인 마에가와(前川 正)라는 의학도였다. 그도 요양중이었는데 그는 나와 달리 크리스천 가정에서 자라난 신자였다. 그에게서 신약성경을 선물 받은 것은 그로부터 1년 후였다.

그가 읽던 낡은 신약성경의 속표지에는
"너희는 무거운 짐을 서로 져 주어라"는 성구가 적혀 있었다.

그 성경을 내게 주면서 그는 말했다.

"나와 함께 날마다 성경을 처음부터 읽어 보지 않겠습니까?"
나는 고개를 끄덕였다. 이렇게 고개를 끄덕이게 되기까지의 1년 동안의 일은 사연이 좀 길므로 건너뛰지만, 요컨대 나는 그를 사랑하기 시작했던 것이다.

예수 그리스도의 족보

그러나 허무주의적인 생각은 뿌리 깊게 내 마음에 배어 있었다(그에게서 성경을 받기 1년 전에 다른 사람에게서도 받았으나 거의 읽지 않았다).

아브라함과 다윗의 자손 예수 그리스도의 족보라

라는 시작과 함께, 이어서 몇 십 명인가의 사람 이름이 나열되어 있었다. 나는 여기에 놀랐다. 나는 비교적 독서를 좋아하는 편이다. 서양의 번역물도 곧잘 읽었다. 지루할 정도의 자연 묘사로 시작되는 소설이라도 그다지 두려워한 적은 없다. 그런데 이 신약성경의 첫 페이지는 얼마나 정나미가 떨어지는 대목이었던가!

성경을 가지고 있는 분이나 읽어본 분은 아시겠지만, 성경을 가지지 않은 사람은 그것이 얼마나 정나미가 떨어지는 글의 첫머리인지 아마 상상도 못 할 것이다. 그래서 여기에 마태복음 1장의 족보 부분 전문을 인용해 보려고 한다. 이 첫머리의 글을 처음 읽고 '이것은 재미있을 것 같다'라든가, '얼마나 훌륭한 서두인가!'라고 처음부터 생각한 분이 있다면 편지를 보내 주시기 바란다.

아브라함과 다윗의 자손 예수 그리스도의 족보.
아브라함이 이삭을 낳고, 이삭은 야곱을 낳고, 야곱은 유다와 그 형제를 낳고, 유다는 다말에게서 베레스와 세라를 낳고, 베레스는 헤스론을 낳고, 헤스론은 람을 낳고, 람은 아미나답을 낳고, 아미나답은 나손을 낳고, 나손은 살몬을 낳고, 살몬은 라합에게서 보아스를 낳고, 보아스는 룻에게서 오벳을 낳고, 오벳은 이새를 낳고, 이새는 다윗 왕을 낳았다. 다윗은 우리아의 아내에게서 솔로몬을 낳고, 솔로몬은 르호보암을 낳고, 르호보암은 아비야를 낳고, 아비야는 아사를 낳고, 아사는 여호사밧을 낳고, 여호사밧은 요람을 낳고, 요람은 웃시야를 낳고, 웃시야는 요담을 낳고, 요담은 아하스를 낳고, 아하스는 히스기야를 낳고, 히스기야는 므낫세를 낳고, 므낫세는 암몬을 낳고, 암몬은 요시야를 낳고, 바벨론으로 이주할 때에 요시야는 여고냐와 그의 형제를 낳았다. 바벨론으로 이주한 후에 여고냐는 스알디엘을 낳고, 스알디엘은 스룹바벨을 낳고, 스룹바벨은 아비훗을 낳고, 아비훗은 엘리아김을 낳고, 엘리아김은 아소르를 낳고, 아소르는 사독을 낳고, 사독은 아킴을 낳고, 아킴은 엘리웃을 낳고, 엘리웃은 엘르아살을 낳고, 엘르아살은 맛단을 낳고, 맛단은 야곱을 낳고, 야곱은 마리아의 남편 요셉을 낳았으니 마리아에게서 그리스도라 칭하는 예수가 나셨다.

어떤가? 이 족보를 한 자도 빼놓지 않고 다 읽을 분이 과연 몇 분이나 있을까? 나는 마에가와 성경을 건너뛰지 않고 읽기로 약속하였으므로 할 수 없이 읽었다. 어쨌든 한 자도 빼놓지 않고 읽었다. 이만큼 읽은 데도 너무 지루하였다. 그래서 중도에 만약 이 중에서 나의 애인을 고른다면 어떤 이름이 좋을까 하고, 참으로 진실치 못한 태도로 겨우 읽었다.

'웃시야란 좋지 않아. 스룹바벨이란 기분 나쁘다.'

이런 식으로 생각하면서 읽었다. 하지만 그로부터 20년이 지난 지금은 다르다. 지금의 나는 지루함을 느끼지 않고 도리어 재미있게 이 족보도 읽어 내려갈 수 있다. 이 '마태복음'은 원래 유대 사람을 위하여 기록된 책이다.

버클리의 주해서에 따르면, 유대 사람에게는 그 인물이 어떤 가문에서 태어났느냐 하는 것이 매우 중대한 일이었다. 왜냐하면, 유대인은 민족의 순수한 피를 존중하였기 때문이다. 외국인의 피가 조금이라도 섞인 사람은 유대 사람이라고 불릴 자격이 없었다고 한다. 그러므로 하나님을 섬기는 제사장은 자기 족보를 제시할 의무가 있으며, 아내의 족보도 5대까지는 밝혀야 한다. 이런 족보는 한 곳에 보존되어 있었다.

당신 헤롯 왕은 에돔 사람과 유대 사람과의 혼혈이었으므로 등기소 계원을 죽이고 증거를 없애 버리려고까지 했다고 전해진다. 그 정도로 유대인에게는 족보가 존중시되고 있었다.

예수라는 30세쯤 되는 청년은 어떤 족보를 가지고 있었는가? 이 마태복음의 첫 페이지를 읽을 때의 유대인의 표정이 상상된다. 유대인들은 유대교의 성전(聖典)인 구약성경에 정통했다. 구약성경에 나타난 왕과 주요 인물들의 이름을 잘 기억하고 있다. 그 왕들의 이름이 차례차례 나오는 예수 그리스도의 족보는 대단히 무게가 있는 것이었음에 틀림없다. 나는 이 족보에 관하여 여러 번 설교를 들었는데, 이 자랑스러운 족보 중에 사실은 문제점이 숨어 있다. 다음에 인용하는 부분이 그것이다.

유다는 다말에게서 베레스와 세라를 낳고~

이 다말은, 사실은 유다 아들의 아내 곧 며느리였다. 며느리와 시아버지인 유다 사이에서 태어난 쌍둥이가 베레스와 세라인 셈이다. 이 며느리는 기생의 모습으로 시아버지를 유혹했던 것이다. 자세한 것은 구약성경 창세기 38장에 나와 있다. 이런 충격적인 일을 저지른 자가 이 족보에는 숨김없이 기록되어 있는 것이다.

살몬은 라합에게서 보아스를 낳고~

이 라합은 기생이다. 이 라합에 관한 이야기도 구약성경에 나와 있다.

보아스는 룻에게서 오벳을 낳고~

구약성경에는 룻이라는 아름다운 며느리와 시어머니의 이야기가 있다. 룻은 마음씨가 고운 며느리였으나 유대 사람이 싫어하는 외국인이다. 유대 사람으로서는 숨기고 싶은 일을 이 족보는 조금도 숨김 없이 전하고 있다.

다윗은 우리아의 아내에게서 솔로몬을 낳고~

다윗 왕의 이름은 독자도 알고 있으리라 믿는다. 다윗의 모습은 조각이나 그림에도 많이 남겨져 있다. 이 다윗이 솔로몬이란 아들을 얻었는데, 그 솔로몬의 어머니는 족보에 있는 대로 우리아라는 사나이의 아내인 것이다. 우리아는 다윗의 부하다. 그 부하가 싸움터에 나가 있던 어느 날, 다윗은 왕궁의 옥상에서 한 여인이 나체로 목욕하고 있는 것을 보았다. 멀리서 보아도 아름다운 그 여인에게 마음을 빼앗긴 다윗은 재빨리 그 여인을 불러다가 동침했다. 이윽고 그 여인, 곧 우리아의 아내는 임신하였다. 계명이 엄격한 유대교의 세계에서는 "간음하지 말라"는 계명은 비록 왕이라 하더라도 엄격히 적용되었던 것이다.

다윗은 그 임신을 감추기 위하여 우리아를 싸움터에서 돌아오게 하여 귀가시키려 했으나 우리아는 성에 머물러 있고, 아내에게로 들어가지 않았다. 그는 전우들이 싸우고 있는데, 자기만 홀로 아내와 동침할 수는 없다는 충의의 사람이었다. 그래서 다윗은 우리아를 간계로써 전사케 하고, 그 아내를 자기의 것으로 만들어 버렸다.

제2의 관문, 처녀 마리아의 임신

이러한 사건은 유대인이 다 잘 알고 있었다. 요컨대 예수 그리스도의 족보에는 반드시 선인들만이 등장하진 않는다. 도리어 유대인이 싫어했던 외국 여자, 간통한 남녀, 기생 같은 사람을 두드러지게 내세우려는 듯이 기록하고 있다. 이것은 바로 기독교 사상을 단적으로 나타낸 것이다. 곧 인간에 대한 무차별, 평등의 사상을 나타낸 것이다.

또 하나님의 아들 그리스도는 이같은 죄 많은 세계에 태어났다는 것을 말하는 것이다. 먼지투성이인 세상에야말로 예수 탄생의 비밀이 있었던 것이다. 그러나 내가 그러한 일을 안 것은 교회에 다니기 시작한 때부터이며 성경을 읽기 시작하였을 때에는 모르는 것이 많았다.

부끄러운 말이지만 '예수·그리스도'는 성명이라고 생각하였다. 곧 그리스도 가문의 예수라고 생각하였다. 그런데 예수는 이름이고 그리스도는 구주라는 뜻임을 나는 한참 후에야 겨우 알았다. 이런 잘못은 비단 나만이 아닌 것 같다.

내가 소속한 교회의 전임 목사는 어렸을 때, 예수가 남자인지 여자인지조차 몰랐다고 한다. 어느 날 그것을 자기 형에게 조용히 물어보았더니 영문 성경을 읽어보라고 하므로 영문 성경에 예수를 'He'라고 하였음을 보고 알았다는 것이다. 그런 잘못을 나도 몇 가지 간직한 채 성경을 읽었다. 그런데 앞에서 말한 족보가 지루하게 느껴지는 것은 어떤 의미에서는 우리에게 하나의 관문이라고 생각된다. 첫 페이지를 읽고 팽개쳐 버린 사람은, 굉장한 보물의 산인 성경의 세계를 찾아들 수가 없다.

첫째 관문을 통과하면, 둘째 관문이 기다리고 있다. 그러한 관문들을 몇 개 통과하고 난 후에야 비로소 성경을 자기의 생명보다 더 소중한 것으로 자기 손에 꼭 간직할 수 있게 되는 것이다.

이 족보 다음에 오는 관문은 이런 이야기다.

> 예수 그리스도의 탄생의 경위는 이러하다. 모친 마리아는 요셉과 약혼하였는데, 아직 동거하기 전에 성령으로 말미암아 몸이 무거워졌다.

마태복음 17

성경이란 재미있는 책이라고 나는 생각한다. 지구가 생긴 이래, 얼마나 많은 인간이 태어났는지 모르나 처녀가 성령(하나님의 영)으로 말미암아 아이를 낳았다고 하는 말은 들은 일이 없다. 그런 믿기 어려운 일을 첫페이지에 실음으로써 모처럼 성경을 읽으려고 생각하는 사람을 실망케 하고 있지 않은가? 첫머리는 누구나 이해하기 쉬운 것부터 썼더라면 좋았을 것이라고 나는 생각하였다. 그러나 구태여 이런 믿기 어려운, 황당 무계하다고 할 수 있는 사실을 신약성경은 그 첫페이지에 기록하고 있는 것이다. 하지만 그것은 그 사실이 너무나 움직일 수 없는 진실이었기 때문인지도 모른다.

10여 년 전에, 어떤 의학박사의 다음과 같은 연구를 신문에서 읽은 적이 있다. 그것은 커다란 바이브레이션(vibration)에 의하여 난자를 단독으로 분열시킴으로써 처녀 잉태도 가능하다고 하는 연구였다.

그 학자는 난자에다 몇만 번이나 바늘로 자극을 주어 연구하고 있다는 것이었다. 정신적으로나 육체적으로 큰 충격을 받았을 때, 난자는 정자를 받지 않고도 수태할 수 있다는 논리가 성립된다고 보는 것 같다.

세계 모든 교회에서는, 옛날부터 매주일 "성령으로 잉태하사 동정녀 마리아에게서 나시고…"라는 신앙고백을 하고 있다. 그 신자들 중에는 세계적인 대과학자도 대의학자도 얼마든지 있다. 결국 어떠한 대과학자라도 신도인 이상 이 처녀 잉태를 믿고 있는 것이다.

아무튼 성경은 신앙의 책이다. 현재 인간이 갖고 있는 지식으로써는 해명할 수 없는 기적의 이야기가 많이 내포되어 있다. 그러나 그러한 기적에 대한 의문과 비판에도 불구하고 성경은 2천년 역사 속에서 잘 견디어 왔다. 그런 줄 알고 우리도 기적에 대하여는 조급히 결론을 내리지 말고 겸손한 태도로 임하여야 할 것이다.

복음이란 '기쁜 소식'

'마태복음'이란, 마태라는 사람이 쓴 복음서라는 뜻이다(마태가 수집한 자료에 의하여 쓰여진 것인데, 작자 미상이란 설도 있다).

복음서란 '기쁜 소식'이며, 복음서에는 예수의 생애가 기록되어 있다. 복음서에는 마태복음, 마가복음, 누가복음, 요한복음의 넷이 있다. 그 중 요한복음 이외의 것을 공관복음서라고 한다. 내용이 대체로 공통되며, 같은 관점에서 기록되어 있기 때문에 그렇게 부른다.

요한복음은 공관복음서와는 다른 문체와 내용으로 되어 있다. 신약성경에는 이밖에 사도들의 신앙활동을 전하는 '사도행전', 그리고 사도들의 서신과 계시록이 있다. 이 신약성경의 이름을 기억하기에 편한 노래를 나는 배웠다. 이것은 대단히 편리하므로 여기에 적어 둔다.

마태 마가 누가 요한
사도 로마 고린도 갈라디아
에베소 빌립보 골로새 데살로니가
디모데 디도 빌레몬 히브리서
야고보 베드로 전·후서
요한 일이삼 유다계시록
구약성경을 합치면
성경은 66권

신약성경은 27권으로 되어 있는데, 하나하나 자세히 언급할 여유는 없다. 그러므로 중점적으로 이야기해 가려고 한다. 거듭 말하지만 나는 평신도다. 나 자신의 독창적인 생각은 매우 적으며, 특별히 연구한 것도 아니므로 이제까지 들은 설교나 몇 권의 참고서에서 인용한 것도 많다는 점을 미리 말해 두고 싶다.

'산상수훈'이란

'산상수훈'이란 말은 나도 성경을 읽기 전부터 들어왔다. 그러나 어쩐지 수훈이란 말에는 거부감을 느끼고 있었다. 인간이란, 가르침을 받는다는 것을 달가워하지 않도록 되어 있는 듯하다.

"이리 좀 와, 거기 앉아라"라고 어버이가 말할 때, 즐거운 표정을 지을 수 있는 자녀라면 보통이 넘는다. 대개는 마음속으로 '아, 또 무슨 꾸중을 듣게 될까? 말대답을 했기 때문일까? 시험 성적이 나빠서일까? 친구와 싸운 것이 발각된 것일까?' 등등을 생각하며 거기에 앉는다. 아니 요새는, "거기 앉아" 하며 꾸짖는 어버이도 드물다.

그건 그렇고, 수훈이란 말이 좋거나 좋지 않거나 이 산상수훈이 마태복음의 중요한 부분이므로 이 점을 지나쳐 버리고서는 마태복음을 말할 수 없다.

《5장》
예수께서 무리를 보시고 산에 올라가 앉으시니 제자들이 나아왔다.
입을 열어 가르쳐 말씀하시기를~

이 불과 한두 줄의 말씀을 읽고, 우리는 여기에 아무런 의문도 품지 않는다. 일부러 주해서를 보지 않으면 안될 어려운 표현은 하나도 없다. 그런데 주해서에 의하면 "앉으시니"라는 말에는 중요한 의미가 담겨 있다고 한다. 그 당시엔, 앉아서 가르친다는 것은 그 가르침이 결코 가벼운 것이 아니라는 것을 나타냈다고 한다.

나의 여고시절 선생님 중에는 교단을 왔다갔다하며 교탁에 걸터앉기도 하고, 때로는 창에 걸터앉아서 가르치는 선생님도 계셨다. 하지만 그런 선생님도 어떤 대목이 중요하다고 생각한 때에는 교탁 앞에 똑바로 서서 가르쳐 주셨다.

예수 당시에도 선 채로든가 걸으면서 하나님의 말씀을 전한 일도 있었던 듯하나, 중요한 것을 가르치는 때에는 반드시 앉았다고 한다. 다음에 "입을 열어 가르쳐"라고 하였는데, 이것은 그리스어로 대단히 엄숙한 하나님의 말씀을 가르칠 때에 사용하는 표현이며, 또 영혼과 영혼의 뜨거운 접촉 중에 가르치는 것을 의미하는 말인 듯하다.

그렇다면, "예수가 앉으시니 제자들이 나아왔다"는 문장의 글 줄 사이에 제자들의 진지한 표정이 엿보인다고 할 수 있으리라. 아마 많은 군중을 정리하고 있던 제자들은 무척 신경을 썼음에 틀림없을 것이다. 그러나 예수님이 자리에 앉는 것을 보자, '오늘의 가르침은 보통 교훈이 아니겠구나'라고 느끼고, 예수의 곁에 나아왔을 것이다. 만일 예수님이 오늘 중요한 이야기를 하려고 자리에 앉았더라도 듣는 이들이 그 중요성을 깨닫지 못한다면, 거기에 긴장된 분위기는 감돌지 않을 것이다. 가르침을 듣기 위해서는 앉은 스승을 향하여 자기도 또한 가르침을 받을 자리에 앉아야 하는 마음가짐이 중요하다. 제자들에게는 그러한 진실성이 넘치고 있었음에 틀림없다. 그리고 군중 역시 제자들을 본받아 예수의 말씀에 귀를 기울였을 것임에 틀림없다.

마음이 가난한 사람이란

이제 산상수훈에서 예수의 말씀을 추려 보자. 사실상 성경은 한 자도 빼놓지 않고 읽는 것이 중요하다. 자기가 좋아하는 부분만 취하면 반드시 독선적이 되고 잘못 받아들이기가 쉽기 때문이다.

> 마음이 가난한 사람은 복이 있다. 천국은 그들의 것이다.
> 애통하는 사람은 복이 있다. 그들은 위로를 받을 것이다.
> 온유한 사람은 복이 있다. 그들은 땅을 기업으로 받을 것이다.
> 의에 주리고 목마른 사람은 복이 있다. 그들은 배부를 것이다.
> 긍휼히 여기는 사람은 복이 있다. 그들은 긍휼히 여김을 받을 것이다.

마음이 깨끗한 사람은 복이 있다. 그들은 하나님을 볼 것이다.

화평케 하는 사람은 복이 있다. 그들은 하나님의 아들이라 일컬음을 받을 것이다.

의를 위하여 박해를 받는 사람은 복이 있다. 천국은 그들의 것이다.

이것은 '복된 교훈'이라고 하는 것이다. 보통 우리가 행복이란 것을 생각할 때, 제일 먼저 무엇을 생각하게 되는가?

돈, 자유, 건강, 용모 같은 것이 제일 먼저 마음에 떠오를지도 모른다. 생각해보면 인생이란 참으로 변하기 쉬운 것에서 행복을 느끼는 존재다.

돈, 그것은 없어지기 쉬운 것이다. 더구나 돈은 우리를 현실적으로 행복하게 해준다고 말할 수 없다. 돈을 벌고 나서부터 남편의 소행이 나빠져 그 아내가 울고 지내는 현실이 얼마나 많은가!

"남편과 함께 고생하며 지내던 옛날이 그립다"고 탄식하는 여성을 나는 여러 사람 보았다. 돈 때문에 부부 사이가 나빠져서 자녀의 생활마저 어지럽게 된 예도 적지 않다. 그중에서 반항적으로 된 아들이 사람을 죽이고 자기도 죽어 버린 예도 있다.

지위도 또한 인간에게 참 행복을 가져다주지 못한다. 언제 그 자리를 잃을지, 언제 그 자리를 빼앗길지, 전전긍긍하며 사는 것이 높은 자리를 차지한 이들의 모습이 아닌가? 그 자리를 지키려고 추잡한 다툼이 쉴 새 없이 벌어지고 있는 것은, 매일의 신문에서 쉽게 볼 수 있다.

건강도 또한 변하기 쉬운 것이다. 인간의 몸은 병 주머니라고 말한다. 건강한 것을 다행으로 여겨 이를 의지하고 사는 사람은 언제가 됐든 그것을 잃을 때 심한 슬픔에 빠지는 법이다.

나는 지금까지 많은 병자를 위문해 왔는데, 바로 조금 전까지 건강했던 사람이 병상에서 눈물을 흘리는 것을 여러 번 보아 왔다. 아무리 돈이 많고 지위가 높아도, 일단 병에 걸리면 대개의 사람들은 어느새 마음이 약해진다. 우리 부부도 큰 병을 앓아 보았기 때문에 그 약함을 잘 알고 있다.

우리는 남이 행복의 비결을 물어 왔을 때, 예수님과 같은 말로 대답해 본 적이 있는가?

"마음이 가난한 사람은 복이 있어요"라든가, "애통하는 사람은 복이 있어요"라는 말을 할 수가 있을까?

우리로서는 도저히 상상도 할 수 없는 행복관을, 예수님은 당당히 박력 있고 진지한 말로써 선언하신 것이다. 여기서 세상의 행복관은 역전되어 버렸다.

그런데 어떤 사람이 행복한가를 가르치는 첫번째로 "마음이 가난한 자"라고 한 것은 참으로 뜻깊은 말씀이라고 나는 생각한다. 마음이 가난한 사람이란 남에게 자랑할 만한 아무것도 갖지 못한 사람이리라. 돈도 없고, 지위도 없고, 몸도 약하고, 지식도 없고, 자기에게 의지할 아무것도 없기 때문에, 다만 겸손하게 하나님 앞에 나아와서 머리를 숙이는 사람들이다.

빼앗길 수 없는 행복

예수님의 눈길은 언제나 이런 약한 사람들에게 향하고 있었다. 예수님의 사랑은 언제나 이런 겸손한 사람들에게 부어지고 있었다. 예수님이 제일 싫어하는 것은 자기를 의롭다고 생각하는 사람들이었다. 마음속으로 언제나, '나는 상당한 사람이다', '학문이 있다', '돈이 있다', 그리고 '남에게 존경을 받는다'고 생각하면서 자랑하는 사람들이다.

예수는 자랑할 것이 없는 사람들에게는 한없이 사랑을 쏟아 부으셨지만, 자신을 자랑하고 싶어하는 인간들에게는 용서없는 엄격함으로 대하셨다. 생각해보면 우리들이 하나님 앞에 섰을 때, 정말로 자랑할 만한 것을 과연 얼마만큼이나 가지고 있겠는가.

천국(하나님이 지배하시는 세계)에 들어가기 위하여 우리는 도대체 무엇을 가지고 갈 수 있을 것인가? 돈주머니 같은 것은 천국에서 한 푼의 가치도 없다. 지위가 있다고 해서 천국에 먼저 들여보내지 않는다. 하나님 앞에 통용되는 것은 오직 '마음이 가난하다'는 것뿐이다. '내게는 자랑할 아무것도 없다'는 겸손뿐이다. 비록 약간의 친절과 선행을 한 일이 있다 하더라도 그것은 하나님 앞에 아무런 공로가 되지 않는다. 약간의 선행과 약간의 친절을 자랑하는 것이 곧 교만이다. 그래서 그들은 그 약간의 친절과 선행의 몇천 몇만 갑절의 죄를 날마다 거듭 짓고 있는 것이다.

하나님의 눈으로 보면, 인간은 결국, '죄를 짓지 않고는 살아갈 수 없는 존재'에 지나지 않는다. 그런 우리들이 하나님 앞에 제일 먼저 해야 할 일은,

'하나님, 나는 죄가 많은 사람입니다' 하는 겸손한 태도를 갖는 일 뿐이다. 그것은 간단한 것 같지만 실은 결코 쉬운 일이 아니다. 아무리 해도 자기가 그토록 나쁜 인간으로는 생각되지 않기 때문이다.

그러나 만일 우리가 태어난 이후, 지금까지 알고 지낸 모든 사람들에게서 자기에 대한 기탄없는 비판을 받는다고 하면 거기에는 생각지 않은 많은 욕과 자기에 대한 여러 가지 비난이 있을 것이다. 모든 사람의 비판에 견디어 낼 수 있는 사람은 하나도 없다. 참으로 마음이 가난한 사람에게 예수님은 말씀하셨다.

"천국은 그들의 것이다"라고.

예수께서 말씀하신 이 행복이야말로 결코 변할 수 없고 빼앗길 수 없는 행복인 것이다.

세리 마태의 인간성

마태복음을 쓴 마태라는 사도는 대체 어떤 사람이었을까? 여기까지 쓰고 나니 나는 왠지 그것이 궁금해 견딜 수 없었다. 그것은 마치 좋은 소설을 읽고 난 후 그 작가를 알고 싶은 심정과도 같다.

마음이 가난한 사람은 복이 있다. 천국은 그들의 것이다.

이 예수님의 말씀에 귀를 기울이고 있는 마태의 얼굴을 나는 상상해 보았다. 마태는 이 말씀을 들으면서 무엇을 생각하고 있었을까?

'나는 과연 마음이 가난한 사람일까? 나는 얼마나 마음이 교만한 인간이었던가?

아마도 마태는 전에 세금을 받아들이는 사람(세리)이었던 때의 자신의 모습을 회상해 보았음에 틀림없다. 그렇다, 마태는 세리였다. 세리! 그것은 얼마나 불쾌한 직업이었던가! 현대에 살고 있는 우리도 세무서에 대하여 그다지 좋은 감정을 갖고 있지 않다. 물론 이것은 세무원 개인의 생활에 문제가 있는 것이 아니다. 부당할 정도록 과세가 무겁기 때문이다.

그러나 예수님 시대의 세리에 대한 비난은 현대의 세무서에 대한 비난처럼 간단한 것은 아니었다. 당시의 이스라엘은 로마의 점령 밑에 있었다. 그 결과 유대인은 자기 나라 영주와 로마제국에 대하여 이중으로 세금을 바쳐야만 했다. 그것은 굴욕적이고도 가혹한 일이었다.

세리들은 그러한 가운데서 인정 사정없이 세금을 거두어 들여 그 이익으로 자기 배를 채우고 있었다. 사람들에게서 심한 미움과 멸시를 받는 것은 당연한 일이었다.

아마 마태도 그러한 가혹하고 욕심 많은 세리들 중의 한 사람이었을 것이다. 당시엔 길을 걸어가거나 다리를 건너가도 통행세를 받앉으므로, 세리의 재산은 쉽사리 풍부하게 늘어갔을 것이다. 그러나 그와 반비례해서 친구를 잃어버리고, 세상 사람들에게서 더욱 멸시를 받았던 것이다.

마태는 그러한 생활에 차츰 염증을 느끼고 허무감을 느꼈을 것이다. 더구나 마태는 세금을 내는 동포들보다도 권력자인 로마제국의 무서운 권력을 알고 있었다. 따라서 로마정부에 아첨하지 않으면 안 되는 비애를 안고 있었음에 틀림없다.

이리하여 동포들 모두에게 미움받는 세리라고 하는 존재를 마태 자신이 차츰 싫어하게 되었음에 틀림없다는 것은 쉽게 상상할 수 있다.

마태복음 5장 46절에 마태는 다음과 같이 예수의 말씀을 기록하였다.

너희가 너희를 사랑하는 자를 사랑하면 무슨 상이 있겠느냐.

세리도 이같이 아니하느냐.

전에 세리였던 마태는 이 예수의 말씀에서 '세리'라는 말을 죄인이라고 바꾸어도 좋았던 것이다. 그러나 구태여 세리라고 쓰지 않을 수 없었던 마태의 심정을 나는 엿볼 수 있을 것 같다.

10장 2, 3절에는 예수의 열두 사도의 이름이 적혀 있다. 그 중에 마태의 이름 뒤에만 세리라는 직명이 붙어 있다. 다른 사도들의 이름에는 직명을 붙이지 않았다.

'세리 마태!'

이야말로 마태로서는 결코 잊을 수 없는 굴욕적인 호칭이었다. 과거의 자기 죄를 상기하기 위해서는 아무래도 '세리 마태'라고 분명히 밝히지 않을 수 없었다. 여기에 마태의 삶의 자세가 엿보인다.

이같이 미움받고 멸시당하던 마태에게 어느 날 예수께서 눈길을 보내셨던 것이다. 예수님은 마태를 보고, "나를 따르라"고 말씀하셨다. 아마 예수께서는 마태의 허무해하는 마음과 쓸쓸해하는 심정을 그 얼굴에서 확실히 보았음에 틀림없다. 마태는 즉시 예수를 따랐다. 예수를 따랐다는 것은 사회의 직무를 던져 버렸음을 뜻한다. 지금까지 얻었던 많은 수입을 던져 버리는 일이기도 했다. 하지만 마태는 단호히 예수를 따라 나섰다. 도대체 왜 그랬을까?

예수의 눈에서 사랑을 보았기 때문이다. 자애를 보았기 때문이다. 다른 사람들이 나타내는 멸시와 천대를 예수에게서는 전혀 볼 수 없었기 때문이다. 이리하여 마태는 옛 생활에서 새 생활로 들어섰다. 이제까지의 레위라는 이름을 버리고 마태라는 새 이름으로 불리어졌다. '마태'란 '하나님의 선물'이란 뜻이다.

그 마태에게
> 마음이 가난한 사람은 복이 있다

라는 예수의 말씀은 모래에 스며드는 물과 같이 가슴에 스며들었을 것임에 틀림없다. 이미 마태에게는 자랑거리라고는 하나도 없었기 때문이다.

인간이 가져야 할 슬픔

이어서 예수는 말씀하셨다.
> 애통하는 사람들은 복이 있다. 그들은 위로를 받을 것이다.

우리는 이 말씀에서 무엇을 생각하는가? 나는 처음에 성경을 대하였을 때 이 말씀의 뜻을 전혀 알 수 없었다.

'애통하는 자가 복이 있다니, 이 무슨 얼토당토않은 말인가! 애통하는 사람이 실제로 되어 보라지.'
나는 이렇게 생각하였다.

독자들의 편지 중에는 "나는 원래 몸이 약해서 결혼을 했어도 아이를 낳지 못합니다. 거리에 나가서 배가 부른 사람을 보면 부러워서 미칠 것 같습니다. 나의 이 슬픔을 예수님이란 분은 어째서 복이 있다고 말할까요?"

또 다음과 같은 편지도 있었다.

"나는 단 하나뿐인 아이를 잃었습니다. 이제 막 고등학교에 들어가려 하는 때에 갑자기 죽고 말았습니다. 불과 3일밖에 앓지 않고… 나는 애통하는 자가 복이 있다고 하는 성경의 말씀이 원망스럽게 들립니다."

무리가 아닌 말이라고 나는 생각하였다.

'당신의 슬픔은 무엇이냐?'고 묻는다면 우리는 어떻게 대답할까?

이 세상에는 슬퍼해야 할 일들이 너무나 많다. 어버이의 죽음, 배우자의 죽음, 자녀의 죽음, 형제의 죽음, 친구의 죽음, 남편의 부정, 아내의 부정, 이혼, 자녀의 비행, 육친의 비행, 그밖에 병, 불화, 사업의 부진, 실연 등등 너무나 많다.

그런 슬픔을 당하고도 우리는 슬퍼해야 할 일이 무엇인지를 잊어버리고 살아가는 것이 아닐까. 인간으로서 슬퍼할 일은 이밖에도 많다. 그것은 자기의 불성실, 자기의 죄, 자기의 더러움, 약함, 부정, 편협, 질투 등등 그런 것은 적어도 인간인 이상 슬퍼해야 할 것들이다.

자칫하면 우리는 슬픔을 밖에서 오는 것처럼 생각한다. 그러나 인간으로서 가져야 할 슬픔이란, 자기의 마음속에 있는 것이다. 그리고 가장 중요한 슬픔이란, 이런 자기의 추함 때문에 하나님의 나라에 들어가기에 합당치 못한 자신을 슬퍼하는 슬픔일 것이다. 이 슬픔이야말로 우리 인간이 가져야 할 슬픔이며, 우리가 당하는 슬픔을 승화하고 또 심화시켜 주는 슬픔인 것이다.

돈이 없는 슬픔은 돈이 생기면 없어질 것이다. 자녀의 비행으로 인한 슬픔은 그 비행이 고쳐지면 없어질 것이다. 병에서 오는 슬픔은 건강하게 되는 때에 없어질 것이다. 육친과의 사별의 슬픔조차 시간이 흐름에 따라 없어지는 것이다.

우리의 슬픔이란 그러한 얕은 곳에 있는 슬픔이며, 자기 자신의 자세에 대한 통렬한 슬픔이란 너무나 적은 것이 아닐까. 하나님 앞에서 자기 자신에 대한 원통함을 품은 자, 그것이 예수님이 말씀하신 애통하는 자인 것이다.

이 대목을 원문에서는,
"아아, 참으로 축복받았다!"라는 감탄형으로 나타내고 있다. 그것은 언젠가는 행복하게 된다는, 먼 장래의 일이 아니라, 지금 이미 행복하다고 하는 말인 것 같다. 지금 하나님이 축복하고 계시다는 사실을 나타내는 말씀이다. 따라서 "복이 있도다!"라는 감탄으로 시작하는 표현이 원문에 가깝다고 한다. 결국 슬퍼하는 일 자체가 이미 축복 가운데 있다는 것이다. 곧 그것은 자기의 죄를 슬퍼하지 않는 자는 축복에 들어갈 수 없다는 말이기도 하다.

이하, 앞에서 말한 축복의 말씀을 하나하나, 자기의 생활 자세에 비춰 읽어 내려가면 참으로 흥미 있다. 성경이란 어떤 시대에 기록되었는가, 어떤 환경에서 기록되었는가 하는 것을 아는 것도 필요하지만, 무엇보다 중요한 것은 자기의 생활 자세를 살펴가며 읽는 것이 가장 중요하다고 본다. 그러므로 읽는 때에 따라 성경의 깊이는 달라진다. 성경에 대한 이해가 달라지게 된다.

예민한 양심을 가진 사람과 둔한 양심을 가진 사람에게 성경의 말씀의 박력은 다른 법이다. 그런 의미에서 성경은 자기 양심의 바로미터라고도 말할 수 있다.

때와 환경에 따라 바뀌는 사람의 양심

곁길로 나가는 것 같으나, 양심에 대하여 내가 깨달은 바를 좀 언급하려 한다. 흔히 '나는 양심에 부끄럽지 않다' 라든가, '양심에 어긋나는 일은 하지 않는다' 라고들 말한다. 그런 말을 들으면 무심결에 우리는 그런 사람을 신용해 버리는 일이 있다. 하지만 이 양심적이란 말이 알쏭달쏭한 것이다.

나는 결혼하여 남편과 생활을 함께하고 나서부터 겨우 이것을 깨달았다. 결혼한 지 2년째 되는 해에 나는 잡화상점을 차렸다. 남편이 장부를 맡아 주었는데, 섣달 그믐날 밤 12시 현재의 재고 조사를 참으로 엄격하게 실시했다. '나의 양심'에 따르면 하필 12월 31일 밤중에 코트를 입고 추위에 떨면서 연필 몇 자루, 알사탕 몇 개 하며 세지 않아도 좋을 것같이 생각되었다. '섣달 그믐이 되기 2, 3일 전에 해도 되지 않을까?하는 생각이었다. 알사탕을 하나하나 세지 않아도 대체로 얼마라는 짐작으로 가령 열 몇 개가 틀리더라도 그런 것은 대세에 큰 영향이 없는 것이라고 생각하였다.

그런데 '남편의 양심'에 따르면, 재고 조사의 시각은 아무래도 12월 31일이어야 한다는 것이다. 정해져 있는 것도 12월 31일이기 때문이라는 것이다. 더구나 연말은 물건이 많이 팔린다. 2, 3일 전에 조사하면 거기에 커다란 차이가 생긴다.

알사탕도 대충 셈해서는 안 된다. 수가 열 개 틀리면 그만큼 장부도 정직하지 못하다. 정직한 그에게는 한 개 속이는 것이나 천 개 속이는 것이나 속인다는 점에서는 마찬가지라는 것이다.

여기서 나의 양심과 남편의 양심과의 차이가 분명히 드러난다. 이것은 작은 한 예이며, 재고조사 때에 한한 일은 아니다. 일상생활 중에서 그의 생활 자세와 나의 생활 자세와는 차이가 생긴다.

부부 사이에도 이렇게 두 가지의 양심이 있다. 여기에 누군가가 한 사람 더하면 그 누군가의 양심이 또 다를 것이다. 이 세상에는 이중 장부를 만드는 사람이 드물지 않다. 허위 장부로 세금을 속이는 사람도 있다. 그러나 그 사람은 나름대로의 양심을 가지고 해나갈 것이다. 이중 장부를 만드는 사람이 말한 적이 있다.

"세무서가 의심을 하니 하는 수 없지요. 정직하게 신고해도 의심을 받아 여러 번 억울한 세금을 물었는데요."

사치를 부리면서도 양심에 부끄러워하지 않는 사람도 있다. 동일한 사람이라도 때와 장소에 따라 양심이 변하는 일도 있다. 남이 저지른 잘못은 날카로운 양심으로 지적하면서도 자기가 저지른 잘못은 둔한 양심으로 변호한다.

이 세상에 양심의 기준이란 없다. 그리고 전혀 같은 양심도 아마 없을 것이다. 금전면의 양심의 높이는 같으나 이성에 대한 양심으로 말하면 훨씬 더 차이가 나는 수도 있다. 성경을 읽을 때 이 양심이 여러 가지로 작용한다. 그러므로 만 사람이 읽으면 한 권의 성경이 각각 차이가 나는 결과가 될지도 모른다. 어떤 사람에게는 지루하고, 어떤 사람에게는 문학적으로 재미있는 책이며, 어떤 사람에게는 생명보다 더 값진 보물이 될지도 모른다.

성경이 가르치는 양심이란?

그런데 성경이 말하는 양심의 높이는 어떤가? 우리는 다음 성경의 말씀에 비추어 그 높이를 알 수 있다.

> 옛 사람은 "죽이지 말라, 죽이는 자는 재판을 받아야 한다"고 말한 것을 너희는 들었다. 그러나 나는 너희에게 말한다. 형제에게 대하여 성내는 자는 누구나 재판을 받지 않으면 안 된다. 형제를 향하여 어리석은 자라고 말하는 자는 의회에 끌려갈 것이다. 또 바보라고 부르는 자는 지옥불에 던져질 것이다.
>
> 그러므로 제단에 예물을 드리려고 하는 경우에 형제가 자기에게 대하여 무슨 원한을 품고 있는 것이 생각에 떠오르거든 그 예물을 제단 앞

에 두고, 먼저 가서 그 형제와 화해하고, 그리고 돌아와서 제물을 드리도록 하라. 간음하지 말라고 한 것을 너희가 들었다. 그러나 나는 너희에게 말한다. 누구든지 정욕을 품고 여자를 보는 자는 마음속으로 이미 간음을 한 것이다.

성냄은 살인과 같은 죄

이 세상에서 하루 중 한 번도 남을 나쁘게 생각하지 않고 살 수 있는 사람은 과연 얼마나 있을까? 또 남을 욕하지 않는 사람이 얼마나 있을까?

앞에 말한 성경에는

> 형제를 보고 어리석은 자라고 하는 자는 의회에 끌려간다.
> 바보라고 말하는 자는 지옥불에 던지운다.

고 쓰여 있다. 이것이 예수의 윤리관이다.

우리는 이 말씀을 어떻게 받아들일 것인가? 형제를 바보라고 욕한 것만으로 지옥에 떨어진다고 하면 이 세상 사람들은 한 사람도 남지 않고 다 지옥에 떨어져 버릴 것이 아닌가?

그러나 잘 생각해 보면 지옥에 떨어져도 어쩔 수 없는 것 같은 생각이 든다. 사람을 죽이는 죄나, 바보라고 깔보는 죄나, 하나님 앞에서는 다 같은 죄이다.

살인의 싹은 참으로 미움이란 씨에서 생기기 때문이다.

'저 자식', '이 자식', '저런 놈은 보기 싫다' 이러한 미움은 성내는 데서 나온다. 성낼 때, 사람은 그 상대의 얼굴을 두 번 다시 보고 싶지 않다고 하는 것은, 곧 '죽었으면 좋겠다'고 하는 생각이다. 우리는 남을 나쁘게 생각하거나 남에게 성내거나 할 때, 그것이 사실은 살인의 싹이라고 하는 것을 생각해 보지도 않는다. 그러나 사실은 그것이 살인이다. 성내지도 않고 사람을 죽인다고 하는 것은 미친 사람이 아닌 이상 있을 수 없다. 사람이 사람을 죽이는 것은 성내기 때문이며, 미워하기 때문이다.

우리 자신이 남에게 꾸중을 들었을 때, 욕을 먹었을 때, 과연 마음에 상처를 받지 않는가. 남에게 욕을 먹는 것만으로, 꾸중 듣는 것만으로도 자살하는 사람조차 이 세상에는 많이 있다. 그러므로 옛날부터 "세 치 혀끝이 사람을 죽인다"는 말까지 있다.

이렇게 보면 예수께서 얼마나 인간의 실체를 정확히 파악하셨는지 놀라지 않을 수 없다.

간음의 문제도 마찬가지다. 간음이라 하면 육체관계를 연상한다. 그러나 예수님은 육체관계가 없더라도 정욕을 품고 여자를 보면 간음과 같은 죄라고 하였다. 얼마나 엄격한 윤리관인가!

현대 일본에는 간통죄라는 것이 없다. 그뿐인가, 간통이란 말도 사라져 가고 있지 않은가. 간통이라든가, 간음이란 말은 사어(死語)나 다름없이 되었다. 남의 아내거나 남의 남편이거나 죽으면 그것으로 그만이 아니냐고 본인들도 생각하고 주위 사람들도 생각하는 것이다.

소설과 텔레비전 드라마에서 아내나 남편의 연애를 다루는 것이 심히 많다. 그런데 사실은 그러한 아내의 연애와 남편의 연애로 인해 일어나는 비극 때문에 나는 적지 않게 피해를 보고 있다.

남편이 다른 여자를 사랑한다. 집에는 들어오지도 않는다. 이대로는 살아가는 보람이 없으니 어찌하면 좋겠느냐고 호소해 오는 독자가 있다. 겨우 이 상담이 끝났는가 하면, 아내가 집을 나가고 아이들만 남아 있다. 아이들도 어머니를 찾아 집을 나가서 행방불명이 되었다. 도대체 어쩌면 좋으냐고 물어 온다.

그런 문제는 편지까지 합치면 한 달 사이에도 여러 건 있다. 남편 또는 아내의 바람기 때문에 자녀들이 문제아가 되었다. 가족의 한

· 마태복음 33

사람이 자살하였다, 방화하였다, 노이로제에 걸렸다. 이런 이야기를 들으면 비록 법률상으로는 간통죄가 없어졌다 하더라도 그 당사자들은 얼마나 큰 상처를 입고 있는가를 능히 짐작 할 수 있다.

법률로는 심판받지 않았어도, 역시 심판은 받고 있는 것이라고 생각된다. 그런데 이러한 현대에, "정욕을 품고 여자를 보는 것은…"하는 말씀은 대체 어떻게 받아들일 것인가. 대개의 사람은 웃어 버릴지도 모른다.

요즘 더러 본 것이지만, 초등학생이 읽는 그림책조차 음란한 그림으로 가득차 있었다. 너무나 놀라워서 우리 부부는 아연해하며 그 두꺼운 그림책을 펼쳐 보았는데, 초등학교 때부터 정욕을 가지고 여자를 보도록 만드는 것 같았다.

어떤 청년이 성경의 이 부분을 보고
"그러면 정욕은 죄입니까?"
하고 질문해 온 적이 있었다. 정욕 그것이 물론 죄는 아니다. 식욕이 죄가 아닌 것과 같다. 하지만 식욕이 죄가 아니라고 해서, 배가 고프면 닥치는 대로 남의 것을 빼앗아 먹어도 좋다는 법은 없다.

번역에 따라서는, 여기를 "정욕을 품고 남의 아내를 보는자"라고 한 것도 있다. 남의 아내라고 한정한다면 이미 결혼한 남성이 젊은 미혼 여성에 대해 정욕을 품고 보는 것은 허락되는 것이 된다. 그렇다면 이 가르침이 의도하는 바와는 빗나가는 것이 아닌가?

또 독신 남성의 경우는 어떠한가? 여러 가지 문제가 생기게 되는데, 이 말씀을 올바로 받아들이기 위해서는 독자에게 성(性)에 대한 순결 의식이 있어야 하는데 만일 그것이 없다면 우스운 이야기가 되어 버릴지 모른다.

간음은 법률의 문제가 아니라, 인간에 대한 진실의 문제다. 진실하게 이성과 교제하려는 사람에게 이 대목은 대단히 큰 의의를 지닐 것이다.

나의 남성 친구 한 사람은,
"이 부분은 가장 내 가슴을 찌르는 대목입니다"
고 말하였다. 잊을 수 없는 말이다.

'왼쪽 뺨을 돌려대라'는 말의 참 뜻

다음에 마태복음 5장 38절 이하를 보자.

> '눈은 눈으로, 이는 이로'라는 말은 너희가 들은 바이다. 그러나 나는 너희에게 말한다. 악인과 대항하지 말라. 누군가가 너의 오른 뺨을 치면 다른 뺨도 돌려대라. 너를 송사하여 속옷을 취하려 하는 자에게는 겉옷도 주라. 만일 누군가가 너를 억지로 1마일을 가게 하려 하면 그 사람과 함께 2마일을 가라.

이 말씀은 유명하다. 내가 성경을 읽기 전부터 듣고 있었던 말씀이다.

"오른뺨을 때리면 왼뺨을 돌려대라 하는 따위는 약자의 윤리다"
하고 건방지게 친구들과 서로 이야기를 나눈 적도 있다.

여기에 뺨을 맞는 이야기도, 속옷을 빼앗기는 이야기도, 1마일을 가게 하는 이야기도, 사실은 같은 교훈이다.

"눈은 눈으로"라는 말씀은 유대교의 경전인 구약성경에 있는 율법이다. 나는 "눈은 눈으로"라는 말씀은 복수를 부추기는 말이라고 생각하였다. 그런데 그렇지는 않다고 한다.

신문에서 이런 기사를 읽었다.

자기 자동차를 어떤 사람이 발길로 찼다고 하여 그 상대를 차로 깔아 죽였다는 사건이다. 자동차가 발길로 채였으면 자기도 또한 상대의 자동차를 발길로 차든가, 그 사람을 발길로 차면 똑같이 갚는 것이다. 그런데 인간이란, 이 사건이 보여 주듯이 자동차를 채인 것뿐인데 상대를 죽이고 싶을 만큼 원한이 커지는 것이다.

그러한 인간성을 꿰뚫어보았기 때문에 "눈은 눈으로"라는 계명이 정해졌을 것이다. 눈을 부상당한 사람은 심한 증오에 사로잡혀 상대의 목숨까지 빼앗으려 한다. 그러므로 이러한 율법을 정하여, 눈이 뽑혔으면 자기 역시 상대방의 눈을 뽑는 것만으로 갚고 말라고 복수를 규제하고 있다.

현대 법률에서도 손해를 입은 그만큼 손해배상을 받게 되어 있다. 그 이상의 것을 청구하지 않고 용서한다는 것은 당시에도 엄격히 지켜졌던 것 같다. 그것이 예수의 가르침으로 말미암아 한층 더 높은 차원에서 인간의 자세를 바라보게 했던 것이다.

상대방의 오른쪽 뺨을 치는 데는 왼손잡이 인간이라면 왼손으로 칠 것인데, 대개는 오른손잡이이므로 오른손 손등으로 치게 된다. 버클리의 해설에 의하면 당시 습관으로는, 손등으로 치는 것은 모욕을 의미했다고 한다. 손바닥으로 치는 것보다 갑절의 모욕이라고 한다. 그것은 참을 수 없는 모욕일 것이다. 그런데 그 상대에게 예수는 "다른 편 뺨도 돌려대라"고 말씀하신 것이다.

그것은 상대가 주는 아픔보다 더욱 큰 아픔을 자진해서 받으라는 것이다. 손등으로 맞는 것보다 손바닥으로 맞는 것이 아픔으로서는 더욱 크기 때문이다.

예수의 가르침은 약자의 윤리가 아니다

여기서 나는 초등학교 교사로 재직하고 있던 때의 한 선배를 회상한다. 나의 학년주임은 그 당시 겨우 서른한 살이었는데 참으로 훌륭한 분이었다. 머리가 좋고 일도 열심히 하였다. 학생이나 학부모들도 그를 존경하였다. 그런데 어쩐 일인지 한 동료가 때때로 이 주임선생에게 모욕적인 말을 퍼붓곤 하였다.

그러나 나는 한 번도 그의 안색이 변하거나 말대꾸를 하는 것을 본 적이 없다. 언제나 그 모욕을 미소로써 대하고 있었다. 뒤에서 그 상대의 험담을 늘어놓는 일도 없었다. 누가 보든지 두 사람의 인격은 너무나 차이가 컸다.

우리는 그때마다 그 학년주임에 대한 존경심을 새롭게 하였다. 그것은 아무리 가시 돋친 모멸의 말에도 그 정신이 조금도 흔들리지 않았기 때문이다. 악의가 도무지 미치지 못하는 자유와 관대의 정신을 보았기 때문이다.

오른쪽 뺨을 맞고 왼쪽 뺨을 돌려 대는 것은 이와 비슷하다. 상대의 악의에 영향받지 않는 자유로운 정신의 소유자만이 할 수 있으며 적극적으로 살아갈 능력이 있는 사람만이 할 수 있는 일이기 때문이다.

속옷의 이야기도 마찬가지다. 당시의 일반 유대 사람들은 속옷은 몇 벌 가지고 있었으나 겉옷은 한 벌밖에 가지고 있지 않았던 것 같다. 그러므로 겉옷을 전당물로 잡았더라도 그 날 안으로 돌려줘야 한다는 율법규정이 있었다. 아무리 많은 빚을 졌더라도 겉옷을 입을 권리는 누구에게나 있었던 것이다.

그런데 예수는 속옷을 취하려 하는 자가 있으면 그 속옷과 함께 겉옷도 주라고 가르치셨다. 당시의 사람들에게 그것은 참으로 놀라운 가르침이었을 것이다. 여러 벌의 겉옷을 가지고 있는 현대인에게는 별로 놀라운 가르침이 아닐지도 모른다. 속옷을 빼앗기는 것만으로 그친다면, 운이 나빠서 빼앗겼구나 하는 생각뿐일 것이다. 그런데 아무도 빼앗을 수 없는 겉옷까지도 주라는 것은 결국 왼쪽 뺨을 돌려 대는 것과 마찬가지고 그것은 적극적인, 자유로운 사람만이 할 수 있는 생활자세다.

다음, 1마일을 가자고 하는 자와 함께 2마일을 가라는 말씀은 우리로서는 그 상황을 실감나게 잘 알 수 없다. 그러나 로마 점령하의 유대인들은 가끔 겪는 일이었던 것 같다. 점령당한 국민인 유대인들은 항상 로마제국에 노동을 강요당하였다. 짐을 운반해 주는 일도 자주 있었다. 그러므로 예수의 이 말씀은 그들에게는 단순한 비유가 아니었다. 현실 생활의 문제였다. 로마 군인에게서 1마일을 가라는 명령을 받으면 1마일은 고사하고 반 마일을 가는 것도 유대인에게는 분통이 터지는 일이었을 것이다. 이편에 어떤 사정이 있건 없건 봐주지 않는다. 그런 싫은 일을 늘 당하고 있는 유대인에게 '2마일을 가라' 는 가르침은 놀랄 만한 가르침이었다. 그러나 1마일을 가자고 강요할 때 2마일을 가려는 마음의 준비가 되어 있다면 1마일 가는 것은 이미 조금도 괴로운 일이 아니다.

  내가 아는 사람 중에 1마일 가자고 하면 5마일 가는 남성이 있다. 그는 학생시절에 그림 그리기 숙제가 있으면 반드시 다섯 장을 그려서 그 중에 가장 잘된 것을 제출했다고 한다. 또 어떤 여자 친구는 재봉시간에 다른 사람들은 하나 꿰매는데 자기는 반드시 둘을 꿰매어 제출했다고 한다. 나처럼 하나도 제출하기가 어려워 쩔쩔매는 것과는 큰 차이가 있었다. 이 두 사람은 지금도 각기 생활 속에서 2마일 가는 식으로 살며 사회적으로도 큰 활약을 하고 있다.

  위에서 본 대로 예수님의 가르침은 내가 생각한 것처럼 결코 약자의 가르침이 아니었다. 때리는 자를 도로 때려 주는 일이라면 아이들이라도 할 수 있다. 명령받은 만큼만 하는 일이라면 초등학교 학생이라도 할 수 있다. 그러나 예수님의 이 가르침을 따르는 일은 적극적인 자세와 주체성을 가진, 강한 생활태도를 갖지 않으면 결코 할 수 없는 일이다.

  이런 교훈을 하신 예수라는 분은 과연 어떤 분이었을까?

칭찬받고 싶어하는 강한 욕망

벌써 7, 8년 전의 일이지만 다음과 같은 사건이 있었다. 아직 서너 살밖에 되지 않은 아이가 연못에 빠져 허우적거리는 친구를 발견하고 급히 그 부모에게 알렸다. 달려온 엄마로 인해 물에 빠진 아이는 구조를 받아 겨우 목숨을 건졌다. 신문이 이 사건을 크게 보도하여 구출해 준 아이는 커다란 장난감을 상으로 받고 기뻐하였다. 그 아이는 여러 사람에게서 장하다는 칭찬을 받았다.

그런데 얼마 후 그 아이의 생활은 그 전과 같은 평범한 생활로 돌아갔다. 그 아이는 다시 칭찬이 받고 싶었다. 그래서 어느 날, 이웃집 어린아이를 연못에 떠밀어 빠지게 하고는 다시 엄마에게 급히 가서 알렸다. 그러나 이때 연못에 빠진 아이는 가엾게도 죽어버렸다.

이 사건을 듣고 나는 몹시 두려움을 느꼈다. 자기가 칭찬받기 위해서는 남을 연못에 빠뜨려도 괜찮다는 이러한 생각이 어린 시절부터 인간의 가슴속에 깃들고 있다. 그렇다면 우리 어른들 가슴속에는 '남에게 칭찬받고 싶다', '인정받고 싶다'는 생각이 뿌리를 내리고 줄기가 자라서 이제는 도저히 뽑아 버리기 어려울 정도로 성장해 있는 것이 아닐까.

이 '칭찬받고 싶다', '인정받고 싶다'는 생각은 참으로 여러 가지 형태로 이 세상에 드러나고 있다. 이를테면, 그룹을 만든다고 하는 것도 그런 표현 중의 하나일 것이다.

어떤 사람이 버스를 탔다. 그런데 이웃 자리에 앉은 사람을 공연히 괴롭히는 것이었다. 설이 되어서 술을 좀 마신 것 같다. 무슨 동기로 그런 이야기를 꺼냈는지 모르나, "나는 말이야, ○○클럽의 회원이야. 자 봐요, 여기 이렇게 배지가 붙어 있잖아요?" 하며, 일부러 외투깃을 펼쳐 옷깃에 달린 배지를 보였다. 그런 일을 여러 번 되풀이했다고 한다.

이렇게 말하면, 독자는 이 사나이가 폭력단의 한 사람이 아닐까 생각할지도 모른다. 하긴 폭력단도 배지를 더러 달고 다닌다. 그러나 이 사나이는 시의 명사이며, 세계적인 조직을 갖고 있는 모임의 회원이다. 그 모임의 회원이면 당연히 명사 축에 든다. 사나이는 그것을 자랑하고 싶어서 여러 번 배지를 보였던 것이다.

배지란 것은 왜 붙여야만 하는가. 나는 언제나 이상히 여긴다. 국회의원도 달고 다니며, 시의회 의원도 달고 있다. 금방 보고 알 수 있는 배지를 왜 달지 않으면 안 되는가? 신분증을 가지고 있으면 필요한 때에 그것으로 충분하다. 이것은 혹시 훈장과 비슷한 발상에서 생긴 것이 아닐까? 남자들은 훈장을 좋아한다. 아니, 그것은 남자만이 아니다. 사람은 누구나 '칭찬 받고 싶다', '인정받고 싶다'는 강한 욕망을 가지고 있다.

오른손이 하는 일을 왼손이 모르게 하라

그러한 사람이 듣기 거북한 곳이 성경에는 있다. 마태복음 6장의 일부를 함께 읽어보자.

> 사람에게 보이려고 그들 앞에서 너희 의를 행치 않도록 주의하라. 그렇지 아니하면 하늘에 계신 너희 아버지께 상을 얻지 못한다. 그러므로 구제할 때에 외식하는 자가 사람에게 영광을 얻으려고 회당과 거리에서 하는 것같이 너희 앞에 나팔을 불지 말라. 진정으로 너희에게 말한다. 그들은 자기 상을 이미 받았다.
> 너희는 구제할 때에 오른손이 하는 일을 왼손이 모르게, 네 구제를 은밀하게 하라. 은밀한 중에 보시는 너희 아버지가 갚으신다. 또 너희가 기도할 때에 외식하는 자와 같이 하지 말라. 그들은 남에게 보이려고 회당과 큰 거리 모퉁이에 서서 기도하기를 좋아한다. 내가 진정으로 너희에게 말한다. 그들은 자기 상을 이미 받았다.

너는 기도할 때에 네 골방에 들어가 문을 닫고, 은밀한 중에 계신 네 아버지께 기도하라. 은밀한 중에 보시는 네 아버지께서 갚아 주실 것이다.

금식할 때에 너희는 외식하는 자와 같이 슬픈 기색을 띠지 말라. 그들은 금식하는 것을 사람에게 보이려고 얼굴을 흉하게 한다. 내가 진정으로 너희에게 말한다. 그들은 자기 상을 이미 받았다. 너희는 금식할 때에 머리에 기름을 바르고, 얼굴을 씻으라. 그것은 금식하는 자는 사람에게 보이지 않고 오직 은밀한 중에 계신 네 아버지께 보이게 하기 위함이다. 은밀한 중에 보시는 네 아버지께서 갚아 주신다.

여기서는 '구제', '기도', '금식'의 세 가지 행위를 하는 때의 마음가짐을 가르치고 있다. 왜 이 세 가지에 대하여 예수는 가르치셨는가? 그것은 이 세 가지가 당시 유대인의 종교생활의 3대 버팀기둥이었기 때문이라고 한다.

당시의 유대에는 가난한 사람이 많아서 사람들은 집집마다 다니며 구제품을 모아, 그것을 모두 회당에 가져갔다고 한다. 현대 사회에서도 집집마다 돌아다니며 모금을 하러 다니는 경우가 있다. 이것은 1년에 한 번 정도 있는 일이지만, 당시의 유대에서는 날마다 모으러 다닌 듯하다. 그런데 바리새파 사람들 중에는 뭇 사람들의 시선을 끌기 위하여 일부러 광장에 나가서 구제를 한 자도 있었던 것 같다.

집집마다 다니며 모으는 구제에 응할 정도는 보통 사람들과 똑같은 일을 하는 데 지나지 않는다. 그래서는 남에게 칭찬받을 기회가 없으므로, 남에게 칭찬받고 싶어서 광장에 나갔을 것이다. 집집마다 모으러 다니기 때문에 그때에 구제품을 모두 다 내놓으면 되는 것인데, 그렇게 하지를 않았다. 목적이 구제에 있는 것이 아니라, 자기가 칭찬 받는 데에 있다.

예수는 오른손이 하는 일을 왼손이 모르게 하라고 말씀하셨다. 왼손은 오른손과 항상 함께 있다. 그런 왼손조차 알지 못하도록 선행을 하라고 예수는 말씀하신다. 이 얼마나 엄한 말씀인가!

우리는 나쁜 일을 했을 때 그것을 사람들에게 알리는가?

"나는 도둑질을 했소."

"나는 당신의 험담을 했소."

"나는 횡령을 했소."

"나는 뇌물을 받았소."

"나는 세금을 포탈했소."

"나는 당신 몰래 바람을 피웠소."

이렇게 일일이 공표하는 사람이 있을까? 양심이 어두운 사람이라면 세금을 포탈한 것이나 바람을 피운 것을 자랑삼아 남에게 퍼뜨릴지도 모른다. 그러나 자기가 한 나쁜 일은 감추려고 하는 것이 인간이다.

오른손이 한 일을 왼손에게 알리지 않는다는 것은 감추는 것이다. 예수는 좋은 일을 했을 때에 그것을 감추라고 하셨다. 내가 칭찬받고 싶다, 남에게 인정받고 싶다는 생각에서 하는 일이라면 그것은 이미 선행이라 말할 수 없기 때문이다. 그것은 자기를 위한, 선행의 껍질을 쓴 이기적인 행위이다.

기도에 대해서도 마찬가지로 말할 수 있다. 기도는 하나님께 드리는 것이다 하나님과의 대화다. 유대에서는 오전 9시, 정오, 오후 3시에는 어디에 있든지 반드시 기도해야 한다. 그런데 바리새파 사람들은, 그 기도의 시간을 기억하였다가 일부러 큰 거리나 회당 같은, 사람들이 많이 모이는 곳에 가서 남에게 보이기 위한 기도를 하였다. 혼자 자기 방에서 조용히 기도하기보다는 여러 사람이 보고 있는 곳에서 열심히 경건한 척하며 기도해서 사람들에게 존경받기를 기대하였던 것이다.

　금식도 마찬가지로 남에게 보이려고 해서는 안 된다고 예수는 가르치셨다. 금식하는 사람은 경건하다고 남에게 칭찬 받던 시대였다. 당시는 일주일에 두 번 금식하는 날이 정해져 있었다. 정해져 있어도 꼭 일주일에 두 번씩 금식을 한다는 것은 대단한 신앙심과 인내력의 소유자가 아니고는 할 수 없는 일이었을 것이다. 그만큼 금식을 자랑하고 싶은 유혹도 강하였을 것이다. 예수는 그것을 날카롭게 지적하신 것이다.

구명도구를 준 외국인 선교사

　신앙생활이란 하나님을 믿고 우러러보는 일이다. 인간에게 기대하는 것이 아니다. 사람에게 인정받고 칭찬 받기 위한 일이 아니다. 인간의 평가를 중히 여기는 것은 하나님의 평가를 무시하는 일이기도 하다.

　"하나님을 우러러보고 사는가, 사람을 보고 사는가, 너희들은 과연 어떤가?"라고 여기서 우리는 예수에게 질문 받고 있는 것이 아닐까?

　"낮은 곳에서 오는 칭찬은 가치 없는 것이다"
라는 베이컨의 말도 있지만, 불완전한 인간에게서는 올바른 평가가 내려질 리가 없다. 그럼에도 불구하고 우리 인간은 하나님이 모든 것을 보고 계시다는 것만으로는 만족하지 못한다. 아무래도 인간에게 인정받고 싶어 못 견딘다. 어찌하든지 사람에게 칭찬을 받고 싶은 것이다.

　나 자신이 과연 하나님을 믿고 있는가? 절망적인 생각이 들 때도 있다. 그러나 이 절망적인 나에게 커다란 희망과 위로를 주는 사실이 있다. 그것은 나의 소설 「빙점」에서도 쓴 일이지만, 1954년 가을, 연락선 '도오야마루'가 태풍으로 뒤집혔다. 1천 명 이상의 승객 가운데 1,011명이 그날 밤의 조난으로 죽었다. 이 '도오야마루'에는 두 외국인 선교사가 타고 있었는데, 구명도구가 없는 젊은 남녀에게 자기들의 구명도구를 주고 죽어 갔다.

　최근 어떤 독자가 그것이 사실인지 창작인지를 물어 왔는데, 물론 사실이며 두 사람 중 스톤 선교사의 사진이 지금도 나의 방에 걸려 있다. 그들이 구명 도구를 준 것은 남에게 보이기 위해서가 아니었다. 배가 뒤집히는 비상사태 속에서는 누구나 필사적이다. 남의 일 따위는 생각하고 있을 틈도 없다. 말하자면 누구 하나 보는 사람도 없는데 그들은 자기의 목숨과 다름없는 구명도구를 남에게 준 것이다.

　나는 이 선교사들이 나면서부터 하나님만을 우러러본 인물이었다고는 생각되지 않는다. 우리와 같은 연약함을 갖고 또 어떤 때는 사람의 칭찬에도 마음이 끌리고, 사람에게 인정받고 싶다는 유혹도 받았을 것이다. 그러나 하나님의 말씀대로 사는 중에 마침내는 자기의 구명도구를 남에게 주고 자신은 기꺼이 죽어가는 경지에 들어갈 수 있었던 것이 아닌가 생각된다. 어쨌든 이 두 사람의 행위는 남에게 칭찬받고 싶어서가 아니라, 은밀히 보고 계시는 하나님을 신뢰하는 데서 우러나온 행위라고 생각된다.

　하나님을 우러러보는 생활 자체가 큰 상급이다.

　산상수훈에서는

　"오른편 뺨을 치는 자에게는 왼편 뺨까지 돌려대라"

　"1마일을 가자고 하면, 그 사람과 2마일을 가라"

　"오른손이 하는 것을 왼손이 모르게 하라"

는, 참으로 실천하기 어려운 일을 가르치고 있다. 인간의 약함을 누구보다 잘 알고 계시는 그리스도께서 왜 이렇게 어려운 것을 요구하셨을까?

나는 때로 의심스럽게 생각하곤 했다. 아직도 잘 모르지만, 이만하면 족한 줄 알고 있는 오만한 우리에게 자기 자신의 나약함을 깨닫게 하기 위하여 그리스도는 이렇게 가르치신 것이 아닐까. 어쨌든 인간의 한계성을 산상수훈에서 느끼게 되는 것만은 확실하다.

마음에 부딪치는 산상수훈의 말씀

산상수훈이란 말에서 생각났는데 어떤 노인이 교회에 찾아와서 목사님에게 물은 적이 있다.

"산상수훈은 없습니까? 나는 그것을 좋아하는데 교회에는 없습니까? 그것은 참으로 좋은 것입니다."

"산상수훈은 성경 안에 있습니다만…."

목사가 그렇게 대답하자 노인은 다시 말하였다.

"아니, 성경은 내게 필요 없습니다. 산상수훈이 필요합니다."

"산상수훈은 성경에 나온다니까요."

이런 문답이 있었다는 말을 들은 적이 있다. 그만큼 성경 중에서 산상수훈은 잘 알려져 있다. 산상수훈 전부를 말할 여유는 없으므로 이제 여기 몇 군데 말씀을 뽑아 보기로 한다. 각자 읽어볼 만하다.

> 너희는 땅의 소금이다.
> 너희는 세상의 빛이다.
> 원수를 사랑하고, 박해하는 자를 위하여 기도하라.
> 하늘의 아버지는 악한 자에게나 선한 자에게나 햇빛을 주시고,
> 의로운 자에게나 불의한 자에게나 비를 내려주신다.
> 형제에게만 문안한다면 너희가 더 나은 것이 무엇이냐.
> 하늘에 계신 너희 아버지가 완전하시듯이 너희도 완전한 자가 되어라.
> 하늘에 보물을 쌓으라.

하나님과 재물을 겸하여 섬길 수는 없다.

무엇을 먹을까, 무엇을 마실까 하고 자기 목숨 때문에 염려하지 말며, 무엇을 입을까 하고 자기 몸 때문에 염려하지 말라.

목숨은 음식보다 귀하며, 몸은 옷보다 귀하다.

먼저 하나님의 나라와 하나님의 의를 구하라. 그러면 이 모든 것(생활의 필수품)을 더하여 주실 것이다.

내일 일을 염려하지 말라. 내일 일은 내일 염려하라. 하루의 수고는 그날 하루만으로 충분하다.

남을 심판하지 말라. 자기가 심판받지 않기 위해서다.

구하라, 그러면 주시리라.

찾으라. 그러면 찾으리라.

문을 두드리라. 그러면 너희에게 열릴 것이다.

무엇이든 남에게 대접을 받고자 원하는 대로 너희도 남에게 대접하라 (이 말씀은 유명한 황금률이라고 부르는 말씀이다. 이에 대하여, 은의 교훈이라고 부르는 것으로 '네가 싫어하는 일은 너도 남에게 하지 말라'는 격언이 있다.)

좁은 문으로 들어가라. 멸망에 이르는 문은 크고 그 길은 넓다.

좋은 나무는 좋은 열매를 맺고, 나쁜 나무는 나쁜 열매를 맺는다.

이상 일부를 뽑아 보았는데, 산상수훈 안에만도 우리의 마음에 깊이 부딪치는 말씀이 얼마든지 있다. 그런데 이 산상수훈 중의 우뚝 솟은 봉우리라고 할 만한 가르침에 대해 나는 아직 언급하지 않았다. 그것은 예수께서 가르치신 '주의 기도'다.

내가 처음 교회에 다니던 무렵 도무지 친숙하지 못한 것 두 가지가 있었다. 그 하나는 찬송가였다. 원래 나는 음치여서 여고시절 음악성적은 언제나 신통치 않았다. 악보도 잘 읽지 못해서 음악시간이 가장 지루하였다. 그래서 신자들이 소리를 합하여 찬송가를 부르면 나는 소외감을 느끼고 있었다.

현대는 음악적 교양이 풍부한 시대이므로 찬송가에 이렇게 소외감을 느끼는 사람이 별로 없을 것이다. 아니, 찬송가의 아름다움에 이끌려 교회에 다니는 사람도 있다. 또 하나 소외감을 느낀 것은 이 '주의 기도'다. 목사님의 기도가 끝나면 갑자기 신자들이 낮은 소리로 "하늘에 계신 우리 아버지…"하고 빠른 말로 외우기 시작한다. 그것이 어쩐지 기분 나쁘고 반감조차 일어났다. 낮은 소리인데다 발음도 똑똑하지 않아 소근 소근 주문을 외우는 것같이 들렸다. 무엇을 말하고 있는지 모른다는 느낌이, 신도와 나 사이를 가로막는 것 같았다.

교회에 따라서는 이런 초신자의 심정을 이해하고 배려하여 '주의 기도'를 드리게 하는 데도 있다.

"주의 기도를 드립시다. 찬송가 뒤에 있는 주의 기도를 펴십시오."

사회자는 이렇게 말하고 모든 회중이 그 페이지를 편 것을 확인하고 주의 기도를 시작한다. 그러나 그 중에는 그 페이지를 찾지 못하고 어물어물하고 있는 초신자를 그대로 둔 채 시작하는 데도 있다. 그래서 이 짧은 주의 기도를 외워가지고 나가면 그렇게까지 소외감을 느끼지 않을지도 모른다. 아니, 어떤 곳이나 처음 가는 곳은 여러 가지 익숙하지 못한 점이 있다고 미리 생각해 두는 편이 나을지 모른다.

하나님은 이 우주에 오직 한 분

그런데 예수는 이 기도를 가르치시기에 앞서 이렇게 말씀하셨다.

> 기도할 때에 이방인처럼 장황하게 기도하지 말아라.
> 그들은 말수가 많으면 들어 주시는 줄로 잘못 알고 있다.

그러므로 그들을 본받지 말라.
　　너희 아버지 하나님은 구하기 전에 너희에게 필요한 것을 알고 계신다.
　　그러므로 너희는 이렇게 기도하라.
　기도할 때에 이방인처럼 장황하게 기도하지 말라고 하셨다. 마태복음은 유대인을 위하여 쓴 복음이므로 이따금씩 이방인이란 말이 대조적으로 나온다. 다른 나라에서는 기도하면서 하루 종일 같은 말을 계속 반복한다든가, 어떤 교도는 짧은 말을 몇 시간씩 되풀이하여 외운다고 한다. 같은 말을 되풀이하여 외우는 것은 일본 종교 중에도 있다. 이런 흉내를 내는 자가 당시의 유대인 중에도 있었던 것 같다.
　기도할 때 말을 많이 하는 것도 예수님은 경계하였다. 이것은 기도의 말을 아름답게 하려고 수식어를 많이 쓰기 때문에 자연 말수가 많아지는 폐단이 있었기 때문이다. 왜 말을 아름답게 꾸미려 드는가? 그것은 하나님께 드리는 기도가 아니라, 사람에게 들려주려고 하는 기도였기 때문이다.
　우리의 기도는 하나님만을 향하여 드려야 한다. 아무리 많은 사람 앞에서 기도하더라도 자기는 하나님 앞에 홀로 서 있는 상태가 되어야 한다. 자기 골방에 있는 상태라야 한다. 그러기에 공중장소에서 하는 기도는 짧을수록 좋다. 그런데 자칫하면 골방에서 하는 기도는 짧고 다른 사람 앞에서 하는 기도는 길게 되기 쉽다.
　'주의 기도'는 누가복음 11장에도 나와 있다.
　누가복음에는 한 제자가
　"우리에게도 기도를 가르쳐 주십시오"라고 예수님께 청했다고 한다. 마태복음에는 제자들이 가르쳐 주기를 청했다고 되어 있지 않다. 어느 것이 사실인지를 따지는 것은 별로 의미가 없다.
　마태복음, 마가복음, 누가복음은 공관복음서라하여 중복된 기사가 자주 나온다. 그것이 조금도 차이가 없는 것은 거의 없는데, 오히려 거기에 성경의 진실성이 숨어 있다고 생각된다.

그것은 현대의 신문보도 기사 하나를 보더라도 알 수 있듯이, 쓰는 법에는 여러 가지가 있을 수 있다. 하물며 기원 50년경에 기록되었다는 마가복음과 60년대에 기록된 마태복음과의 사이에 차이가 있는 것은 당연하다. 그 전해진 경로 역시 다를 것이므로 빠뜨린 것, 잘못 들은 것 정도는 있는 편이 오히려 자연스럽다. 그래서 누가복음과 마태복음의 주의 기도에는 조금 차이가 있다. 누가의 것은 간결하며 마태의 것은 좀 길다. 그래서 나는 여기에 둘을 다 들기로 한다. 먼저 마태가 전하는 것은 다음과 같다.

> 하늘에 계신 우리 아버지, 이름을 거룩하게 하옵시며, 나라가 임하게 하옵시며, 뜻이 하늘에서 이루어진 것같이 땅에서도 이루어지게 하옵소서. 오늘날 우리에게 일용할 양식을 주옵시고 우리가 우리에게 죄 지은 자를 사하여 준 것같이 우리 죄를 사하여 주옵시고 우리를 시험에 들게 하지 마옵시고 다만 악에서 구하옵소서(나라와 권세와 영광이 아버지께 영원이 있사옵니다. 아멘)

한편 누가복음에는 이렇게 기록되어 있다.

> 아버지의 이름을 거룩하게 하옵시며 나라가 임하게 하옵시며, 우리에게 날마다 일용할 양식을 주옵시고, 우리가 우리에게 죄 지은 모든 사람을 용서하오니 우리의 죄도 사하여 주옵시고 우리를 시험에 들지 말게 하옵소서.

맨 처음에 "하늘에 계신 우리 아버지"라고 하나님을 부른다. 아버지란, 하나님과 인간과의 관계를 가장 명확하고 단순하게 나타낸 말이다. 하나님은 우리 인간이 제멋대로 만들어 낸 것도 아니고, 관념적인 존재도 아니다. 하나님을 '우리 아버지'라고 부르는 한, 하나님은 단 한 분인 것이다. 자기의 아버지는 한 분밖에 없기 때문이다. 하나님은 이 우주에 단 한 분이시다. 일본만의 하나님이라든가, 미국밖에 지키지 않는 하나님이라든가, 독일의 기도만을 들어주는 하나님이라든가 그런 편협한 존재가 아니다. '우리 아버지'시다.

이것은 전인류가 다 형제 자매라는 뜻이기도 하다. 전우주가 아버지 같은 하나님의 사랑으로 말미암아 지어졌고, 축복받고 있다는 뜻도 내포되어 있다.

'천벌이 내린다'고 하는 무서운 저주를 퍼붓는 하나님이 아니다. 더구나 이 하나님은 '하늘에 계신 아버지'시다. 하늘에 계시다는 것은 거룩한 하나님의 본질을 뜻한다.

참으로 숭앙받아야 할 분

주의 기도에는 '우리'라는 복수 일인칭이 쓰이고 '나'라는 단수는 쓰이지 않았다. 그러므로 '나'만의 기도가 아니다. '우리' 곧 모든 사람을 위한 기도다.

이것을 생각할 때, 나는 참 감사하다는 생각이 든다. 내가 철없는 아이였을 때, "하나님 따위는 이 세상에 없다"라든가, "크리스천 따위는 정말 싫어"하고 큰소리를 치던 때에도 아침 저녁으로 세계의 어느 곳에서 누군가가 반드시 우리를 위하여 기도해 주었을 것을 생각하고 감사하게 생각하는 바이다.

그러면 기도의 첫머리를 보자. 예수님은 제일 먼저

   이름을 거룩하게 하옵소서

라고 가르치고 있다. 이름이란 물론 하나님을 가리킨다. "거룩하게 하옵소서"란, "거룩한 분으로서 다른 것과 구별해서 다루는 것"이라고 성경 주해에는 쓰여져 있다. 요컨대 하나님은 다른 모든 존재와는 다른 거룩한 존재이며, 구별되어야 할 분이라는 말이다.

그러므로 참으로 숭앙받을 분은 오직 하나님뿐이라는 것이다. 그러나 인간은 자칫하면 죽은 자의 영이나 다른 영과, 참 하나님을 올바로 구별하지 못하고 숭배한다. 이래서는 참으로 하나님을 숭앙한다고 말할 수 없다.

생각해보면 세계 역사상 숭앙받아야 할 분이 참으로 숭앙받아 왔던가? 하나님보다 돈이 더 중하게 여겨지고, 명예가 더 중하게 여겨지고 혹은 왕이 더 중하게 여겨져 오지 않았는가.

만일 참으로 숭앙하여야 할 하나님을 인간이 경외하여 왔다면, 세계 역사는 지금과는 전혀 다른 모습이었을 것이다.

다음에 예수님은

나라가 임하게 하옵소서

라고 기도하도록 가르치셨다. 나라란 '하나님의 나라'를 가리킨다. 하나님의 나라이므로 물론 통치자는 하나님이시다. 인간들이 아니다. 하나님의 나라에서는 거룩한 것, 의로운 것, 사랑이 통한다. 그것은 통치자가 그러한 성질을 가진 분이시기 때문이다.

우리가 사는 이 세상에서는 정직한 자가 골탕을 먹는 한심한 상태이지만 하나님의 나라에서는 정직한 사람이 우대를 받는다. 뇌물도 없고 속임수도 없다. 성결하고 평화로운 나라다. 이 하나님의 나라의 도래를 2천 년 동안 계속 기도하여 왔다. 이것이야말로 인간이 결코 중단해서는 안 될 기도이며 간절한 소원이다.

뜻이 하늘에서 이루어진 것같이 땅에서도 이루어지게 하옵소서.

이것은 결국, "나라가 임하게 하옵소서"와 같은 기도라고 나는 생각한다. 하나님의 뜻이 하늘나라에서는 그대로 완전히 행하여 진다. 그러나 이 땅에서는 하나님의 뜻을 막는 것이 너무나 많다.

"하나님은 없다"느니 "하나님이라고? 웃기고 있네!"

하나님이란 말만 들어도 비웃는 자가 많다. 하나님을 거역하는 마음은 누구에게나 있다. 하나님을 생각하기보다 제멋대로 하고자 하는 욕망을 가지고 있다. 그러나 이 기도를 되풀이하는 중에 우리의 욕망은 바뀌어 가는 것이다.

"하나님, 하나님의 뜻대로, 하나님의 생각대로 해주십시오. 그것을 기뻐하는 우리가 되도록 당신의 뜻을 좇는 자가 되도록 해주시옵소서."

욕심 많은 우리 인간의 생각대로 되기보다는 하나님의 뜻대로 되는 편이 훨씬 좋다. 그런데 아무래도 하나님의 뜻대로 되기보다는 자기의 마음대로 되는 것이 좋다고 생각해버리는 우리들이다.

우리를 위한 기도

위의 세 가지 기도는 직접 우리 자신의 일상생활을 위한 기도가 아니라, 하나님에 관한 기도다. 주의 기도의 깊이는, 하나님의 일에 관한 것을 먼저 기도하는 자세에 있다고 나는 생각한다.

다음에 이어지는 것이

　　　우리의 일용할 양식을 오늘도 주시옵소서

라는 기도다. 사람은 누구나 다급할 때에 하나님을 찾게 마련이다.

"하나님, 아무쪼록 이 병을 고쳐 주시옵소서"
"하나님, 아무쪼록 이 사업이 잘되도록 도와 주시옵소서"

하고 기도하는 일이 있다. 그러나

"우리의 일용할 양식을 오늘도 주시옵소서"

라고 기도하는 사람은 드물 것이다. 이 기도를 처음 보고 나는 불손하게도 거지가 한 집 한 집 돌아다니며

"사흘 전부터 아무것도 먹지 못해서…"

하고 구걸하는 모습이 자꾸 눈에 떠올랐다. 매일의 양식쯤은 구태여 하나님께 기도하지 않아도 얻을 수 있다고 오만하게 생각하였기 때문이다. 결국 이 기도만은 필요 없는 것이라고 생각하였다.

'일용할 양식'이란 말은 육신의 양식뿐만 아니라 마음의 양식도 의미한다고 한다. 마음의 양식을 구한다면 나도 알겠다. 그러나 육신의 양식이라면 구태여 기도하지 않아도 되는 줄로 안 나는 커다란 잘못을 범한 것이다. 이 기도는 어디까지나 '우리'의 기도인 것이다.

당시 유대에서는 구제하기 위하여 집집마다 거두러 다녔다는 이야기는 앞에서도 했지만 구제가 필요한 빈민이 넘치고 있었던 것을 결코 잊어서는 안 된다. 2천 년 후인 오늘날에도 참으로 많은 사람들이 굶주림에 허덕이고 있다.

나만 배부르면 된다고 생각할 때에는 이 기도의 깊이와 넓이를 알지 못할지도 모른다. 내가 미처 깨닫지 못한 것은, 인간의 음식 중에 하나님이 주시지 않은 것은 하나도 없다는 사실이다.

하나님은 모든 물건을 창조하셨다. 인간이 무엇을 만들어 놓은 것처럼 생각하지만 사실은 인간이 창조한 것이라고는 하나도 없다. 그것을 알면 이 기도가 새로운 의미를 가지고 우리에게 다가오는 것이 아닐까?

세례요한

세상에는 악녀 또는 독부라고 불리어지는 여성이 있다. 성경에도 몇 사람의 악녀가 등장한다. 그 중에서도 마태복음 14장 1절 이하에 나오는 왕비 헤로디아는 첫째가는 악녀라 할 수 있다. 이 헤로디아는 저 유명한 살로메의 어미다.

예수가 역사상의 인물이었 듯이 헤로디아도 역사상의 인물이었다. 유대의 고대사에도 그 이름은 기록되어 있다고 한다. 그러면 어떤 악녀였던가? 다음에 그 곳을 인용해 보자.

그때에 분봉왕 헤롯이 예수의 소문을 듣고 그 신하들에게, 이는 세례 요한이라, 그가 죽은 자 가운데서 살아났으니 그러므로 이젠 권능이 그 속에서 운동한다고 하였다. 전에 헤롯이 그 동생 빌립의 아내 헤로디아의 일로 요한을 잡아 결박하여 옥에 가두었으니 이는 요한이 헤롯에게 말하기를 당신이 그 여자를 취한 것이 옳지 않다 하였기 때문이다.

헤롯이 요한을 죽이려 하였으나 민중이 그를 선지자로 여기므로 민중을 두려워하였다. 마침 헤롯의 생일을 당하여 헤로디아의 딸이 연석 가운데서 춤을 추어 헤롯을 기쁘게 하니, 헤롯이 맹세한 그에게 무엇이든지 말하는 대로 주겠다고 하므로, 그가 제 어미의 시키는 대로, 세례 요한의 머리를 소반에 담아 여기서 내게 주소서, 하니 왕이 근심하나 자기의 맹세한 것과 함께 앉은 사람들을 인하여 주라 명하고 사람을 보내어 요한을 옥에서 목베어 그 머리를 소반에 담아다가 여아에게 주니 그가 제 어미에게 가져갔다.

이 이야기는 소설로도 나오고, 영화로도 나와서 모르는 사람이 적을 것이다. 나도 일찍이 이 장면을 영화에서 보았다. 요한이 머리를 쑥 내민다. 그것을 향하여 병사가 큰 도끼를 쳐들었다가 내리친다. 그 순간 큰 폭풍이 엄습해 오는 장면이었다.

성경은 이 장면을 간결하고 담담하게 기술하고 있으나 참으로 강렬한 드라마다. 한 번 읽어선 잘 모를 부분이 있는데, 당시의 역사적 배경 같은 것을 곁들여 좀 생각해 보기로 하자.

먼저 세례 요한에 대하여 알아보자. 세례 요한은 누가복음 1장 63절에 나와 있는 대로 예수보다 반년 먼저 태어난 사람으로 예수의 친척이었다. 예언자로서, 또는 예수를 민중에게 소개하는 사람으로서 활약했다. 그 생활은 극히 검소하여 메뚜기와 꿀을 먹고 지냈다. 낙타 가죽으로 옷을 지어 입고, 허리에 가죽띠를 띠고 다녔다고 한다.

4백 년 만에 나타난 예언자로서 민중에게 회개를 재촉하고, 또 사회의 비리를 통렬히 공격하였다. 그 설교는 설교라기보다는 질책이었다고 한다.

하나님의 말씀을 듣는 자

그럼 예언자란 무엇인가? 성경에는 이사야라든가 예레미야 같은 위대한 예언자가 많이 등장한다. 하나님의 명령에 따라 세워져서 하나님의 뜻을 전하는 것이 유대의 예언자였다. 예언자는 그러므로 하나님의 말씀을 맡은 자이며, 단지 미래의 일을 미리 말하는 자와는 근본적으로 다르다.

하나님의 말씀을 전하는 이상, 사사로운 정을 섞는 것은 허락되지 않았다. 물론 권력자에게 아첨하는 따위는 말할 것도 없다.

"충언(忠言)은 귀에 거슬린다"는 격언과 같이, 누구나 충고 듣기를 싫어한다. 더욱이 권력자는 비판을 싫어하고 이를 물리치는 것이 보통이다. 현대에도 정치적 비판을 막기 위한 투옥을 감행하는 국가는 적지 않다. 도대체 투옥당하는 편이 나쁜지, 투옥하는 편이 나쁜지 이것은 오늘날 우리들의 과제라고 생각된다.

유대 왕 중에는 예언자의 옳은 말에 숙연히 옷깃을 여미고 회개하는 자도 있었으나, 대개는 예언자를 추방하거나 결박하거나 투옥하고 목숨을 빼앗곤 하였다.

세례 요한도 바른말한 것이 원인이 되어 목숨을 잃게 되었다. 영주 헤롯 왕의 불의한 결혼에 대하여 요한은, "그것은 옳지 않다"고 비난하였기 때문이다.

왜 비난하였는가? 헤롯이 자기의 아내와는 이유도 없이 이혼하고, 그 동생의 아내를 빼앗아 결혼하였기 때문이다.

나는 이 대목을 읽고, 형의 아내를 빼앗아 결혼하든지 동생의 아내를 빼앗아 결혼하든지 그것은 개인의 생활에 속한 문제가 아닌가?

무엇 때문에 목숨을 걸고까지 직언하지 않으면 안 되었던가? 요한 같은 예언자가 이런 삼각관계와 관련되어 귀한 목숨을 잃는다는 것은 너무나 애석한 일이 아닌가 하고 생각한 적이 있었다.

그러나 후에 요한이 목숨을 걸고 옳은 말을 한 뜻을 나는 알았다. 당시의 유대 율법에서는 '이유 없는 이혼'은 허락되지 않았다. 또 형수나 제수와의 결혼도 규제되어 있었다. 헤롯은 백성을 다스리는 입장에 있으면서 이 두 가지 율법 위반을 쉽사리 해버렸던 것이다.

유대에서의 법은 하나님께로부터 받은 것으로 되어 있었으므로, 헤롯의 행위는 결국 하나님의 율법을 짓밟아 버린 것이다. 이것을 예언자 요한은 그대로 두고 볼 수가 없었던 것이다.

그 결과 헤롯의 분노 이상으로 헤로디아의 원한을 사게 되었던 것이다. 그렇더라도 여기에 기록된 헤로디아의 잔인성은 별로 유례가 없는 일처럼 생각된다.

어머니를 맹종한 살로메의 말로(末路)

역사상으로나 현대에 있어서 여성이 살인을 했다거나, 청부 살인을 했다거나 하는 예가 전혀 없지는 않았으나 그런 일은 극히 드물었다. 이 헤로디아의 잔인성은 살인을 술좌석에서 흥취삼아 저질렀다는 데 있다. 더구나 그 술좌석은 남편의 생일 파티였다.

마가복음에 따르면 그 자리에 참석한 손님들은 "고관, 장교 및 갈릴리 지방의 요직 인사들이었다"라고 쓰여 있다. 그 술좌석에서 헤로디아는 아마 미리 이런 때를 노리고 있었는지도 모른다.

헤롯은 한편으로 마음이 약한 면도 있었던 것 같다. 마가복음에는 이렇게도 쓰여 있다.

> 헤로디아가 요한을 원수로 여겨 죽이고자 하였으나 그렇게 하지 못한 것은 헤롯이 요한을 의롭고 거룩한 사람으로 알고 두려워하여 보호하

며, 또 그의 말을 들을 때에 크게 번민을 느끼면서도 달게 들었다.
라고 기록되어 있듯이, 감옥에 가두기는 했지만 그의 가르침에는 기꺼이 귀를 귀울이고 있었던 것이다. 그 정도라면 감옥에서 요한을 석방시키기만 하면 될 것 같기도 하지만, 그렇게 되지는 않았다.

왜냐하면 이 투옥 역시 헤로디아의 입김이 많이 작용했을 것이기 때문이다. 헤로디아는 아마, 틈 있을 때마다 남편 헤롯에게 졸라, 요한의 목숨을 빼앗으려고 생각했을 것임에 틀림없다. 그래서 미리 딸과 짜고 축하 파티 석상에서 춤을 추게 했을 것이다.

딸 살로메(살로메라는 이름이 성경에는 기록되어 있지 않으나 성경사전에는 성경상의 인물로서 살로메란 이름이 올라 있다)란 이름의 뜻은 '평안'이라고 한다. 그러나 이 살로메에 대해 어미 헤로디아가 취한 태도에는 모성애라고는 손톱만큼도 없었다고 나는 생각한다.

우선 딸에게 추게 한 춤은 우아하고 고상한 무용이 아니라, 왕녀답지 않은 음탕하고 저속한 춤이었다고 한다. 일설에 의하면 헤로디아는 자신의 육체가 시들어 버린 것을 알고, 자기가 데리고 온 딸 살로메를 이용하여 왕의 마음을 사로잡아 보려고 했다는 말도 있다.

춤을 춘 대가로 헤롯 왕은,
"네가 원하는 것이라면 무엇이든지 다 주마"
하고 서약하였다. 마가복음에는
"네가 원한다면 이 나라의 절반이라도 네게 주겠다"
고 다짐하였다고 하나, 얼마만큼 그 춤을 즐겼는지 쉽사리 짐작할 수 있다. 아마 살로메는 얼굴도 몸매도 아름다운 여자였음에 틀림없다. 그렇지만 그것은 참된 아름다움이 아니라 백치 같은 아름다움이 아니었을까 나는 생각한다.

주체성이라고는 조금도 찾아볼 수 없는 계집아이였음은, 어미에

게 "무슨 상급을 달라고 할까요"하고 물은 것만 보아도 알 수 있고, 또 어미가 충동질하는 대로

"세례 요한의 머리를 쟁반에 담아 이곳으로 가져와 주시기 바랍니다"라고 한 말가운데도 나타나 있다.

이런 춤을 추게 하고, 이런 대가를 요구하게 하는 어머니가 세상에 또 있을까? 그리고 이런 식으로 제 어미가 시키는 대로, 부끄러운 줄도 모르고 춤을 추고, 소름이 오싹 끼치는 대가를 요구한 살로메야말로 그 얼마나 불쌍한 계집아이인가!

헤롯은 마땅히 이런 소원을 거부했어야 옳다. 그렇지만 아마 그 당시의 관습으로서, 일단 서약한 것은 하나님 앞에서 지키지 않으면 안 되었을 것이고, 또 무엇이든지 원하는 대로 상급을 주겠다고 입 빠른 소리를 해놓은 이상, 이제 와서 "그러지 못하겠다"고 말할 수는 없었을 것이다. 즉, 여기엔 많은 사람들 앞에서 자신의 체면만 깎이지 않으면 다행이라고 하는 생각이 도사리고 있었던 것이다.

이리하여 세례 요한의 목은 축하 파티 석상에 운반되어 왔다. 남의 집 뜰에 핀 꽃 한 송이라 하더라도 이토록 무지막지하게 꺾어 버리지는 못할 것이다. 여기서 나는 헤로디아가 얼마나 잔인 무도한 여자인가를 절실히 느낀다.

어떤 목사님의 설교 가운데서,

"우리가 거기 그 파티에 참석한 손님이었다면 도대체 어떻게 했을까?"하는 물음을 제기한 적이 있다.

그 자리의 손님들이란 앞에서도 말하였듯이, 군인, 고관, 그리고 지위가 높은 사람들뿐이었다. 아마 이 세상에서는 뭇 사람들 위에 서고 강한 발언권을 갖는 사람들뿐이었을 것이다. 그럼에도 불구하고 어느 누구 하나 헤롯 왕을, 헤로디아를, 그리고 살로메를 제지한 자라고는 없었다. 우리도 그 장소에 있었더라면 단지 숨을 죽이고

일이 되어 가는 꼴을 멍하니 바라보고만 있었을 것이라고 생각한다. 왜냐하면 왕을 제지한다는 것은 죽음을 뜻하는 것이기 때문이다. 아무리 많은 사람이 모였다 하더라도, 제지하거나 충고해 주는 친구를 한 사람도 갖지 못한 헤롯이야말로 가련한 인간이었다.

이 사건에는 뒷이야기가 있다.

헤롯은 정숙한 아내와 이혼하였기 때문에 그 아내의 아버지 즉, 장인인 나바디아 왕의 침공을 받아 마침내 패역하였다. 그리고 헤로디아의 농간으로 인하여 로마에 대한 반역의 혐의를 뒤집어 쓰고 헤롯의 영지(領地)도 재산도 몰수당하고 말았다. 그리하여 먼곳으로 유배되어 헤로디아와 더불어 비참한 일생을 마쳤다고 생각한다.

그리고 살로메는 그 후 얼음 위를 걷다가 얼음이 깨지는 바람에 물 속에 빠져, 그 뾰족한 얼음 모서리에 목이 베어 죽었다고 한다. 과연 요한의 목을 원했던 자에게 잘 어울리는 죽음이라고 할 만하다 (이 살로메의 죽음에 관해서는 山室軍平 지음 「민중의 성서」 제18권 참조).

육친 에고이즘에서 나온 모성애도 있다

마태복음에서 아직 손대지 못한 대목이 많이 있지만 이렇게 일일이 기록해 나가다가는 신약성경 입문이 아니라, 마태복음 입문이 되고 말 것이다. 그래서 이제부터는 나 자신도 도무지 잘 이해되지 않던 대목 몇 군데를 읽어 보기로 한다.

사람들은 자칫하면 크리스천에 대하여, 온유하고 겸손하다는 이미지를 품고 있기 쉽다. 크리스천은 결코 화도 내지 않는다고 생각하는 사람도 있다. 나 역시 그렇게 생각해 왔다. 그러기에 다음과 같은 대목을 읽고 나서는, 크리스천이 읽는 성경이란 얼마나 무서운 말이 적혀 있는 책인가 하고 깜짝 놀라 나자빠진 적이 있다.

나만 그런 것이 아니라, 누구나 이 대목을 읽을 때 나와 같은 생각을 품지 않을까?

마태복음 10장 4절에서 39절까지.

> 내가 세상에 화평을 주러 온 줄로 생각하지 말라. 화평이 아니요 검을 주러 왔다. 내가 온 것은 사람이 그 아버지와, 딸이 어머니와 며느리가 시어머니와 불화하게 하려 함이니 사람의 원수가 자기 집안 식구일 것이다. 어머니나 아버지를 나보다 더 사랑하는 자는 내게 합당치 않고, 또 자기 십자가를 지고 나를 좇지 않는 자도 내게 합당치 않다.
>
> 자기 목숨을 얻는 자는 잃을 것이요, 나를 위하여 자기 목숨을 잃는 자는 얻을 것이다.

나의 아버지는 자식에 대한 사랑이 지극한 분이었다. 아들이 일곱, 딸이 셋이었는데 자식들이 먼 곳에 떨어져 사는 것을 극도로 싫어하셨다. 그래서 철도원인 오빠나 동생들은 종종 전근가는 것을 포기하지 않으면 안 되었다.

자신 곁에 자녀들을 두고 싶은 심정은 이해되지만, 그러나 육친의 정이란 몹시 거추장스러운 경우도 있다. 무의촌에 가서 의사로 일생을 헌신하려고 마음먹었던 한 청년이 몇 년이 못 되어 도시로 되돌아왔다.

"도대체 어떻게 된 거야? 일생 동안 있겠다고 하잖았어? 벌써 일생이 지나갔단 말이야?"

의아스러워서 내가 물었을 때 그 청년은 대답하였다.

"어머님이 자꾸만 돌아오라고 말씀하시고, 또 아내도 자녀들 교육시키려면 아무래도 도시가 낫다고 하기에…"

그는 몹시 멋적은 표정을 짓고 있었다. 목사가 되려고 했을 때 부모님께 환영받은 사람이 도대체 몇이나 될까. 신앙의 가정에서 자라났으면서도 목사가 되는 것을 반대당한 사람들을 나는 여럿 알고 있다.

"신앙만 계속 지켜 나가면 돼, 구태여 목사가 되지 않더라도 말이야."

이렇게 말하면서 반대하더라는 것이다. 미개지의 선교사를 지망한 사람도, 나병환자 치료소의 의사를 지망한 사람도, 거의 모두가 부모 처자들의 반대에 부딪혔다. 아니, 화가가 되는 데도, 소설가가 되는 데도, 음악가가 되는 데도 반대에 부딪힌 사람들이 적지 않을 것이다.

어째서 이런 반대에 부딪히게 되는 것일까? 그것은 결국 이기심에서 싹튼 것이 아닐까? 모성애나 부성애는 확실히 귀한 것임에 틀림없다. 그렇지만 동시에 존귀하지 않은 일면도 내포하고 있다.

'내 자식만 잘되면 그만이지' 하는 강렬한 생각이 바로 육친 에고이즘이다. 내 자식을 사랑하는 것이 아니라, 자기 자신을 사랑하고 있는 셈이다. 그런데 어버이는 내 자식을 내 마음대로 할 수 있는 소유물처럼 생각하기가 쉽다.

사랑이란 무엇인가. 사랑이란 낳아서 기르는 것이어야 한다. 뻗어나려고 하는 싹을 올바로 뻗어나게 하는 것이어야 한다. 육친은 도대체 무엇으로 연결되어 있는가? 이 성경의 말씀은 새삼스럽게 우리들 한 사람 한 사람에게 삶의 방향을 제시해 주고 있다.

현대에도, 그리스도를 믿으면서도 교회에 나오지 못하는 사람들이 얼마든지 있다. 부모가 반대하거나, 남편이 반대하기 때문에 못 나간다는 것이다. 집안 식구들 몰래 교회에 나가는 사람도 있다. 개인의 신앙은 자유인데도 아직 그러한 자유가 인정받지 못하는 세계가 있다.

성경에는

네 부모를 공경하라

고 하는 엄격한 교훈이 있으며,

     남편에게 복종하기를 주님께 하듯 하라

고 하는 말씀도 있다. 그리스도께 복종하는 생활을 하는 것이 결과적으로 남편이나 부모에게 더 충실하는 길이 되는 것이다.

 어쨌든 육친의 반대에도 불구하고 위험을 무릅쓰고, 물질을 추구하지 아니하고, 명예나 지위를 탐하지 아니하고 산 사람들이 있었기에 비로소 이 세상은 진보해 온 것이 아닐까.

 이렇게 생각할 때, 이 대목의 참 뜻을 알 만하다.

 버클리는 "이 대목만큼 예수님의 투명한 진실성을 선명하게 드러내고 있는 곳은 없다"고 말하고 있는데, 나 역시 정말 동감이다.

 아무튼 여기서 예수님은 육친의 관계를 단순한 인정이나 에고이즘이 아니라, 진리에다 두어야 한다는 것도 말씀하고 있다.

"먼저 된 자로서 나중 되리라"는 말씀의 뜻

 다음 대목은 비유다. 이 대목을 읽고 나서도 나는 그 뜻을 잘 몰랐다. 성경에는 인간적인 생각만으로는 이해하기 어려운 대목이 얼마든지 있다. 하나님의 마음을 인간이 그렇게 쉽사리 이해하기는 어려울 것이기 때문이다. 다음과 같은 대목도 아무런 해설이 필요치 않을 만큼 알기 쉬운 문장임에도 불구하고 갖가지 의문이 꼬리를 물고 일어나는 대목이다.

 마태복음 20장 1~16절

> 천국은 마치 품꾼을 얻어 포도원에 들여 보내려고 이른 아침에 나간 집 주인과 같다. 그는 하루 한 데나리온씩 품꾼들과 약속하고 포도원에 들여보냈다. 또 아홉 시쯤에 나가 보니 장터에서 놀고 섰는 사람들이 있었다. 그래서 그들에게 말하였다.
> "너희도 포도원에 들어가라. 내가 너희에게 상당한 품삯을 주겠다."

그래서 그들이 가고, 주인은 열두 시쯤과 오후 세 시쯤에 또 나가서 그렇게 했다. 오후 다섯 시쯤에도 나가 보니 섰는 사람들이 여전히 있었다. 그래서 그들에게 말했다.
"너희는 왜 종일토록 놀며 여기 서 있느냐?"
그들은 "아무도 우리를 품꾼으로 쓰는 이가 없기 때문입니다"
하고 대답하므로 그 사람들에게 말하였다.
"너희도 포도원에 들어가라."
날이 저무니 포도원 주인이 관리인에게 말하였다.
"품꾼들을 불러 나중 온 사람부터 시작하여 먼저 온 사람까지 품삯을 주라."
그래서 오후 다섯 시쯤에 온 사람들이 와서 한 데나리온씩을 받았다. 그러자 먼저 온 사람들이 와서 더 받을 줄 알았더니 그들도 한 데나리온씩만 받았다. 받은 후 집 주인을 원망하며 말하였다.
"나중 온 이 사람들은 한 시간만 일하였는데도 그들을 종일 수고와 더위를 견딘 우리와 같게 하였습니다."
주인이 그 중 한 사람에게 대답하였다.
"친구여, 나는 네게 잘못한 것이 없다. 네가 나와 한 데나리온의 약속을 하지 아니하였느냐. 네 것이나 가지고 가라. 나중 온 이 사람에게 너와 같이 주는 것이 내 뜻이다. 내 것을 가지고 내 뜻대로 하는 것은 당연하지 않느냐. 내가 선하므로 네가 악하게 보느냐."
이와 같이 나중 된 자로서 먼저 되고, 먼저 된 자는 나중이 될 것이다.

이스라엘 지방에서의 하루는 아침 여섯 시부터 저녁 여섯 시까지였다. 여기에는 저녁 다섯 시쯤에 고용된 이야기가 나온다. 저녁 다섯 시에 고용되었으니까 여섯 시까지는 겨우 한 시간밖에 안 된다. 한 시간밖에 일하지 않았는데 포도원 주인은 노동자를 정식으로 고용했을까? 역시 이것은 꾸며낸 이야기라는 식으로 누구나 받아들일

마태복음 63

는지 모른다. 그렇지만 이런 상황은 흔히 있었다고 한다. 왜냐하면 포도가 익은 직후에 장마철이 시작되기 때문에 장마철이 다가오기 전에 서둘러 포도를 거두어들이지 않으면 안 되었던 것이다. 그렇지 않으면 포도가 썩어 버리기 때문이다. 그래서 고양이의 손이라도 빌고 싶으리 만치 바쁘기 때문에, 비록 한 시간이라도, 아니 단 30분이라도 도와 줄 사람이 있으면 이 사람 저 사람 가릴 것 없이 부탁을 했던 것 같다.

예수님은 언제나 비슷한 일을 예로 들어 말씀하시곤 했다. 우리는 2천 년 후인 현대에 와서 예수님의 이 말씀을 듣고 있기 때문에 어쩐지 아득하게 먼 이야기처럼 생각하며 읽고 마는 수가 있다. 그렇지만 직접 예수님의 말씀에 귀를 기울여 듣던 사람들에게는 비단 이 비유뿐만 아니라, 예수님의 비유는 심히 친근하게 들렸던 것이다. 그러기에 민중은 친근감을 갖고 귀담아 들었을 것이다.

청중 가운데는 열두 시쯤에 고용된 경험이 있는 사람도 있었을 것이고, 저녁 다섯 시쯤에 고용된 경험이 있는 사람도 있었을 것이고, 또 아침 아홉 시쯤 맨 먼저 고용된 경험이 있는 사람도 있었을 것이다. 그렇다면 이 이야기를 듣고 있는 동안에 나와 같은 의문을 품고 있던 사람도 틀림없이 많이 있었을 것이라고 생각한다.

한 가지 의문은,

'왜 아침부터 와서 일한 사람에게 먼저 품삯을 지불하지 않고 맨 나중에 온 사람부터 지불하였을까?' 하는 것이다.

아침부터 와서 일한 사람은 하루종일 땀을 흘리며 일을 하였을 것이다. 맨 나중에 온 사람부터 품삯을 주기 시작하였다면 먼저 온 사람들은 상당히 오랜 시간 동안 뒤에 서서 우두커니 기다리지 않으면 안 된다. 이런 불공평한 대우가 어디 있는가. 이야기를 듣는 동안에 약간 분개하는 사람도 있었을지 모른다.

그렇지만 이 이야기는 사실은 이 세상의 포도원 이야기가 아니라, 천국 곧 하나님이 지배하시는 곳이라면 어떻겠는가 하는 이야기다. 이 세상의 포도원이라면 당연히 그날 맨 먼저 온 사람 즉, 아침 아홉 시에 와서 일한 사람들부터 품삯이 지불될 것이다.

그러면 왜 포도원 주인은 맨 나중 온 사람부터 품삯을 지불하였을까. 성경의 이 대목에는 "장터에서 놀고 있는 사람들이 또 있었다"는 말씀이 있다.

우리 나라에도 도시의 일부 지역에는 자기들을 고용하러 오는 사람을 기다리며 떼를 지어 서 있는 장소가 있다. 그런 사람들을 '서성거리는 날품팔이'라고 부르는 듯하다. 아무 것도 하지 않고 우두커니 서 있는 것은 놀고 있는 것이 아니라, '누가 나를 고용해 주지 않을까' 하고 고용주를 기다리며 서 있는 것이다.

그때 맨 첫 번째로 선발된 사람은 얼마나 기뻤겠는가. 하루 한 데나리온을 주기로 약속되었다고 하였는데, 한 데나리온이란 품삯은 그 당시의 농장 노동자의 노임 또는 로마 군인의 하루 임금에 해당하는 액수였다고 한다(우리 나라 돈으로 환산하며 약 3만 원쯤 된다—역자).

그러나 지금과는 달라서 물가도 쌌을 것이기 때문에 넉넉하게는 살지 못해도 하루 먹을 만큼은 되었을 것이다. 그 당시의 숙박비는 12분의 1데나리온이었다고 하는 기록이 있다.

그건 그렇고, 하루 한 데나리온씩 받기로 하고 아침부터 포도원에 들어가 일을 하기 시작한 사람은 얼마나 마음이 놓였겠는가. 우선 굶지는 않게 되었으니 다행이다. 처자식도 굶기지 않게 되었다. 그 당시의 노동자는 하루하루의 생계를 꾸려 나가기가 노예보다 더 힘겨웠다고 한다. 노예들에게는 그래도 주인이라도 있다. 주인은 자신의 소유물인 노예를 최소한 굶겨 죽이지는 않을 테니까, 그런 의미에서 생활은 안정되어 있었다. 그러나 노동자들은 그렇지 않았다.

포도원 주인이 저녁 다섯 시쯤에 나가보니 아직도 우두커니 서 있는 사람들이 있었다. 오후 다섯 시라면 이제는 하루해가 뉘엿뉘엿 넘어가는 시각이다. 그들은 그때까지도 자기들을 고용해 줄 사람을 눈이 빠지게 기다리고 있었던 것이다.

만약 아무도 자기들을 고용해 주지 않기 때문에 자포자기한 나머지 절망하여 그 장소를 떠났더라면 그들은 고용주의 눈에 띄지 않고 말았을 것이다. 그날의 양식을 얻기 위하여 몇 시간이고 기다리고 있었을 노동자의 심정을 생각해 보면 가슴이 뭉클해짐을 금할 수 없다.

절망하지 않는 사람에게 내리는 하나님의 축복

우리 인생에서, 자기가 서 있어야 할 곳에서 절망한 나머지, 떠나가 버리는 사람들을 우리는 얼마나 많이 보아 왔던가. 그러나 그 반대로, 절망할 수밖에 없는 상황에서도 자신의 인생을 포기하지 않고 진실하게 살아가는 사람들도 적지 않다.

오후 다섯 시까지 서 있던 이 사람들은 진실한 사람들이었으리라고 생각할 수 없을까. 앞으로 한 시간만 지나면 그 날이 저무는 그런 시각에

"너희도 포도원에 들어가라"

고 하는 말을 들었을 때의 그들의 표정이 어떠했을지를 나는 상상해 본다. 그것은 아침 아홉 시에 고용된 사람의 기쁨과는 달리, 아마도 울음을 터뜨리고 싶으리 만큼 깊은 감격이 솟구쳤을 것이다. 그리고 그 포도원 주인은 자신에 대한 그들의 크나큰 감사를 마음속 깊이 아로새겼을 것임에 틀림없다.

한편, 아침부터 고용된 사람들은 저녁때가 되어서야 들어온 노동

자들에게 어떤 시선을 던졌을까?

'뭐야, 이제서야 들어오다니!'

하는, 고참들이 흔히 짓는 차가운 시선을 보냈을지도 모른다. 거기에는 남을 깔보는 오만한 눈초리가 번득였을 것이다. 오후 다섯 시에 온 사람들은 그런 차가운 시선을 받으면서 위축된 상태로 짧은 시간에나마 열심히 일을 하였을 것이다. 이리하여 포도원 주인은 맨 나중에 온 사람들에게 깊은 동정을 기울였을 것이다.

또 한 가지 의문점은, 하루 종일 일한 사람의 품삯과 한 시간밖에 일하지 않은 사람의 품삯이 똑같이 한 데나리온이었다는 사실이다. 이런 일이 만일 현실적으로 눈앞에서 벌어졌다면 틀림없이 우리들도 불평을 터뜨렸을 것이다. 나도 이 대목이 몹시 마음에 걸렸다.

불평을 터뜨린, 맨 먼저 온 사람에게 주인은 대답하였다.

"친구여~" 주인은 이렇게 노동자에게 말을 걸었다. 우리 나라에 얼마만큼 기업이 많이 있는지는 잘 모르지만 그 기업주가 노동자들에게, "친구여"하고 부르며 말을 거는 사람이 과연 몇 명이나 있을까. 아마 한 사람도 없다고 해도 과언이 아닐 것이다.

친구라는 호칭은 대등한 관계를 나타내는 말이다. 노사관계는 대등해야 한다. 그런데도 인간이란 묘한 것이어서 돈을 지불하는 쪽이 인간적으로도 마치 높은 위치에 서 있는 것처럼 착각하는 것 같다. 한 쪽은 노동력을 제공하고, 다른 한 쪽은 그 대가를 제공하는 데 불과하다. 다시 말하면 '기브 앤드 테이크(give and take)'다. 대등한 관계라는 말이다. '친구'다.

그런데도 실상은 그렇지 못한 것이 우리의 현실이다. 예수님은 이미 2천 년 전에 이 사실을 간파하셨다. 이 포도원 주인은 불평을 듣기는 하였으나, 계약 위반을 하지는 않았다. 하루 한 데나리온을 주기로 약속한 대로 품삯을 지불하였던 것이다. 그러나 한 시간밖에 일하지 않은 사람에게도 한 데나리온을 주었다고 해서 하루 종일 일한 사람이 화를 내었던 것이다. 냉정히 생각해보면 자신은 애당초 약속한 대로 다 받은 셈이다. 아무런 불평도 할 이유가 없는 것이다. 앞에서도 말하였듯이, 한 데나리온은 겨우 3만 원 정도의 품삯이다. 겨우 끼니나 때울 수 있는 정도의 액수다. 주인이 나중에 온 사람에게 동일한 금액을 지불한 것은 단순히 노동시간만 따져서 준 것이 아니라, 고용주를 기다리며 저녁 다섯 시까지라도 절망하지 않고 서 있던 그 노고를 헤아렸기 때문이었을 것이다.

인간은 자신이 남에게서 받는 것은 좋아하면서도 남이 받는 것을 보면 별로 기뻐하지 않는다. 기뻐하지 않는 정도라면 또 괜찮다. 주는 주인에게 불평을 터뜨린다. 아무튼 천국이란 이러한 주인이 계시는 곳이다. 주인이 사람을 볼 때 그 사람의 무엇을 보는가? 단지 그 사람의 능력을 보는 것도 아니고, 학력을 보는 것도 아니다. 더구나 체력을 보는 것도 아니고, 용모를 보는 것도 아니다. 지위나 재산이 중요하지 않음은 말할 것도 없다. 아침부터 저녁까지, 다만 고용되기만을 바라면서, 절망적인 상황에 처해 있으면서도 낙담하지 않고 서 있던 노동자들처럼 오로지 하나님만을 바라고 기다리는 태도야말로 축복받는 태도다.

그리고 품삯을 얼마나 받을 것인가에 신경을 쓰지 않고 다만 포도원 주인을 위하여, 오직 겸손히 그리고 열심히 주인의 뜻을 좇아 일하는 사람이야말로 축복받는 사람이다. 맨 먼저 고용된 자처럼 일찍 왔다고 해서 텃세를 부리거나, 너와 우리와는 질적으로 다르다는 듯한 표정을 짓는 자는 천국에서 앞서지 못하는 것이다.

예수님이 다른 곳에서

어린아이처럼 하나님을 받아들이는 자라야 하늘나라에 들어갈 수 있다고 말씀하셨는데, 오후 다섯 시에 고용된 노동자에게서 예수님은 이런 어린아이처럼 겸손한 자세를 발견하셨을 것이다.

지금까지 천국의 비유에 관해서 말하였는데, 이 비유는 우리 인생의 생활태도, 현대사회의 모습, 특히 노동문제에도 갖가지 시사를 주는 이야기이며 또한 신앙상으로 정말 깊은 진리를 깨닫게 하는 비유다.

성경이란 각 사람이 읽을 때마다 많은 진리를 발견하게 하는 책이므로, 되풀이해서 읽어 보면 바로 이 대목에서도 더욱 깊은 진리를 발견할 수 있을 것이다.

2

마가복음

부자의 버릇없는 아들 마가

서점에 들어가서 빽빽히 꽂혀 있는 책을 볼 때 우리는 먼저 책제목부터 볼까, 그렇지 않으면 저자의 이름부터 볼까.

비록 마음에 드는 책 이름이 있다 해도 저자의 이름이 눈에 설면 흥미는 줄어들 것이고, 자기가 좋아하는 저자의 이름이 눈에 띄면 흥미는 배로 늘어날 것이다.

그림도 그렇고, 도자기도 그렇다. 누가 그린 것인가, 누가 지은 것인가에 따라 흥미가 달라질 것이다. 그런데 성경을 읽어 보아도 그 기록자에 대해서 우리는 거의 대부분이 낯설기만 하다.

요한복음을 쓴 요한이란 어떤 사람인지, 누가복음을 쓴 누가란 어떤 사람인지 도무지 알 길이 없다. 이제부터 쓰려고 하는 마가복음의 저자 마가에 관해서도 똑같은 말을 할 수가 있다.

우리에게는 예비지식이 거의 없다. 그러나 마가에 관해서는 잘 몰라도 레오나르도 다빈치의 명화 '최후의 만찬'을 모르는 사람은 드물 것이다. 수수께끼 같은 미소로 유명한 '모나리자'를 그린 다빈치는 '최후의 만찬'에서도, 그리스도를 중심으로 좌우에 늘어선 열두 제자의 경악과 불안의 순간적 표정을 잘 묘사하고 있다.

이 그림은 "이 열두 제자 가운데 나를 배반할 자가 있다"고 예수님께서 말씀하시던 때의 제자들의 동요를 그린 명화다. 이 최후의 만찬을 베푼 장소가 다른 사람 아닌 마가의 집 2층의 넓은 다락방이었다고 전해진다. 그 당시 2층이 있어서 이같은 만찬을 베풀 정도로 넓은 방이 있다고 하면 상당히 부유한 집안이었을 것이다.

성경에는 마가의 어머니 마리아의 이름은 기록되어 있지만, 아버지의 이름은 나와 있지 않다. 이것으로 미루어 보면 그는 과부인 어머니에 의해 양육 받은 부잣집 도련님인 셈이다. 그런 유복한 환경 가운데서 자란 때문인지, 어쩐지 그는 망나니로서 무엇이든지 제멋대로 하려 드는 인간형이었던 것 같다.

사도행전에는 그의 이 같은 방자한 기질로 인하여 바울과 바나바라는 대사도가 크게 논쟁을 벌이게 되었고 그 결과 이 두 사람이 전도여행을 함께 떠나지 못하고 헤어져야만 했던 경위가 기록되어 있다. 그 때문인지 마가에게는 '재능은 있지만 방자한 젊은이'라는 이미지가 따라다닌다.

마태복음 기자인 마태는 그 당시의 사람들에게 미움을 받던 세리였다. 아마 마가도 사람들에게서 빈축을 사는 성격을 다분히 지니고 있었던 것 같다. 그러나 마태와 마가가 그 후에 크게 쓰임 당한 것을 보면 역시 예수님께서 끼치신 영향의 위대함을 느끼게 된다.

나는 마가복음 중에서, 아니 성경 전체 가운데서도 특히 마음이 끌리는 한 대목을 인용하겠다.

>   예수께서 다시 바닷가에 나가시니 무리가 다 나아오므로 예수께서 그들을 가르치셨다. 또 지나가시다가 알패오의 아들 레위(마태)가 세관에 앉아 있는 것을 보시고,

"나를 따라 오라"고 말씀하시니 일어나 따랐다.

그의 집에 앉아 잡수실 때에 많은 세리와 죄인들과 예수와 그 제자들이 함께 앉아 있었다. 이는 그들이 많이 예수를 따랐기 때문이다.

바리새파 서기관들이 예수께서 죄인과 세리들과 함께 잡수시는 것을 보고 그 제자들에게 말하였다.

"어찌하여 세리와 죄인들과 함께 먹는가?"

예수께서 들으시고 그들에게 말씀하셨다.

"건강한 사람에게는 의사가 쓸데없고 병든 사람에게라야 쓸 데 있다. 나는 위인을 부르러 온 것이 아니고 죄인을 부르러 왔다."

(마가복음 2장 13~17절. 이와 비슷한 말씀이 마태복음 9장과 누가복음 8장에도 있으니 참조하시기 바람.)

죄인을 부르러 왔다

내가 이 대목을 읽고 특히 감동을 받은 것은 아직 20대 무렵에 병으로 요양 중이던 때였다. 요양소에는 젊은 남녀들이 병으로 앓고 있는데, 나에게는 남자 친구들도 많이 있었다. 나의 병실에는 언제나 남자 친구들만이 모여들곤 했다. 그래서 나는 요부(妖婦)라는 달갑지 않은 별명을 받기도 했다.

패전 직후였으므로 나 자신이 허무주의자가 되어 있었기 때문이기도 했다. 요양소 신세를 지고 있는 주제에, 권유를 받으면 술을 입에 대는 수도 있어서, 그런 나를 동성의 눈초리는 차갑게 대하였다. 그런 상태에 있을 때에 나는 바로 마가복음의 이 대목에 마음이 끌렸던 것이다.

> 많은 세리와 죄인들이 예수와 그의 제자들과 함께 앉았으니
> 이는 그들이 많이 예수를 따랐기 때문이다.

이 말씀이 나의 마음을 강하게 끌었다. 세리는 그 당시 재판의 증

인이 될 자격도 없을 만큼 멸시를 받는 존재였고, 또 죄인이라고 불리는 사람들도 아마 세리와 비슷한 취급을 받는 사람들이라고 생각되었다. 그리고 나 자신이 그들과 같은 사람으로 생각되었다.

죄인이란 어떤 사람들인가. 그 당시의 나로서는 잘 알 수가 없었다. 그러나 사회에서 냉대를 받고 있던 존재였음은 다음의 말씀을 보아 알 수 있다.

"어째서 세리와 죄인들과 함께 먹는가?"

즉, 그 시대에는 세리나 죄인들과 함께 식사하는 사람은 없었다는 말일 것이다. 함께 식사를 하지도 못한다는 것은 도대체 무엇을 뜻하는가. 흑인과 백인이 같은 전차를 타지도 못한다는 말을 듣고 놀란 적이 있지만, 식사조차 함께 하지 못한다고 하는 것은 얼마나 큰 인간 차별인가. 다른 곳에는 세리와 죄인 외에 창녀라는 말이 첨가되어 있다. 그러나 예수님은 그런 사람들과도 함께 식사를 하셨다. 더구나 그런 사람들이 '많이 모여들었다' 는 것이다.

평소에 차별대우를 받고 학대를 당하던 사람들은 인간의 심리에 민감한 법이다. 조금이라도 그 눈빛에 냉대나 멸시하는 듯한 끼가 있으면 결코 접근해 가지 않는 법이다. 마음을 열지 않는다.

세리와 죄인이라고 불리는 사람들이 이토록 예수님을 열렬히 따랐다고 하는 것은 그만큼 예수님이 그들을 사랑하신 때문임을 나는 능히 상상할 수 있다. 더구나

"어째서 세리와 죄인들과 함께 먹는가?"

라고 물은 바리새파 사람들의 말에 대한 예수님의 대답은 지극히 선명하면서도 통렬하다.

> 건강한 사람에게는 의사가 쓸데없고 병든 사람에게라야 쓸 데 있다.
> 나는 의인을 부르러 온 것이 아니요, 죄인을 부르러 왔다.

문어체 성경을 읽던 나는 예수님의 이 말씀을 암송하였다. 그런

데 예수님의 이 말씀을 바리새 사람들은 어떻게 받아들였는가.

"나는 의인에게는 필요가 없고 죄인에게만 필요가 있다"고 하는 예수님의 역설적인 말씀의 참뜻을 바리새파 사람들은 과연 이해하였을까.

여기서 우선 바리새라는 말의 뜻을「새 성서 대사전」에서 찾아보기로 하자. 바리새란 '분리된 자'라는 뜻으로, 그 당시 유대교의 유력한 한 파였다고 한다. 바리새파 사람들은 유대의 율법에 지극히 엄격하여 특히 성결을 중시하고 있다.

바리새파에 속한 사람들은 그 당시 유대인의 신앙과 생활의 지도자적 입장에 있는 학자들이었다. 분리하는 자, 즉 바리새의 기원은 깨끗하지 못한 사람들에게서 자신을 분리하는 데 있었다. 그것은 자신은 깨끗하다고 하는 의식 위에 싹튼 생활태도였던 것이다.

그러면 그들에게 있어 깨끗하지 못한 사람이란 어떤 부류의 사람이었을까. 그것은 세리요, 창녀요 또는 '땅의 백성'이었다. 땅의 백성이란 율법을 세밀한 부분까지 모두 엄격하게 지키지 못하는 사람들이다. 이 '땅의 백성'을 바리새파 사람들은 죄인이라고 불렀다.

바리새파 사람들은 자기들은 올바르고 깨끗하다고 생각하고, 다른 사람은 올바르지 못하고, 다시 말하면 죄인이고 깨끗하지 못하다고 여기고 있었다. 깨끗하지 못한 사람들과 접촉하면 자기네들도 더러워지기 때문에 세리나 땅의 백성과는 절대로 사귀지 않기로 서약하고 있었다.

그렇기 때문에 세리나 땅의 백성들과는 여행도 함께하지 않았고, 상거래도 하지 않았고, 물품을 서로 주고받지도 않았다. 그런데 하물며 손님으로 초대를 받는다거나 초대를 한다거나 하는 일은 상상도 할 수 없었으며, 물론 한 자리에서 식사도 함께하지 않았다.

그러한 그들로서 예수님이 세리 마태의 집에서 땅의 백성들과 식사를 함께하셨던 것은 놀랍고도 큰 사건이었던 것이다. 도저히 용서할 수 없는 행위였던 것이다. 속된 말로 지저분한 일이었던 것이다.

바리새파 사람들과 대립한 예수

예수님이 이런 바리새파 사람들을 얼마나 싫어하셨는지, 그것이 복음서 여러 곳에 나온다.

이와 반대로, 바리새인에게 죄인이라 불리던 사람들을 예수님은 늘 사랑하셨다. 하나님 앞에서 자기 자신을 부끄럽게 여기는 자, 얼굴을 들 수 없는 자라고 스스로 인정하는 겸손한 마음의 소유자를 예수님은 사랑하셨다.

이런 유대에서 예수님이 열두 제자 가운데 한 사람으로 세리 마태를 선택하셨다고 하는 것은 얼마나 놀라운, 혁명적인 사건이었던가. 마태의 집에 땅의 백성이라고 불리는 사람들이 계속 몰려온 이유도 능히 짐작할 수 있을 것이다. 그러나 이런 예수님의 사랑을 바리새인들은 도무지 이해할 수 없었다. 그것은 무엇 때문인가. 하나님 앞에 자기들이 가장 의롭다고 믿고 있었기 때문이다. 바로 이것이 하나님 앞에 가장 큰 죄라는 것을 그들은 모르고 있었다.

다음 대목 역시 자신을 의롭다고 여기는 바리새인과 예수님과의 대조적인 모습이 묘사되어 있다.

> 예수께서 다시 회당에 들어가시니 한쪽 손 마른 사람이 거기에 있었다. 사람들이 예수를 고발하려고 안식일에 그 사람을 고치시는가 엿보고 있었다. 그러자 예수께서 손 마른 사람에게 말씀하셨다.
> "한가운데 일어서라."
> 그리고 사람들을 향하여
> "안식일에 선을 행하는 것과 악을 행하는 것, 생명을 구하는 것과 죽이는 것, 어느 것이 옳으냐?"고 말씀하시니 그들이 잠잠하므로

> 그들의 마음이 완악함을 근심하셔서 노하심으로 그들을 둘러보시고 그 사람에게
> "네 손을 내밀어라"고 하시니 그 손이 회복되었다.
> 바리새인들이 곧 나가서 헤롯당과 함께 어떻게 해야 예수를 죽일까 하고 의논하였다. (마가복음 3장 1~6절)

사실 나는 이 대목을 아무리 읽어보아도 왜 바리새인들이 예수를 죽이려 할 만큼 노했는지 도무지 납득이 가지 않았다.

예수님은 마른손을 성한 손으로 고쳐 주셨다. 그것은 얼마나 좋은 일인가. 좋은 일을 했는데 왜 죽이려고 했는지, 나에게는 이해가 되지 않았다. 나는 중요한 대목을 깜빡 잊고 읽어 내려갔던 것이다. 여기서 중요한 문제점은

> 사람들이 예수를 고발하려고 안식일에 그 사람을 고치시는가 엿보고 있었다…

하는 곳이었다. 즉, 안식일에 사람들의 병을 고쳐서는 안 된다고 바리새인들은 생각하고 있었던 것이다. 왜냐하면 그렇게 하는 것은 율법 위반이기 때문이다.

7일째의 안식은 하나님의 계명

안식일에 관해서는 전에 출판한 「빛과 사랑을 찾아서(구약성경입문)」에도 잠깐 언급하였지만 좀 설명을 요하는 일이기에 여기서도 안식일에 관하여 좀 기록해 두고자 한다.

안식일의 기원에 관해서는 구약성경에 이렇게 쓰여져 있다.

> 안식일을 기억하여 거룩히 지키라.
> 엿새 동안은 힘써 네 모든 일을 행할 것이나
> 제7일은 너의 하나님 여호와의 안식일이므로
> 너나 네 아들이나 네 딸이나 네 남종이나 네 여종이나

네 육축이나 네 문안에 유하는 객이라도 아무 일도 하지 말라.

이는 엿새 동안에나 여호와가 하늘과 땅과 바다와 그 가운데 있는 모든 것을 만들고 제7일에 쉬었기 때문이다.

그러므로 나 여호와가 안식일을 복되게 하여 그 날을 거룩하게 하였다.

(출애굽기 20장 8~11절)

이것이 유명한 십계명 가운데 나타난 안식일에 관한 계명이다. 이같이 유대의 법률은 단지 한 나라의 법규일 뿐만 아니라 하나님의 명령으로서 지켜서 내려온 것이었다. 신앙심이 두터운 유대교도들은 이 '십계명'을 소중히 여겼으며, 안식일을 거룩한 날로 지키는 일을 특히 중시하였던 것 같다.

이 안식일은 토요일에서 일요일로 바뀌어 현재 전세계에 이것이 널리 퍼져 있다. 우리 나라에서는 아직 주휴제(週休制)조차 확립되지 않은 중소기업도 있지만 유대에서는 무려 수천 년 전부터 받은 계명으로서 지켜지고 있다.

나도 그리스도 신자의 한 사람으로서 일요일을 성일로 지키고 있다. 즉, 병들어 누워 있기 전에는 매주일 빠지지 않고 반드시 남편과 함께 교회에 나가서 예배를 드리고 있다. 아무리 원고 쓰는 일이 바쁘더라도, 전날 밤에 다소 잠이 부족하였더라도 그것 때문에 예배를 거르는 일은 없다. 예배를 드리기 위하여 일요일 오전중에는 어떠한 모임에도 참석하지 않는다. 만일 여행 기간중에 일요일이 닥치면 여행지에 있는 아무 교회에나 참석하기로 하고 있다.

이것은 반드시 나만 그런 것이 아니라 대다수의 그리스도 신자가 이같이 일요일의 예배시간을 지키고 있다. 직업에 따라서는 일요일에 쉬지 못하는 직장도 있다. 예배에 참석하고 싶은 나머지, 직장을 옮겼다고 하는 사람의 예도 종종 듣고 있다.

나의 경우는 일요일이 예배일이기 때문에 아무런 저항감이 없다.

그러나 오늘날도 유대교의 안식일인 토요일은 예배드리는 날로 지키고 있는 기독교파가 우리 나라에도 있다. 이 교파에 속해 있는 사람들은 토요일에는 학교도 직장도 쉬고 예배도 참석한다는 말을 들은 적이 있다.

현대에도 이런 형편이므로 그리스도의 시대에, 율법을 열심히 지키던 바리새인들이 안식일을 얼마나 철저히 지켰을지는 상상하기에 그다지 어렵지 않다.

그리스도의 시대는 안식일 제도가 제정되고 나서 이미 천 수백년이 지났을 때다. 그러나 앞에서 인용한 십계명을 근거로 하여 세부 규칙이 생겨나고 그 세부 규칙에 또 세부 규정이 덧붙는 상황이었다.

그 결과, 하나님의 심정을 알아서 그 뜻대로 행하려 하기보다는, 세부 규칙을 엄수하는 일이 더 중요시된다고 하는, 말하자면 신앙의 형식화가 드러나 있었던 것이다.

그 당시 안식일에 금식되었던 일들의 일부를 여기에 소개해 보기로 한다. 어떤 일이 있더라도 다음 사항은 절대 금지되어 있었던 것이다.

    1. 씨뿌리는 일
    2. 거두어들이는 일
    3. 물건 사고 팔기
    4. 불 피우는 일
    5. 부부생활
    6. 식사준비
    7. 9백 미터이상 되는 거리의 여행
    8. 위급한 병이 아닌 병의 치료

등등이다. 그런데 파에 따라서는 이것이 더 세밀한 규정으로 나누어져 있었다고 한다.

안식일을 문자 그대로 사수한 극단적인 예로서— 이것도 「빛과 사랑을 찾아서(구약성경입문)」에 쓴 적이 있지만— "유대인의 한 무리가, 안식일에 공격을 가해 온 시리아 인에 대하여, 안식일을 범하기보다는 차라리 죽음을 택한 것은 너무나 유명한 이야기다"라고 「새 성서 대사전」에 적혀 있다.

오만한 사람에 대한 예수의 분노

이렇게까지 안식일을 중시한 사회에서 예수님은 왜 안식일에 병자의 손을 고치셨을까. 예수님이 안식일을 중요시하시지 않아서였을까. 그렇지는 않다.

예수님은 안식일을 거룩한 날로 매우 중시하고 계셨다. 그렇기 때문에 공연히 세부 규칙에 세부 규정까지 덧붙여 형식화된 실태를 개탄하셨던 것이다. 형식만을 지키고 그 안식일의 근본정신을 잊어버린 데 대하여 큰 분노를 느끼셨던 것이다.

거룩한 안식일은 애당초 하나님 앞에서 겸손하게 고요히 예배드리는 날로 제정되었다. 그러나 그로부터 천 수백 년이 지난 예수님의 시대에는 안식일이 너무도 금지사항이 많은 날로 변해 버렸다. 그것을 다 지키려는 나머지, 다른 사람들의 행동을 서로 감시하는 날이 되어 버렸다.

성경의 이 대목에도

> 사람들이 예수를 고발하려고 안식일에 그 사람을 고치시는가 엿보고 있었다…

고 하였다. 즉, 그들은 고발하는 것이 목적이었던 것이다. 이런 생각만큼 하나님의 심정에서 먼 것은 없다. 그것은 마치 전시중의 일본을 연상케 한다.

하이힐을 신고 다니니까 비국민이라느니, 퍼머넌트를 하였기 때문에 국적이라느니, 신사 참배를 거부하는 자는 투옥하라느니하고 전시중의 일본인은 서로가 서로를 감시하고 있었다. 지금 생각하면 우습기도 하고 무섭기도 하고 어리석기도 한 나날들이었다.

그러나 그 당시의 우리는 그것이 어리석은 짓이라는 것조차 몰랐다. 바리새인 역시 자기들의 태도가 얼마나 이 세상을 흐리게 하고 있는지, 해독을 끼치고 있는지를 모르고 있었다. 예수님은 그런 암흑에서 모든 사람을 해방시키려고 생각하고 계셨다. 그들이 예수님을 고발하려는 것을 충분히 아시면서도

"안식일에 선을 행하는 것과 악을 행하는 것, 목숨을 구하는 것과 죽이는 것 중 어느 것이 옳은가?"하고 사람들을 향하여 질문을 던지셨다. 그러나 어느 누구 한사람 대답하는 자가 없었다. 이토록 명확한 일에도 대답을 못하면서 신앙이 무슨 신앙이란 말인가. 그것은 형식상으로는 하나님을 공경하는 척하면서 마음속으로는 하나님의 심정을 짓밟고 있는 셈이다. 그러기에 예수님은 분노에 차서 그들을 둘러보셨다고 성경에 기록되어 있다.

예수님의 분노! 그것은 우리의 자아 중심적인 분노와는 다르다. 예수라고 하는 분은 어떤 일에도 화를 내시지 않고 용서하시는 분이라고 자칫하면 우리는 잘못 생각하기 쉽다. 그러나 예수님은, 자신들을 절대적으로 옳다고 생각하고 있는 오만한 무리들에게 심한 분노를 발하셨다. 그리고 손이 마른 사람을 한가운데 일으켜 세우고 모든 사람이 보는데 그 손을 고쳐 주셨다.

바리새인들은 즉시 헤롯당에 속해 있는 자들과 더불어 예수님을 죽일 모의를 하기 시작했다. 헤롯당 사람들은 예수님에 대한 대중의 열광적인 인기를 두려워하고 있었다. 왕의 지위를 빼앗기지나 않을까 하고 두려워하고 있었다. 여기서 정당과 종교의 일파가 굳게 손

을 잡았던 것이다. 이것은 평소에 별로 사이가 좋지 않던 사람들도 상사의 험담을 하거나 다른 사람의 욕을 할 때에는 마음이 일치되는 것과 비슷하다. 사람들은 입장이 서로 달라도 특정인에 대한 미움에 있어서는 일치하는 수가 많은 법이다.

그런데 우리가 만일 이 한쪽 손 마른 사람이라면 어떻겠는가. 손이 말랐다는 것은 매우 부자유스러운 상태다. 손가락 하나만 아파도 늘 그 손가락에 신경이 쓰이고 무슨 일을 하든지 불편한 법이다. 아무튼 안식일에 사람의 병을 고쳐서는 안 된다고 하는 것은 절대로 하나님의 뜻이 아니다. 그것은 안식일에는 일을 하지 말고 쉬라고 하는 계명을 확대해석해서, 아니 곡해해서 식사준비까지 금하였던 것과 마찬가지로 후대의 사람들이 제멋대로 첨가한 것이다.

그러나 병들어 누워 있는 자, 몸이 부자유스러운 자는 1분 1초라도 빨리 자유로워지기를 원한다. 고통에서 해방되기를 원할 것이다. 더구나 항상 많은 군중들에게 둘러싸여 있는 예수님을 만날 기회가 그리 자주 있는 것도 아니다. 만났을 때 고침 받지 못하면 다시금 그런 기회가 찾아와 줄지 어떨지 아무도 보장 못한다.

"오늘은 안식일이므로 고쳐 주지 못하겠다."

만일 예수께서 이렇게 말씀하셨다면 이 손 마른 사람은 얼마나 실망하였겠는가. 이튿날에도 예수님이 그 고장에 머물러 계시리라는 보장은 없다. 이 마을에서 저 마을로, 이 도시에서 저 도시로 예수님은 도를 전파하며 돌아다니셨으므로.

그것은 어쨌든, 목숨의 위험을 무릅써 가면서까지 "안식일에 선을 행하는 것과, 계명을 형식적으로 지키는 것, 어느 편이 더 좋은가" 하고 묻지 않고는 견딜 수 없었던 예수님의 사랑이야말로 얼마나 위대한가.

이 대목의 바로 앞에서 예수님은 위대한 말씀을 하셨다.

> 안식일이 사람을 위해 있는 것이지, 사람이 안식일을 위해 있는 것이 아니다.

라는 예수님의 말씀에는 인간 사회에 대한 깊은 통찰과 인간성 회복을 위한 간곡한 소망이 담겨 있다고 생각한다.

내가 보고 들은 두 가지 기적

나는 지금까지 안식일 문제에 관하여 써 왔는데 안식일 문제보다도 "네 손을 펴라"고 하는 말씀 한 마디로 사람을 고쳐 주셨다고 하는 기적에 관하여 의문을 품는 분이 계실지도 모른다.

성경에는 예수님이 행하신 기적 이야기가 많이 나온다. 이 기적에 의문을 품고 그만 성경을 버리는 사람이 적지 않다. 그것이 현대인의 정직한 감각일는지도 모른다. 하지만 지금 나는 예수님이 행하신 기적을 믿고 있다. 그것은 내가 인간의 지혜나 능력을 그다지 큰 것으로 여기고 있지 않기 때문이다.

인간은 별 수 없이 피조물이다. 7, 80년 동안 목숨을 부지하다가 죽고 마는 존재다. 이런 유한한 인간이 도대체 광대무변한 우주의 일을 알면 얼마나 안단 말인가.

"알아야 할 일이 큰 바다만큼 된다면 전 인류의 지식은 그 중의 한 방울 물만도 못하다"고 말한 사람은 저 위대한 수학자 파스칼이었다. 비록 인류가 달에까지 갔다 왔다 하더라도 인류는 아직 큰 바다의 한 방울 물도 채 알지 못하고 있다.

그런데 나로서는 '인간은 병에 대하여도 아직 별로 많이 알고 있지 못한 것이 아닐까?' 하고 깊이 느끼게 된 두 가지 사건이 있다. 이것은 전에 수필로도 쓴 적이 있는데, 병이라는 것을 생각하는 데 있어 매우 중대한 일이라고 생각되므로 여기에 다시 쓴다.

그 하나는 재작년인지, 몇십 년 만에 내가 병든 친구를 위문 갔던 때의 일이다. 그녀는 십 년 전부터 몸을 꼼짝하지도 못하고 말도 못하는 이상한 병에 걸려 계속 드러누워만 있는 처지였다.

그러한 그녀가 갑자기 방문한 나를 보자마자

"아, 호리다 선생님!"하고 아주 또렷한 발음으로 외쳤다. 말을 못한다는 것을 들어서 알고 있던 나는 너무나 기뻐서 "어머! 말을 하는군요"하고 그녀의 손을 덥석 잡았다. 그러나 그녀는 그후 또 다시 말을 한마디도 하지 못하였다.

또 하나는 십 년쯤 전에 삿포로에 있는 신체중장애 아동의 특수학교에서 일어난 사건이다. 이 학교에는 목욕탕이 있다. 몸의 훈련을 하는 데 필요했던 특수 목욕탕이다. 그 욕탕에 아이들이 들어가 있을 때의 일이다. 이따금 그 아이들을 보살피고 있던 사또오 교감은 "아!"하고 놀라움에 찬 눈을 크게 떴다. 뇌성소아마비에 걸린 A군이 두 팔을 저으면서 욕탕 안을 유유히 걷고 있는 것이 아닌가. A군은 손도 발도 늘 부들부들 떨고 있는 아이였다.

사또오 교감은 A군이 목욕을 하고 있는 동안 몸과 마음이 풀려서 저렇게 유유히 팔을 흔들면서 걸을 수 있는 것이 아닐까 하고 관찰하고 있었다. A군은 그 시선도 눈치채지 못한 채 얼마 후에 욕탕에서 올라와 코르셋을 입고 복도로 나왔다. 복도에 나와서도 A군은 유유히 팔을 저으면서 걸어간다. 교감은 어찌나 기쁘던지 "A군!"하고 뒤에서 불렀다. 뒤돌아본 A군은 그 순간 또 다시 신체 부자유한 원래의 A군으로 되돌아가 버렸던 것이다.

"병이란 도대체 무엇일까요?"

내가 국민학교 교사로 있던 시절에 학년 주임이었던 사또오 교감은 그때의 일을 회상하며 진지하게 말하였다.

말을 못하는 내 친구가 수십 년 만에 만난 나에게 "호리다 선생님!"하고 또렷하게 외친 일이나, 목욕하던 A군이 어쩌다가 무아(無

마가복음 83

我)의 상태에서 떨던 손발이 나은 일과는 하나의 공통점이 있는 것이 아닐까. 더구나 두 사람 다 순간적으로 제정신이 돌아왔을 때 부자유스런 원상태로 돌아가 버렸던 것이다. 여기에도 분명히 공통점이 있다.

예수를 통해 고침 받은 병

인간이란 우리가 알고 있는 것보다 훨씬 더 복잡 미묘하게 지어진 존재인 것 같다. 무의식의 세계가 전인격의 80%를 차지하고 있다는 말을 들은 적이 있다. 즉, 평소 우리가 의식하고 있는 세계는 20%에 지나지 않는다. 무의식의 세계 속에 얼마만큼 의식이 축적되어 있는지 나 자신도 모른다.

만일 자신의 심층심리를 알 수 있다면 고칠 수 있는 병도 의외로 많지 않을까. 자기 자신도 깨닫지 못하는 불안과 공포, 혐오감, 이런 것들이 인간을 무겁게 짓눌러 호르몬의 작용을 흐트러 놓음으로써 몸의 밸런스를 잃게 만든다. 그런 인간의 신체를 나는 상상할 수가 있다.

이것 저것을 종합해서 생각해보면 하나님의 아들 예수 그리스도의 위대한 사랑 앞에 병자가 섰을 때, 마음 한 구석에 자리 잡고 있던 번민과 고뇌에서 놓여남으로써, 몸의 자유가 회복된다는 것은 능히 있을 수 있는 일이다. A군이나 나의 친구는 일시적으로 기적을 보여 주었지만 예수님에게서 고침 받은 사람들은 영구히 고침 받은 것이다.

성경에는 맹인, 벙어리, 절름발이, 중풍, 부인병 등 갖가지 질병이 고침 받은 기적이 기록되어 있다. 그 밖에도 오천 명이나 되는 군중을 겨우 빵 다섯 조각과 물고기 두 마리로 배불리 먹인 이야기라든가, 예수님이 바다 위로 걸으시고 그것을 본 제자들이 유령인가

해서 큰 소리로 외친 사건 등 갖가지 기적의 기사가 실려 있다.

처음부터 그런 기적을 믿기는 물론 어렵겠지만, 나는 오히려 그대로 순진하게 읽고 받아들이는 것이 성경을 읽는 올바른 방식이라고 생각한다. 왜냐하면 복음서를 쓴 사람들이, 있지도 않은 일을 썼으리라고는 도저히 생각할 수가 없기 때문이다. 그들은 하나님을 믿고 있었다. 하나님을 믿는 사람이 거짓 증거를 했을 리는 만무하기 때문이다. 그러나 그들이 진실을 썼으리라고 생각되는 이유는 그것만이 아니다.

그것은 위에서도 언급하였듯이, 그 당시 된 일들을 기억하고 있는 사람이 많이 있는데도 거짓말이나 과장된 말을 썼다가는 선교에 도리어 방해가 된다. 이 정도의 일은 누구나 생각할 수 있는 것이다. 도리어 모든 사람이 익히 알고 있는 사실을 씀으로써 사람의 공감을 얻을 수 있었으리라고 생각한다.

마태나 마가뿐 아니라, 성경의 기자들은 그 시대의 사람들에게 읽히기 위해 썼던 것이다. 2천 년 동안 전세계의 사람들에게 읽히리라고는 상상도 하지 못했을지 모른다. 이런 일들을 염두에 두고 읽어 내려가노라면 성경을 소박하게 읽을 수 있을 것 같다.

현대의 우리들이 신문기사를 하나하나 의심없이 읽어 내려가듯이, 그 당시의 사람들은 대다수가 그렇게 이 성경을 읽어 내려갔을 것이다. 그럼에도 불구하고 성경의 해설서 중에는 이런 기적을 일부러 부정적으로, 혹은 상징적으로 해석해 보려는 것도 있다.

가령 예수님이 바다 위를 걸으신 것은 사실은 바닷가 가까이를 걷고 있는 것을 제자들이 잘못 본 탓이라든가, 오천 명을 빵 다섯 개로 배불리 먹이셨다는 것은 사실은 그 사람들이 각자 도시락을 싸가지고 왔었기 때문이라든가 하는 것이 그 한두 가지 예다.

해석은 각자 자유지만 나는 하나님의 무한하신 능력을 인간의 유한하고 빈약한 지혜로 가벼이 판단하지 않는 것이 진리를 탐구하는 데에 매우 중요한 자세라고 생각한다.

3

누가복음

사람들에게 사랑받는 의사 누가

작가인 기다 씨, 나다이나다 씨, 와다나베 씨는 의사이기도 하다. 이처럼 의사이면서 글을 쓴 최초의 문인은 누가복음을 쓴 누가라고 할 수 있을 것 같다.

마태는 세리이며, 마가는 좀 문제성이 있는 사람이었으나, 이 누가는 성경 가운데 '사랑받는 의사 누가'라고 쓰여 있듯이, 사람들에게 사랑을 받는 의사였던 것 같다.

성경의 기자가 의사였다고 하는 사실은 독자에게도 미묘한 영향을 미치는 것 같다. 그것은 내가 오랫동안 요양생활을 계속해 왔기 때문에 특히 그렇게 생각되는지는 모르겠으나 병자였던 내가 친근감을 갖고 누가복음을 읽었던 것만은 확실하다.

내가 속해 있는 교회의 교인수는 2백 명 가까이 되는데 그 중에 다섯 분이 의사다. 꽤 많은 비율이라고 생각한다. 나는 이분들이 누가복음의 기자인 누가에게, 내가 품었던 것 같은 친근감을 품고 있을지도 모른다고 생각한 적이 있다.

그건 그렇고, 이 누가복음은 그리스 고전문학과도 비슷한 아름다운 그리스어로 쓰여져 있다고 한다. 이 누가복음에는 속편이 있는데 그것이 사도행전이다. 즉, 누가는 누가복음과 사도행전, 두 책을 쓴 셈이다. 이 누가복음은 다른 복음서와 그 첫머리가 다르다.
마태의 것은
> 아브라함과 다윗의 자손 예수 그리스도의 족보다.

이렇게 무미건조한 문장으로 시작되고, 마가복음은
> 하나님의 아들 예수 그리스도의 복음의 시작이다

라는 극히 간결한 첫머리로 시작된다. 그러나 누가는 데오빌로 각하라고 하는 사람에게 바치는 헌사(獻辭)로부터 시작된다.
> 우리 가운데서 이루어진 사실에 관하여 처음부터 말씀의 목격자가 되고 일꾼이 된 이들이 전하여 준 그대로 내력을 저술하려고 붓을 든 사람이 많았는데, 그 모든 일을 근원부터 자세히 미루어 살핀 나도 데오빌로 각하에게 차례대로 써보내는 것이 좋은 줄 알았으니 이는 각하로 그 배운 확실함을 알게 하기 위함입니다.

이 첫머리는 앞에 나온 마태, 마가에 비하면 매우 읽어 가기가 쉬운 것같이 내게는 생각된다. 데오빌로 각하라는 사람이 어떤 인물인지는 모르겠으나, 아무튼 한 사람에게 들려 드리려고 하는 그런 도입방법은 성경에 별로 익숙하지 못한 사람에게도 친금감을 줄 수 있는 방식이 아닐까.

신약성경의 제일 처음이 마태복음이 아니고 누가복음이었다면 훨씬 더 많은 사람들이 성경에 친숙해지지 않을까 하는 생각도 드는데 글세 어떨지 모르겠다.

그런데 이 데오빌로 각하라는 사람에 관하여는 자세한 것을 알 수 없다. 다만 말할 수 있는 것은 이 사람이 유대인은 아니었던 것 같다. 즉, 이 복음서는 유대인 아닌 이방사람에게 읽히기 위하여 쓴 복음서였던 것 같다.

데오빌로 각하에게 보낸 편지로 되어 있으나 사실은 이 데오빌로 각하가 출판인이었던 것 같기도 하여, 이 복음서를 복사해서 펴냈다고 전해지고 있다.

누가복음 1장은 읽어내려 가노라면 알 수 있듯이, 요한의 탄생기록이다. 요한이란 마태복음의 부분에서 설명한 세례 요한으로서, 저 요부 헤로디아의 책략으로 목 베임을 당한 예언자다. 누가는 요한이 그리스도의 오심을 민중에게 알린 주요 인물이므로, 복음을 전파하려면 먼저 요한의 이야기부터 시작해야 되겠다고 생각했던 것 같다.

   차례대로 써 보내는 것이…

라고 데오빌로 각하에게 미리 밝히고 있는 점으로 보아서도 그것을 엿볼 수 있다.

누가가 쓴 이 복음서는 사회적인 시야가 넓고, 부자에 대한 비판이 정확한 것이 그 한 특징이라고 일컬어지고 있다. 또 '역사가 누가'라고 일컬어지고 있듯이 사실성(史實性)에 충실한 것으로도 정평이 나 있다. 비유도 풍부하여 읽기가 쉬우므로, 이 점에서도 신약성경을 누가복음부터 읽기 시작하는 것이 좋을 것 같기도 하다.

당신은 레위인인가, 사마리아인인가

그럼 누가복음에만 나오는 몇 개의 비유 가운데 두세 가지만 추려서 보기로 한다. 그 하나는 '착한 사마리아인의 비유'라고 하는 유명한 비유다.

삿포로에 있는 양로원 신애원(神愛園)의 현관을 들어서면 큰 그림이 하나 걸려 있는 것을 볼 수 있다. 부상당한 사나이를 한 사람이 간호하고 있는 그림이다. 그것이 이 '착한 사마리아인'의 그림이다.

나는 이 비유가 퍽 마음에 들어 나의 소설 「雪嶺」 가운데도 인용하였다. 「雪嶺」은 메이지(明治)시대의 내용이기 때문에 인용된 성경도 문어체다.

소설의 주인공이 잠 못 이루는 밤에 읽은 성경의 대목은

그러자 어떤 율법사가 나아와 이렇게 예수를 시험하였다.
"선생님, 제가 무엇을 해야 영원한 생명을 얻겠습니까?"
예수께서 말씀하셨다.
"율법에 무엇이라고 기록되어 있으며 너는 그것을 어떻게 이해하고 있느냐?"
그가 대답하였다.
"네 마음을 다하고 목숨을 다하고 힘을 다하고 생각을 다하여 주 너의 하나님을 사랑하며 또 네 이웃을 네 몸같이 사랑하라고 했습니다."
예수께서 말씀하셨다.
"네 대답이 옳다. 그것을 행하라. 그리하면 살 것이다."
그러자 그 율법교사는 자기를 옳게 보이려고 예수께 말하였다.
"그러면 내 이웃이 누구입니까?"
예수께서 대답하셨다.
"어떤 사람이 예루살렘에서 여리고로 내려가다가 강도들을 만났다. 강도들이 그의 옷을 벗기고 상처를 입혀 거의 죽게 된 것을 버려두고 갔다. 마침 한 제사장이 그 길로 내려가다가 그 사람을 보고 피하여 지나갔다. 이와 같이 레위사람도 그곳에 이르러 그 사람을 보고 피하여 지나갔다. 그러나 한 사마리아 사람이 그 길로 지나가다가 그 사람에게 와서 그를 보고 측은한 마음이 들어 가까이 가서 그 상처에 감람유와 포도주를 붓고 싸맨 후에 자기 짐승에 태워 여관으로 데리고 가서 돌보아 주었다.
다음 날 그는 두 데나리온을 꺼내어 여관 주인에게 주며

'이 사람을 돌보아 주시오. 비용이 더 들면 내가 돌아오는 길에 갚겠소' 하고 말하였다.

너는 이 세 사람 중에 누가 강도 만난 사람에게 이웃이 되었다고 생각하느냐?"

그 율법교사가 대답하였다.

"자비를 베푼 사람입니다."

예수께서 그에게 말씀하셨다.

"너도 가서 이와 같이 행하라."   (누가복음 10장 25절 이하)

한 번 읽어보면 별로 어려울 곳은 없다. 그런데 사람들은 이곳을 읽고 자신을 이들 중의 누구에 비길 것인가. 나그네를 반쯤 죽여 놓은 강도에 비길 것인가. 그런 사람은 아마 하나도 없을 것이다.

이 세상에는 가해자형(加害者型)의 인간과 피해자형(被害者型)의 인간이 있다고 한다. 그렇지만 항상 다른 사람의 마음에 상처를 안겨 주는 사람이라도 자신을 강도라고 생각지는 않을 것이다.

그럼 반쯤 죽임을 당한 나그네가 바로 자신이라고 생각할 것인가. 그렇게 생각하는 사람이 몇 퍼센트쯤 있을지도 모른다. 아까 말하였듯이, 자신은 언제나 남에게 학대를 받고 있다고 생각하는 타입의 인간이 있기 때문이다. 아니, 생각할 뿐만 아니라, 정말 그런 입장에 늘 서있는 사람도 있다.

그 다음, 이 반쯤 죽임을 당한 사람을 본 척 만 척하고 그냥 지나가 버린 제사장이나 레위인이야말로 자신이라고 생각하는 사람이 있을까? 비록 있다 하더라도 아마 그 수는 훨씬 적을 것이다. 적기는 하지만 '이것이 나 자신의 모습이다'라고 자각할 수 있는 사람은 인간의 실태를 어지간히 바로 알고 있는 사람이라고 말해도 좋을 것이다.

나의 한 친구가 자동차를 몰고 가다가 교통사고를 당한 젊은이들을 발견하였다. 젊은이들은 숲 속에 차와 함께 굴러 떨어져 피투성이가 되어 있었다. 나의 친구는 혼자서 구조하기는 어렵겠기에 지나가는 차에 손을 들어 구조를 요청하였다. 그러나 바라보는 사람은 있어도 손을 대려 하는 사람은 없었다. 자신의 옷이나 차가 피에 더러워질까 봐 그러는 것이었다.

생각해 보면 이것이 바로 우리 인간의 모습이 아닐까. 환자나 부상당한 사람을 치료해 주는 것이 사명인 병원조차도 위급한 환자나 중상자를 받아들이려 하지 않는 바람에 밤새도록 여러 곳을 헤매다가 죽게 만드는 예가 종종 있다.

그러면 우리는 과연 인정 많은 사마리아 사람에게서 자신을 발견하는가? 이 사마리아 사람같이 극진한 친절을 베푸는 사람은 이 세상에서 극히 드물다. 그럼에도 불구하고 이 대목을 읽을 때, 자신을 사마리아 사람 같은 인간이라고 착각하기가 쉽지 않을까.

자칫하면 잊기 쉬운 '이웃사람'의 존재

언뜻 보기에는 누구나 잘 안다고 생각하는 이 비유에 관하여 좀 더 자세하게 생각해 보고 싶다. 예수님은 이 비유를 누구에게 말씀하셨는가. 그것은 성경에 쓰여 있듯이 율법학자들에 대해서였다. 아마 이 율법학자들은 예수님에게서 이런 이야기를 들으리라고는 전혀 생각지 않았을 것이다. 성경에는

> 예수를 시험하기 위하여 말하였다

고 기록되어 있다. 애초부터 예수님의 설교를 귀담아 듣는다거나, 지도를 받고자 한다거나 하는 겸허한 태도로 나온 것이 아니다. 명성이 자자한 예수라는 분이 과연 어떤 인물인가. 얼마만큼 율법에 대한 식견이 있는가를 시험하기 위해 왔던 것이다.

자기의 전문인 율법을 예수님이 얼마만큼 많이 알고 있는가를 시험

해 보고 싶었던 것이다. 그런 불손한 생각을 가지고 들고 나온 질문은 아마 율법학자들 가운데서도 까다로운 문제 중에 더욱 까다로운 문제였을 것이다. 즉, 영원한 생명에 관한 문제였다.

예수님은 그 율법학자가 무슨 의도로 이런 질문을 꺼내는지를 재빨리 알아차리셨다. 성경에는 여러 군데 예수님을 '고발하기 위하여', '걸려 넘어지게 하기 위하여' 접근해 온 사람들의 기사가 실려 있다. 그러나 그때마다 예수님은 무서우리 만큼 정확하게 상대방의 마음속을 꿰뚫어 보셨다.

예수님은 여기서도 이 율법학자의 마음속을 금방 꿰뚫어 보시고서 말씀하셨다.

"율법에는 무엇이라고 쓰여있는가. 당신은 어떻게 읽었는가?"

율법학자가 자기의 전공인 율법에 관하여 반문을 받은 것이다. 그는 남몰래 준비해 두었을지도 모르는 대답을 했다.

"마음과 정성을 다하여 주 너의 하나님을 사랑하라. 그리고 자기자신을 사랑하듯이 이웃 사람을 사랑하라."

이 대답을 하던 때의 율법학자의 표정에는 만면에 자신감이 넘쳐 흘렀을 것이다. 그것은 훌륭한 대답이었다. 율법학자는 지식으로서는 만점이었다. 그러나 예수님은 말씀하셨다.

"너도 그대로 행하라."

이 예수님의 말씀은 율법학자의 허점을 찔렀다. 왜냐하면 하나님을 사랑하기 때문에 이웃사람을 사랑하기를 그는 여지껏 등한히 해왔을 것임에 틀림없기 때문이다. 등한히 해왔기 때문에,

"내 이웃이 누구입니까?" 하고 물었다.

'이웃 사랑'이란 말을 모르는 사람은 없다. 그러나 이웃이라는 말을 얼마만큼 우리는 정확히 알고 있는가. 이웃집에 사는 사람쯤으로 생각하고 있는 사람도 있을 것이다. 자기가 잘 아는 사람, 또는 친

구쯤으로 여기고 있는 사람도 있을 것이다.

누가 우리에게 "당신 이웃은 누구입니까?" 하고 물어온다면 우리는 무엇이라고 대답할 것인가.

예수님은 여기서 강도 만난 여행자에 관한 비유를 말씀하셨다. 그것은 너무나 구체적이면서도 통렬했다. 왜냐하면 예수님께 질문을 한 율법학자의 동료인 제사장이나 레위 사람(성전에서 봉사하는 사람)이, 보고도 못 본 척하고 냉담하게 지나가 버리고, 자기네들이 차별 대우하고 멸시해 온 사마리아 사람이 친절을 베풀었다는 이야기이기 때문이다.

그런데 사마리아 사람은 왜 유대인들에게 차별 대우와 멸시를 받아 왔는가. 그것은 그들이 유대인과 이방인과의 혼혈이며, 그 종교가 유대교의 변형이랄 수 있는 종교였기 때문이다. 유대인들은 사마리아 사람과는 상종도 하지 않았으며, 아주 급한 일이 아니고는 사마리아 땅을 통과하지도 않았다.

그리고 '세겜에 사는 어리석은 백성'이란 뜻을 가진 말로 부르기도 했다. 그리고 '사마리아 사람 같다'는 말은 상대방을 비웃는 말이었다. 유대인이 적대시하고 멸시하던 그 사마리아인이 부상당한 여행자에게 얼마나 친절하게 대해 주었는지를 예수님은 자세하게 말씀하셨다.

> **그를 보고 불쌍히 여겨**
> **가까이 다가가서 그 상처에 감람유와 포도주를 붓고 싸매어 주고**
> **자기의 가축에 태워**
> **여관으로 데리고 가서 보살펴 주었다.**

그리고 이튿날, 데나리온 두 개, 곧 두 데나리온을 여관 주인에게 주었다. 한 데나리온은 그 당시 노동자의 하루치 품삯에 해당하는 금액이었다. 그 당시는 숙박비가 매우 쌌기 때문에 한 데나리온을 가지고 열두 번 숙박을 할 수 있었다고 한다. 그러니까 24일치를 치른 셈이다.

말을 마치신 후 예수님은 율법학자에게 물으셨다.

"이 세 사람 가운데서 누가 강도 만난 사람의 이웃이 되었다고 생각하느냐?"

예수님은, 이웃이란 누구이냐고 물은 율법학자에게 "이웃 사람이란 바로 자신이 친절을 베풀어주는 사람이다"라고 말씀하신 셈이다. 그리고 "당신도 사마리아 사람과 똑같이 행하시오"라고 말씀하셨다.

이 율법학자가 그 후 다른 사람의 좋은 이웃이 되었는지 어떤지는 성경에 기록되어 있지 않다. 내가 상상하기로는, 다른 사람을 다 제쳐놓고 하필이면 사마리아 사람을 좋은 사람으로 비유하고 레위 사람이나 제사장을 차가운 방관자로 빗대어 말씀하신 예수님에게는 한없는 분노와 적대감을 계속 지니고 살지 않았는지 모르겠다.

그건 그렇고, 예수님은 왜 레위 사람과 제사장을 방관자로 묘사하셨을까. 그것은 그 당시의 그들의 신앙태도가 다만 형식으로 흐르고 율법에 묶여 이웃 사람에 대하여 너무도 냉담하였기 때문이 아닐까. 이 비유의 말씀을 들은 우리는 참으로 소중한 이야기를 들은 셈이다.

"우리 이웃이 누구인가?"

그것은 가장 친근한 사람을 가리키는 것이 아니었다. 비록 우리 곁을 스치고 지나가는 사람이라 하더라도 자신이 하지 않으면 안 되는 일을 해주는 대상이 곧 우리의 이웃인 것이다. 하지 않으면 안 되는 일을 해줌으로써 또한 이웃 사람은 생겨나는 것이다. 부모나 육친에 대해서조차 "아무 관계가 없다"느니 하면서 한마디로 내팽개쳐 버리는 우리 현대인은 이 예수님의 말씀을 도대체 어떻게 받아들일 것인가.

집으로 돌아온 탕자

다음은 아꾸다가와가 단편 소설의 극치라고 격찬하였다고 하는 누가복음 15장 11절 이하를 함께 읽어보기로 하자.

어떤 사람에게 두 아들이 있었다. 그런데 작은 아들이 아버지에게 말하였다.

"아버지의 재산 중에서 내 몫을 주십시오."

그래서 아버지는 재산을 두 아들에게 나누어주었다. 며칠 후에 작은 아들이 자기 재산을 다 거두어 가지고 먼 지방으로 가서 거기서 방탕한 생활을 하며 재산을 낭비했다.

돈을 쓸 대로 다 썼는데 그 지방에 크게 흉년이 들어 아주 궁하게 되었다. 그래서 그는 그 지방에 사는 어떤 사람을 찾아가 몸을 의탁했다.

그 사람은 그를 들로 보내어 돼지를 치게 했다.

그는 돼지가 먹는 쥐엄 열매로 배를 채워 보려고 했으나 주는 사람이 없었다. 그 때 그는 제정신이 들어 이렇게 말했다.

"아버지의 집에서 일하는 그 많은 품꾼은 양식이 풍부하여 먹고도 남는데 나는 여기서 굶어 죽겠구나. 나는 일어나 아버지께 돌아가 이렇게 말하겠다. '아버지, 저는 하늘과 아버지 앞에 죄를 지었습니다. 이제 저는 감히 아버지의 아들이라고 할 자격이 없으니 품꾼의 하나로 삼아주십시오."

그는 일어나 아버지의 집을 향하여 길을 떠났다. 그가 집에까지 가려면 아직도 거리가 먼데 아버지가 그를 보고 측은하여 견딜 수 없어 달려가 껴안고 입을 맞추었다. 아들이 아버지에게 말했다.

"아버지, 제가 하늘과 아버지를 배반하고 죄를 지었습니다. 이제 저는 아버지의 아들이라고 할 자격이 없습니다."

그러나 아버지는 종들에게 명하여

"어서 좋은 옷을 꺼내어 내 아들에게 입히고 반지를 손에 끼우고 신을 발에 신겨라. 살진 송아지를 끌어다가 잡아 이 잔치를 베풀고 이날을 즐기자. 이 내 아들은 죽었다가 다시 살아왔다. 내가 잃었다가 다시 찾았다."

그래서 잔치가 벌어졌다. 그런데 큰아들이 밭에 있다가 돌아와 집에 가까이 왔을 때에 음악과 춤추는 소리가 들려오므로 종 하나를 불러

"이것이 무슨 일이냐?"하고 물어 보았다.

종이 대답했다.

"아우님이 집에 돌아왔습니다. 건강한 몸으로 무사히 집에 돌아왔다고 하여 아버지께서 살진 송아지를 잡으셨습니다."

큰아들이 화가 나서 집에 들어가려고 하지 않았다. 그래서 아버지가 나와 그를 달랬으나 그는 아버지에게 대답했다.

"저는 이렇게 여러 해를 두고 아버지를 섬기며 한 번도 아버지의 명령을 어긴 일이 없는데 제게는 친구들과 함께 즐기라고 염소 새끼 한 마리도 주신 일이 없습니다. 그런데 창녀들과 함께 지내느라고 아버지의 재산을 다 먹어 버린 그 아들이 오니까 그 아이를 위해서는 살진 송아지를 잡으셨군요."

아버지가 말했다.

"내 아들아, 너는 늘 나와 함께 있고 또 내가 가진 모든 것은 다 네 것인데 네 아우는 죽었다가 다시 살았고 내가 잃었다가 다시 찾았으니 이 기쁜 날을 어떻게 즐기지 않을 수 있느냐?"

이 비유는 아꾸다가와가 칭찬하기 전부터 세계에서 가장 위대한 단편이라고 일컬어져 왔다고 한다. 그같이 문학성도 있는 것이기 때문에 누가 읽어도 깊이 마음에 아로새겨지는 이야기다.

이것을 읽을 때마다 떠오르는 이야기가 있다. 어떤 부부에게 외아들이 있었다. 재산도 제법 많이 있는 집안이었다. 외아들이기 때문에 버릇없이 자랐던 것 같다. 아들은 부모의 사랑에 젖어서, 갖고

싶은 것이 있으면 무엇이든지 사달라고 졸랐다. 그래서 마침내는
"어차피 상속자는 나 하나니까, 지금 바로 재산을 나누어주십시오"하고 말을 꺼냈다. 아직 늙지도 않은 아버지가 돌아가실 때까지 기다릴 수 없다는 것이다. 그 말을 들은 아버지는 비록 내 자식이지만 괘씸한 생각이 들어 자기 재산을 자기가 죽기 전까지 다 써버려야겠다고 결심하였다고 한다. 듣고 있노라니 마음이 싸늘해지며 무서운 이야기라는 생각이 들었다.
  이 성경의 비유 가운데 아들 역시,
"아버지의 재산 중에서 내 몫을 주십시오"라고 말한 점에서는 지금 말한 외아들과 비슷하다. 그렇지만 다른 것은, 그 아버지가 취한 태도다. 비유 가운데의 아버지는 자식이 요구하는 대로 그 재산을 두 사람에게 나누어주었다. 유대의 율법에 따르면 맏형은 3분의 2를, 둘째는 3분의 1을 받도록 되어 있었다.
  이 이야기에서 우선 주목할 일은, 동생에게도 형에게도 재산을 나누어주었는데 동생 쪽은 받자마자 팔 수 있는 것은 다 팔아서 돈으로 바꾸어 가지고 먼데로 갔고, 형은 재산을 받았지만 아버지 곁을 떠나지 않았다는 사실이다.

'자유'란 무엇인가

  여기서 한 가지 의문이 솟는다. 그것은 왜 아버지가 둘째 아들에게 그가 원하는 대로 재산을 나누어 주었느냐 하는 점이다. 아버지이기에 자식의 성격을 이미 잘 알고 있었을 것이다. 그런데도 왜 재산을 나누어 주었을까. 아버지가 죽을 때에 나누어 주어도 결코 부친의 의문을 완수하지 못했다든가 하는 일은 없을 것이다. 그런데 왜, 나누어 달란다고 불쑥 나누어 주었을까.
  그 하나는 자유의지에 관한 문제다. 인간은 어떠한 사상을 품든

지, 어떠한 행동을 하든지 그것은 자유다.

"아버지의 재산이 갖고 싶다"고 말하는 것도 자유지만, 갖고 싶다고 말하지 않는 것도 자유다. 그리고 마찬가지로 재산을 나누어 받아도 그것을 방탕한 데 써 버릴 자유도 있고, 더 일하고 노력해서 그것을 늘려나갈 수 있는 자유도 있다. 또 아버지가 나누어주겠다고 해도 그것을 사양할 수 있는 자유조차 있는 것이다.

자유라고 하는 말을 자칫하면 자기가 하고 싶은 대로 하는 것인 줄 오해하고 있지만, 참된 의미의 자유는, 해도 되는 자유와 해서는 안 될 자유를 잘 구별해서 행하는 데 있는 것이다. 담배를 피울 자유도 있지만, 피우지 않을 자유도 있다. 술을 마실 자유도 있지만 마시지 않을 자유도 있다. 방탕한 것을 할 자유도 있지만 안 할 자유도 있다. 의지가 약하기 때문에 자기도 모르는 사이에 자칫 말려 들어가는 것을 결코 자유라고 하지는 못할 것이다. 그런 관점에서 보면 자기 마음대로 날뛰면서 자유로이 살고 있다고 착각하는 인간처럼 부자유스러운 인간은 없을 것이다. 왜냐하면 그것은 단순히 욕망에 사로잡혀서 그 욕망에 패배한 모습이기 때문이다.

이 아버지는 재산을 나누어 줄 자유도 있었지만 나누어주기를 거절할 자유도 있었다. 모르긴 해도 이 아버지는 둘째 아들이 어떤 길을 갈지를 미리 훤히 내다보고 있었을지도 모른다.

이렇게 생각해 볼 때, 연상되는 성경의 말씀이 있다.

> **그들은 하나님을 인정하는 것을 옳은 일로 생각하지 않았기 때문에 하나님은 그들의 옳지 않은 생각을 타이르시지 않고, 해서는 안 될 일을 해도 그대로 내버려두셨다.**

이 세상에는, 나쁜 짓을 하면서도 잘살고 있다고 모두가 생각하는 그런 부류들이 있다. 그런 현상을 보고 하나님은 과연 살아 계시는가 하고 하나님의 존재를 의심하는 사람도 있다. 그러나

"해서는 안 될 일을 해도 그대로 내버려둔다"고 하는 일처럼 무서운 벌은 없는 것이다. 그것은 멸망의 길을 걸어가고 있는데도 그대로 내버려두는 것과 다름이 없기 때문이다.

이 방탕한 둘째 아들도 그 예에서 벗어나지 않고, 멸망의 길로 치닫고 있었던 것이다. 대개 사람들은 자기 마음대로 해보고 싶은 생각이 들면 집을 뛰쳐나간다. 세상의 남편들이 바람을 피울 때 역시, 여자를 자기 집으로 데리고 오는 일은 없고, 아내 몰래 집 밖에서 일을 저지르곤 하는 것이다.

가출을 하지 않고 집에 있다가는 부모나 아내의 눈총이 무서워서 재산을 모조리 탕진할 만큼 외도를 하지는 못한다. 이 작은아들 역시 집을 떠남으로 인해서 빈털터리가 될 때까지 방탕생활을 했다. 더구나 흉년이 들어서 입에 풀칠하기도 어렵게 되자, 하는 수 없이 마침내 돼지 기르는 집에 가서 일꾼 노릇을 할 정도로 전락하고 말았다.

오늘날에는 돼지를 기르는 일이 아무런 흉허물도 되지 않는다. 양돈업도 하나의 훌륭한 직업이기 때문이다. 그렇지만 그 당시에는 돼지를 기른다는 것은 이스라엘에서는 도무지 있을 수 없는 일이었다. 돼지를 기르지 않는 것은 고사하고, 그 고기도 결코 먹지 않았다. 왜냐하면 율법에는

돼지는 부정한 짐승이나 그 고기를 먹어서는 안 된다

고 명시되어 있기 때문이다(신명기 14장 8절).

유대의 율법은 단순한 법률만이 아니라 종교의 계율이기도 했기 때문에 돼지를 기른다거나 그 고기를 먹는다는 것은 유대인에게 있어서 바로 자기의 하나님을 버리는 것과 마찬가지였다. 그래서 어떤 시대에는 유대인에게 돼지고기 먹기를 강요함으로써 유대교를 버리게 하려 했던 지배자까지 있었다고 한다. 돼지고기를 먹느냐, 먹지

않느냐, 이것은 신앙상의 하나의 시금석인 셈이었다. 그만큼 돼지라는 동물이 더러움의 상징처럼 혐오감을 느끼게 했던 것을 생각하면 이 비유에 나오는 "돼지를 치게 했다"는 구절은 참으로 상징적인 말이다.

그것은 곧 자신이 하나님을 버리고 이교도의 노예가 된 것을 뜻한다. 이는 유대인에게 있어 창녀와 놀아나는 것보다 더 타락한 정신적인 황폐를 의미하는 것이다. 그 이상 더 타락할 수 없는 지경까지 이른 것을 의미한다. 그렇기 때문에 "돼지가 먹는 쥐엄 열매로라도 배를 채우고자 했다"는 말은 돼지와 똑같은 정도가 되었다는 것을 뜻하는 셈이다. 매우 깊은 뜻이 담긴 구절이다.

이것을 알 때 비로소 다음의 말,

> 그제야 그는 제정신이 들어 이렇게 말했다

는 뜻을 알 수 있다.

제정신으로 돌아서는 때

제정신으로 돌아선다는 것은 무엇을 뜻하는가. 그것은 내 집을 상기하는 일이다. 내 아버지를 생각해 내는 일이다. 자신을 가장 사랑해 주는 사람을 생각해 내는 일이다. 그리고 생각해 낼 뿐만 아니라 그리로 되돌아가는 일이다. 내 집, 그것을 신앙의 말로 하면 곧 하나님의 나라요, 아버지는 하나님이시다.

인간이 타락할 때, 맨 먼저 집에서 멀어진다고 나는 앞에서 기록하였다. 타락의 늪에서 다시금 떠오를 때는 그 반대로 집을 가까이한다. 다시 말하면 하나님과의 관계가 회복된다는 뜻이 되겠다.

이 방탕한 자식은 바야흐로 굶주려 죽으려는 찰나에 비로소, 내 집에는 남아돌아 갈 정도로 먹을 것이 많이 있고, 일꾼들을 둘 정도로 부요한 집이라는 사실을 생각해 냈다. 그 전까지는 생각해 내지 못했던 것이다. 자기가 전에 살고 있던 곳이 차고 넘칠 정도로 풍성했던 곳이었음을 깨닫기 위해서는 굶어 죽기 직전에까지 몰리지 않으면 안 되었다.

인간은 그 같이, 자기에게 주어져 있는 축복을 흔히 잊고 있기 쉽다. 자신을 사랑해 주는 큰 사랑을 잊어버리고 있는 것이다.

기진 맥진하여 그는 아버지의 집으로 돌아왔다. 아직 자기 집에서 먼 거리에 있는데도 아버지는 재빨리 알아차리고 아들을 맞으러 달려나왔다. 그리고 측은한 마음으로 아들의 목을 껴안고 입을 맞추었다. 오늘에나 돌아올까, 내일에나 돌아올까 하고 목을 길게 빼고 기다리며 지평선 너머를 바라보고 있던 아버지의 사랑이 절실히 가슴에 와닿는 장면이다.

"이제부터는 감히 아버지의 아들이라고 불릴 자격이 없습니다."

얼굴을 못 드는 아들에게 아버지는 가장 좋은 옷을 꺼내 입히고, 반지를 끼워 주고 신발을 신겼다. 노예는 신발을 신지 못하였으므로, 신발을 신는다는 것은 바로 아버지의 아들로서의 대접을 받았음을 뜻한다. 참된 자유인으로 인정을 받은 것이다.

아버지는 살진 송아지를 잡아, 아들을 위하여 즐거운 잔치를 베풀었다. 잔치를 베푼 것은 "이 내 아들이 죽었다가 다시 살아났으며 내가 잃었다가 다시 얻었기 때문이다."

자, 그런데 밭에서 돌아온 사람은 이 동생의 유일한 형이었다. 형은 그 잔치가 동생을 영접하기 위한 것임을 알고 버럭 화를 내며 집안으로 들어가려 하지도 않았다. 형은 마음속으로 이같이 생각하였던 것이다.

'저런 자식은 객지에서 죽어버렸으면 차라리 좋을 텐데….'

집안에서 나와 달래는 아버지에게 맏아들은 불평을 터뜨렸다.

"나는 한번도 아버지의 명령을 어긴 적이 없는데도, 친구들과 어울려 즐기기 위하여 염소 새끼 한 마리도 주신 적이 없습니다. 그런데 이게 뭐예요? 창녀들과 실컷 놀아나다 들어온 당신의 아들을 위해서는 살진 송아지까지 잡아주고….”

당신의 아들이라니, 이 무슨 정떨어지는 소리인가. 그는 아버지의 집에 있으면서 아버지의 명령을 어긴 적은 없지만 그것이 결코 즐거운 마음에서 우러난 것이 아니었음을 이 말에서 우리는 엿볼 수 있다. 몸은 곁에 있어도 마음은 아버지에게서 떨어져 있었다. 아버지와 함께 있다는 것은, 모든 것을 아버지와 공동으로 소유하고 있다는 것인데 그런 공동소유의 기쁨이 없었다. 둘째 아들이 아버지의 품을 그리워하던 정도의, 아버지께 대한 절실한 그리움의 정이 이 맏아들에게는 없었다.

예수님은 이 비유를, 율법에는 충실한 바리새인이나 율법학자들에게 말씀하셨던 것이다. 죄인이나 세리와 식사를 함께하고 계시는 예수님께 와서 "죄인들과 함께 식사를 하십니까?" 하고 예수님을 비난한 바리새인이나 율법학자들에게 들려주셨던 것이다. 옆에 있던 세리나 죄인들은 여기서도 얼마나 큰 기쁨을 느꼈을 것인가.

불의한 관리인의 비유에서 볼 수 있는 성경의 난해성

대부분 호텔 객실에는 어떤 단체로부터 기증받은 성경책이 놓여 있으나 언제 보아도 새 것처럼 깨끗할 뿐, 읽은 흔적이 별로 보이지 않는다. 아마 어렵다고 하는 이미지가 누구의 가슴에나 있기 때문일 것이다. 반드시 어려운 대목만 있는 것은 아니지만, 성경에는 확실히 어려운 대목도 있다.

다음 예화는 이야기로서는 매우 재미있는 듯하지만 내용은 난해하다. 이 곳이 난해한 것은 반드시 우리 초보자에게만 그런 것이 아니라, 목사나 신학자에게도 어려운 대목인 것 같다.

누가복음 103

"누가복음 16장의 불의한 관리인의 이야기"라고 말하면, 성경을 웬만큼 아는 사람이라면 누구나, "아아, 그 어려운 대목 말인가?"하고 대답하는 것이 보통이다.

나도 목사님의 설교나 강해를 통해 몇 번 배운 적이 있다. 하지만 아무래도 납득되지 않는 곳이 있다. 확실히 해석하기가 어려운 대목이다. 다음에 인용하여 보고, 예수님이 무엇 때문에 이 같은 비유를 말씀하셨는지를 함께 생각해 보고 싶다.

어떤 부자에게 관리인이 있었다. 이 관리인이 재산을 낭비한다는 말이 들려 주인이 그 관리인을 불러 놓고 말했다.

"내가 네게 대하여 들은 말이 있는데 어찌된 일이냐? 네 관리 업무를 청산하라. 이제부터 네게 관리인 직분을 맡길 수 없다."

관리인이 속으로 말했다.

'어떻게 할까? 주인이 내게서 관리인 직분을 빼앗으려 한다. 땅을 파자니 힘이 없고 빌어먹자니 부끄럽구나. 알았다. 이렇게 하면 내가 관리인의 자리에서 쫓겨날 때 그들이 나를 자기들의 집으로 영접해 줄 것이다.'

그래서 그는 자기 주인에게 빚진 사람들을 하나하나 불러 놓고 첫번째 사람에게

"당신은 내 주인에게 얼마나 빚을 졌소?"하고 물었다. 그 사람이

"기름 백 말이오"하고 대답하자 관리인은

"당신의 문서가 여기 있으니 어서 앉아서 오십 말이라고 쓰시오"하고 말했다. 그리고 다른 사람에게

"당신은 또 얼마나 빚을 졌소?"하고 물었다. 그 사람은

"밀 백 섬이오"하고 말했다. 관리인은 그에게

"당신의 문서가 여기 있으니 팔십 섬이라고 쓰시오"하고 말했다.

주인은 그 불의한 관리인이 슬기롭게 행한 것을 보고 칭찬했으니 이는

이 세상의 아들들이 자기 세대 일에 대해서는 빛의 아들들보다 더 슬기롭기 때문이다. 그러므로 내가 너희에게 말한다. 불의한 재물로 친구를 사귀라. 그리하면 그 재물이 다할 때에 너희를 영원한 장막으로 영접할 것이다. 지극히 작은 일에 신실한 사람은 큰 일에도 신실하며 지극히 작은 일에 불의한 사람은 큰 일에도 불의하다. 너희가 불의한 재물을 쓰는데도 신실하지 못하다면 누가 참된 재물을 너희에게 맡기겠느냐? 또 너희가 남의 것에 대하여 신실하지 못하면 누가 우리의 것을 너희에게 맡기겠느냐? 한 종이 두 주인을 섬기지 못하는 것은, 한 편을 미워하고 다른 편을 사랑하거나 한 편을 존중하고 다른 편을 멸시할 것이기 때문이다. 너희가 하나님과 재물을 겸하여 섬길 수는 없다.

(누가복음 16장 1~13절. 고딕체 필자)

재물을 우선적으로 보는 사람을 축복하는가

나는 이 대목을 몇 번 읽어도 고딕체로 쓴 부분에서 의문이 생긴다. 지배인이 빚진 자에게 증서를 고쳐 쓰게 하는 대목은 지배인의 교활한 면이 잘 나타나 있어서 조금도 이상하게 여겨지지 않는다. 과연 세상에는 이런 교활한 사람도 있음직하다. 주인의 재산을 마구 축냈으면서도 마지막까지 그런 태도를 고치지 못한데 대하여 약간 정떨어지는 느낌을 갖고 읽어 내려간다. 정떨어지는 느낌을 갖고 읽어 가기 때문에 그 다음 말에 의문이 솟는다.

"주인은 그 불의한 관리인이 슬기롭게 행한 것을 보고 칭찬하였다"는 것이다.

도대체 이 주인은 어떤 인물인가. 보통 주인이라면 이같이 교활한 지배인에 대하여 화를 냈으면 냈지 꿈에라도 칭찬을 하지는 않았을 것이다. 배짱이 두둑한 사람이여서 그랬을까. 그렇지 않으면 이 주인도 부정한 방법으로 재산을 모은 사람이었기 때문일까.

이렇게 생각하는 것은 자연스럽다. 그런데 예수님의 그 다음 설교가 우리를 더욱 혼란케 만든다.

예수님은 말씀하신다.

"이 세상의 아들들이 자기 세대 일에 대해서는 빛의 아들들보다 더 슬기롭다."

이 말씀도 어느 정도 알겠다. 이 세상의 아들들이란, 말하자면 재물을 첫째로 생각하고 정신적인 생활을 둘째에 놓는 그런 인간, 곧 이 지배인으로 대표되는 사람들을 가리키는 것이리라.

빛의 아들들이란, 그 반대로 재물보다 하나님을 제일로 여기고 사는 사람들을 일컫는 말일 것이다. 즉, 이 경우 제자들을 가리킨다고 말할 수 있을 것이다.

"이 지배인 쪽이 너희들보다 더 시대감각이 예민하다. 특히 금전 감각이 예민하다"고 예수님이 말씀하신 것이 아닐까.

그것은 그정도로 이해가 되지만 그 다음 대목이 문제다. 예수님은 "불의한 재물을 사용해서라도 자기를 위하여 친구를 만들어 두는 것이 좋다. 그렇게 하면 재물이 없어졌을 경우에 너희를 영원한 처소로 영접해 줄 것이다"라고 말씀하신다.

이렇게 되면 예화의 주인이 불의한 관리인을 칭찬한 것과 호응하여, 예수님 자신이 불의를 권장하는 것 같은 인상을 받기 쉽다. 이쯤 되면 나의 빈약한 머리는 혼란을 일으킨다. 성경의 어느 곳을 읽어 보아도 예수라고 하는 분은 우리 인간의 가슴에 참된 기쁨을 안겨 주는 언동을 하고 계신다. 게다가 인류의 죄를 짊어 지시고 십자가에 달리신 구주시다. 그런 구주가 여기서는 아무리 해도 납득이 가지 않는 말씀을 하고 계시는 것같이 보인다.

첫째, 사람이 돈으로 친구를 만들 수 있는 것일까? 그것도 불의한 재물로써 친구를 만들 수 있단 말인가? 더구나 인간이 같은 인간에게 영원한 처소를 줄 수 있는 것일까?

 이 관리인의 이야기로 되돌아가 보자. 이 관리인이 빚진 자에 대하여 아무리 유리하게 증서를 고쳐 써 주었다 하더라도 일단 그 관리인의 지위를 박탈당하면 직업을 박탈당한 관리인에 대하여 사람들은 결코 굽신거리지 않는다.

 인간이란 매우 몰인정한 동물이다. 그리고 이기적인 동물이다. 직위를 빼앗긴 관리인의 비위를 맞추기보다는 재산가인 주인의 비위를 맞추는 편이 유리하다고 생각하지 않을까.

 현대에도 회사나 관청의 요직에 있는 사람에게는 부하들도, 출입하는 업자들도 인사치레를 소홀히 하지 않는다. 하지만 일단 현직에서 물러나면, 전에는 상당히 친근한 것 같던 사람이라도 손바닥을 뒤집듯이 그 사람에게서 멀어진다.

 돈이 있을 동안에는 서로 친밀한 척하지만 그 돈이 없어지고 난 후에도 계속 친밀하게 다가오는 사람은 그리 많지 않다. 그런 현실을 예수님이 모르실 리 없다. 그렇다면 여기에 쓰여져 있는 것은 예수님 특유의 아이러니일까. 역설적인 표현일까.

 "얼마든지 교활하게 구시오. 그리하여 자신을 위하여 돈을 듬뿍 모아 두시오. 그리하면 일자리가 떨어졌을 때 모든 사람이 틀림없이 환대해 줄 것입니다. 영원한 처소까지라도 마련해 줄 것입니다."

 그렇다면 나로서도 어느 정도 납득이 간다.

 계속해서 "작은 일에 충실한 자는 큰 일에도 충실하다"고 하셨는데, 비유 가운데 관리인은 자신의 직무에 충실했던 사람이라고는 도저히 생각되지 않는다. 이런 사람에게 큰 일을 맡긴 인간은, 웬만큼 유별난 성미가 아니고는 없을 것이라고 나는 생각한다.

 예수님은 분명히 말씀하셨다.

 "만일 남의 것에 대하여 충실하지 못하다면 누가 우리의 것을 너희에게 맡기겠느냐?"

　예수님 역시 이 관리인을 충실한 인간이라고는 생각지 않은 증거라고 나는 생각한다. 그러기에 이 관리인에게는 받을 몫이 아무 것도 없다고 생각한다.

　최후에 "너희가 하나님과 재물을 겸하여 섬길 수는 없다"라는 말씀도 관리인을 부정적으로 생각할 때 비로소 나에게는 납득이 된다. 이 관리인은 재물밖에 추구하지 않았다. 재물밖에 추구하지 않는 사람은 하나님을 섬길 수가 없다.

　예수님의 이 비유가 "하나님과 재물을 겸하여 섬길 수는 없다"고 하는 가르침으로 결론지어지는 것이라면, 나의 위와 같은 생각이 잘못된 것은 아닐 것 같다. 즉, 예수님은 다소 풍자를 곁들여 설교하셨을 것이라고 나는 생각해 왔다.

　그러나 그것은 어쩐지 나의 독단적인 해석 같기도 하다.

무리한 해석을 해서는 안 된다

　지금까지 내가 들어온 설교나 주석책을 보면 이 '주인'이란 분은 예수 그리스도를 가리키는 것으로 되어 있다. 나는 우리 나라 글밖에 모르기 때문에 성경도 우리 나라 글로 읽는다. 그런데 원어인 그리스어로는, 이 불의한 관리인을 칭찬한 주인은, 누가가 예수님에게만 붙이는 정관사가 붙은 '호 쿠리오스'(主)로 되어 있다는 것이다. 그렇다면 이 주인은 그리스도를 가리키는 것이 된다. 그리고 풍자가 아니라 어디까지나 진지하게 칭찬하셨다는 것이다.

　그렇다면 이 불의한 관리인을 어째서 예수님이 진지하게 칭찬하셨는가 하는 의문이 솟는다. 이를 대부분의 주석에서는, 관리인의 '불의한 짓'을 칭찬한 것이 아니라, 불의한 관리인의 영리한 '방법'을 칭찬하신 것이라고 한다. 이 관리인은 자기에게 주어진 지위에

끝장이 이르렀다는 것을 알고 맨 마지막 판에 가서, 어떻게든지 해서 자신을 구제해 보려고 진지하게 처신하였던 것이다. 그 진지함을 주인은 칭찬하였던 것이다. 그러므로 우리도 우리의 생명이 끝나는 날을 위하여 이같이 진지하게 대처하여야 한다는 비유라는 것이다.

예수님의 비유 말씀에 대해서 군소리를 늘어놓은 것 같아 심히 외람되지만, 그렇다면 좀더 적절한 비유가 있을 법도 하지 않은가. 불의한 관리인의 이러한 방법이 아니라도 좋지 않았을까. 오만한 나로서는 아무래도 이 부분이 잘 납득이 가지 않는다.

그리고 이 비유는 '칭찬했다'는 부분에서 끝이 난 것이고, 그 다음 줄에서부터는 전혀 다른 설교라고 하는 설도 있다. 그것을 한 덩어리로 묶어 하나의 비유로 읽어 버리니까 난해하게 된다고 말하기도 한다. 또 다른 성경학자는

"불의한 재물을 사용해서라도 자신을 위하여 친구를 사귀어 두는 것이 좋다. 그렇게 하면 너희를 영원한 처소로 영접해 줄 것이다."

라는 부분은 후세 사람의 가필일 것이라고 말하기도 한다.

나는 아까 말한 '호 쿠리오스'(主) 같은 것은 필기하던 사람이나 어느 누군가가 잘못 베껴 쓴 것이 아닐까 생각해 보았고, 풍자적으로 말했던 것을 진지하고 장엄하게 받아들여 그대로 기록했던 것이 아닐까 하고, 원어도 모르는 주제에 그렇게 상상하기도 한다. 그러나 이같은 혼란을 빚게 한 것은 읽는 쪽의 책임만은 아니라고 여겨지는 것을 어찌하랴.

이 같은 혼란을 빚게 한 원인 중의 하나에는, 재물에 대한 잘못된 생각도 곁들여 있었던 것이 아닐까. 현대의 신도들 가운데도 재물이 풍부한 사람을 금방 하나님의 축복을 많이 받은 사람이라고 착각하는 수가 있다. 즉 장사가 잘 되거나, 제때에 필요한 돈이 잘 돌거나 하면 믿음이 좋아서 그런 축복을 받는 줄로 자타가 공인하는 것을

부인할 수 없다. 예수님도 분명히
 "하나님과 재물을 겸하여 섬길 수 없다"고 말씀하셨듯이, 돈을 많이 버는 것과 신앙의 유무와는 관계가 없는 것이 아닐까. 이 점에 관한 잘못된 사고 방식이 미묘하게 작용하던 시대가 있었을 것이다.
 끝으로 '불의한 재물'이라고 쓰여져 있는 것은 원어로는 '이 세상 재물'이란 정도의 뜻이라고 한다. '부정 불의'란 '종말의 피안에 실현할 수 없는 현세적인 것을 표현하는 종교용어'라고 「새 성서 주해」에는 쓰여져 있다.
 아무튼 성경에는 역사적인 배경이나 원어가 갖는 의미의 뉘앙스 같은 것이 여러 가지 있으므로 자기 혼자서 독단적으로 해석하는 것은 지금까지 말한 나의 경우처럼 위험한 일임을 덧붙여 둔다.
 성경에는 불가해한 말, 난해한 대목이 얼마든지 나온다. 내가 존경하는 어떤 목사는 "예수님밖에는 모르는 말이 성경에는 있어도 괜찮아. 잘 모르는 대목은 언젠가는 깨닫게 해 주시지, 모르는 대목을 억지로 보려고 해선 안 돼" 이렇게 말하였다. 성경 자체에도 무리한 해석을 하지 않도록 다음과 같이 가르치고 있다.

> 그 모든 편지에는 군데 군데 알기 어려운 것이 더러 있으니 무식한 이들과 굳세지 못한 이들이 다른 성경과 같이 그것도 억지로 풀다가 스스로 멸망에 이른다. (베드로후서 3장 16절)

4

요한복음

유랑민이 일반번역을 도운 복음서

나는 지난 4월 마카오를 여행하였다. 내년에 쓸 소설의 취재를 하기 위해서였다. 이야기는 1832년으로 거슬러 올라간다.

나고야(名古屋) 가까이에 있는 지다(知多) 반도 오노우라(小野浦)의 뱃사람을 태운 千石船이 풍랑을 만나 표류하였다. 1년 2개월이라고 하는 기나긴 표류 끝에 돛도 잃고 키도 잃은 寶順호는 캐나다 서해안에 있는 퀸 샤롯 섬에 표착하였다. 열네 명의 선원 중에 열한 명이 죽고 남은 사람은 불과 세 사람이었다.

이 세 사람은 인디언에게 붙잡혀서 혹사를 당하였다. 소문을 들은 영국 상선의 선원들이 불쌍히 여겨 이 세 사람의 선원들을 구출하였다. 그리하여 멀리 남아메리카의 마젤란 해협을 거쳐 런던으로 데리고 갔다. 일본인으로서 런던에 상륙한 것은 이 세 사람이 처음이라고 한다.

그 후 세 사람은 아프리카의 희망봉을 거쳐 마카오까지 송환되었다. 이 세 사람은 거기서 규트라프라는 선교사에게 맡겨졌다. 규트라프는 이십여 개 국의 말을 할 줄 아는 어학의 천재였다. 그는 이미 영일(英日), 일영(日英)사전을 갖고 있었다.

규트라프는 이 세 사람의 표류민에게서 일본말을 배워, 마침내 세 사람의 도움을 받아 최초로 복음서의 일본어 번역을 완성하였던 것이다. 복음서의 일본어 번역이라는 큰 사업을 도운 세 사람은 여러 해 동안 꿈에 그리던 고국 일본으로 돌아가게 되었다. 모리슨호라고 하는 배를 타고 그립던 일본을 눈앞에 두었을 때의 세 사람의 기쁨은 그 얼마나 컸을까. 그러나 그 당시의 일본은 아직 쇄국정책을 쓰고 있었다. 멀리서 일부러 세 사람을 싣고 온 모리슨호를 이국선 격퇴령에 의하여 그 당시 집권자들은 쫓아 버렸던 것이다.

세 사람은 하염없이 울면서 마카오로 되돌아가는 수밖에 없었다. 이 세 사람에 대한 소설을 쓰기 위하여 나는 마카오로 건너갔던 것이다. 세 사람의 규트라프를 도와가며 번역한 성경이 바로 '요한복음서'였다. 성경 가운데는 유명한 말씀이 수없이 많지만 그 중에 요한복음의 첫마디,

   태초에 말씀이 있었다

도 유명한 말이다.

성경에는 복음서가 넷 있는데, 그 중에 마태, 마가, 누가의 세 복음을 '공관복음서'라고 부른다. 여기에는 공통되는 점이 많이 있음은 앞에서도 말하였다. 그러나 요한복음은 경향이 좀 다르다. 역사적인 그리스도의 사적을 기록하고 있으면서도 다분히 신학적이다. 그리고 시종일관 "예수님이 하나님의 아들이며 구주이심"을 입증코자 하는 것이 그 특징으로 되어 있다.

우선 제1장 첫 부분만 보더라도 요한복음이 다른 복음서와는 달리, 깊은 연못을 보는 것 같은 인상을 우리에게 던져 주고 있음을 알게 된다.

태초에 말씀이 있었다. 하나님과 함께 계셨다. 말씀은 하나님이었다. 이 말씀은 태초에 하나님과 함께 계셨다. 모든 것은 그를 통하여 생겨났으며 그를 통하지 않고 생겨난 것은 하나도 없다. 그 안에 생명이 있었다. 이 생명은 사람들의 빛이었다. 빛이 어두움 속에 비치니 어두움이 빛을 이기지 못했다.

자, 이 대목을 느닷없이 읽고 곧 이해가 되는 사람이 있을까?

첫째, "태초에 말씀이 있었다"고 함은 무슨 뜻인가? 이 1절은 유명한 데 비해 그 깊은 뜻은 별로 사람들에게 알려지지 않고 있는 것이 아닌가. '말씀'이라는 명사에 우리는 도대체 어떤 내용을 느낄 수 있는가. 어떤 사상을 읽어 낼 수 있는가.

"글은 사람이다"라는 말이 있다. 그와 마찬가지로, 입에서 나오는 말도 '바로 그 사람'이라는 생각은 누구나 가질 것이다. 즉, 그 사람의 말 속에서 그 사람의 인격을 읽어 낼 수 있다. 그러나 그것을 초월하여 언어에 관하여 사색을 심화시켜 나간다는 것은 웬만한 철학적 재능으로써는 어려운 일이 아닐까.

"태초에 말씀이 있었다"의 '말씀'은 그리스어의 '로고스'다. 이 로고스를 전세계 어느 나라 말로도 번역하는 데 애를 먹었다고 한다. 말씀, 즉 로고스는 지성이요 영지(英知)다. 로고스는 원래 '우주에 내재하는 신비한 원리'를 가리키는 것이라고 한다. 곧 우리들이 입에서 내는 이른바 인간의 말, 그것을 가리키는 것이 아니다. 하나님의 지혜를 가리키는 것이다.

그럼 "태초에 말씀이 있었다"의 '태초'란 언제를 가리키는가? 그것은 이 우주가 창조되기 이전을 의미한다. 그러므로 우주 창조 이전에 이 말씀이 있었던 것이 된다. 하나님의 지혜가 있었던 것이 된다. 하나님의 지혜가 있었다고 하는 것은, 하나님이 먼저 계셨다는 뜻일 게다. 이런 전제 밑에 요한복음을 되풀이해서 읽어 나가면 그 깊이가 차츰 이해될 것이다.

말씀은 하나님과 함께 계셨다. 말씀은 하나님이었다. 그는 태초에 하나님과 함께 계셨다. 모든 것이 그를 통하여 생겨났으며 그를 통하지 않고 생겨난 것은 하나도 없다. 그 안에 생명이 있었다. 이 생명은 사람들의 빛이었다.

구약 성경의 창세기를 보면 다음과 같이 쓰여져 있다.

하나님이 "빛이 있으라"고 말씀하셨다. 그러자 빛이 있었다(중략).

하나님은 또 말씀하셨다. "물 가운데 궁창이 있어 물과 물로 나뉘게 하라." 그러자 그대로 되었다(중략). 하나님은 또 말씀하셨다. "천하의 물은 한 군데로 모이고, 뭍이 드러나게 하라." 그러자 그대로 되었다.

이같이 하나님의 말씀에 의하여 천지창조가 이루어진 경위가 기록되어 있다.

태초에 현명한 자 계시다

로고스를 '말씀'으로 번역하기까지에는 갖가지 역어(譯語)가 동원되었다는 말을 들은 적이 있다. 진리, 힘, 지혜, 예지 등등의 말이 후보에 올랐다고 한다. 그런데 그 1800년대, 서당에도 제대로 다니지 않고, 책다운 책을 읽은 적도 없는데 세 사람의 선원들이 로고스에 해당하는 말을 찾아내기란 어지간히 어려운 일이었을 것이다. 선교사 규트라프의 인내력도 대단했을 것으로 생각된다.

그들은 이 뜻깊은 '말씀'을 어떻게 번역하였을까. 그 최초의 일본역 규트라프역 성경을 한번 보자.

"태초에 현명한 자 계시다. 이 현명한 자 극락과 함께 계시다. 이 현명한 자는 극락…."

그들은 '현명한 자'라고 번역하였던 것이다. 이 말을 찾아내기까지 얼마나 많은 나날을 소비하였을까를 상상하면 깊은 감동을 느끼지 않을 수 없다.

또 현대 구어역과 대조해 가며 읽어 내려가면 그들이 큐트라프에게 전한 말은 상당히 정확하다는 것을 알게 된다. 이 복음서의 저자 요한은 열두 사도 중의 한 사람으로서, 저 헤롯에게 죽임을 당한 예언자 세례 요한이 아니다.

이 요한에게는 누가 붙였는지 모르지만 그 형제 야고보와 더불어 '우레의 아들'이란 별명이 있었다. 성질이 매우 급했던 것 같다. 그것을 뒷받침하는 이야기가 성경에 쓰여 있다. 예수님이 십자가에 못 박힐 날도 얼마 남지 않았을 무렵이었다. 예수님이 사마리아 촌에 들어가시려고 했을 때, 마을 사람들은 환영하지 않았다. 그러자

　　제자 야고보와 요한이 이것을 보고 말하였다.
　　"주님, 우리가 하늘에서 불을 내려다가 그들을 태워 버릴까요?"
　　하고 말하였다. 예수께서 그들을 돌아다보시고 꾸짖으셨다.

(누가복음 9장 54~55절)

자기가 존경하는 예수를 위하여 야고보와 요한은 분개하여 사마리아 촌을 불살라 버리게 하고 싶을 만큼 노하였다. 그리스도의 제자이긴 해도, 성질이 보통 급한 게 아니었다.

나도 옛날에는 성질이 급했기 때문에 이 대목을 매우 흥미깊게 읽은 적이 있다. 어떤 책에 "이같이 성미 급한 사람까지도 하나님은 들어 쓰신다. 성깔도 없는 사람은 하나님도 쓰실 수가 없다"라고 쓰여져 있는 것을 보고 남달리 성미가 급했던 나는 크게 기뻐한 기억이 있다. 성미가 급한 것 그 자체는 좋은 일이 아니지만 폭발적으로 노하는 에너지는 큰 것이다. 그 에너지를 하나님은 사용하신다는 말일 게다. 특히 요한은 우레의 아들이란 별명이 붙을 정도로 유별난 데가 있는 인간이었던 것 같다.

이 요한복음에는 "예수님이 사랑하신 제자"라는 말이 종종 나온

다. 사실은 이것이 이 책의 기자인 요한 자신을 가리키는 말이다. 우레의 아들이라고 불릴 정도로 감정의 기복이 심했던 요한은, 예수님의 사랑을 받아들이는 데도 남보다 훨씬 강했음에 틀림없다. 자신을 표현하는데 여러 가지 호칭이 있겠으나 요한은 "예수님이 사랑하신 제자"라고 말하지 않고는 견딜 수 없을 만큼, 예수님의 사랑을 깊이 느꼈던 것이 아닐까. 예수님이 사랑하신 것은 요한만은 아니었다. 그러나 사랑이란, 자기만이 특별히 사랑받고 있는 착각을 불러일으킬 정도로 깊이 스며드는 것인가 보다.

예수를 시험하려던 율법학자들

요한복음이라고 하면 나는 금방 8장의 기사가 떠오른다. 아마 이곳을 읽고 감동을 받지 않는 사람은 없을 것이다.

> 예수께서 감람산으로 가셨다. 이른 아침에 예수께서 다시 성전으로 들어가시니 사람들이 그에게 모여들었다. 예수께서 앉아서 그들을 가르치실 때에 간음하다가 잡힌 한 여인을 율법학자들과 바리새파 사람들이 끌고 와서 가운데 세워 놓고 예수께 말했다.
> "선생님, 이 여자가 간음하다가 현장에서 잡혔습니다. 모세는 율법에 이런 여자들을 돌로 치라고 명령했습니다. 그런데 선생은 이에 대하여 뭐라고 하시겠습니까?"
> 그들이 이렇게 말한 것은 예수를 시험하여 고소할 구실을 얻으려는 것이었다. 그러나 예수께서 몸을 굽혀 손가락으로 땅에 무엇인가 쓰고 계셨다. 그들이 묻기를 계속하니 예수께서 몸을 일으키시고 그들에게 말씀하셨다.
> "너희 중에 죄 없는 사람이 먼저 이 여자에게 돌을 던지라."
> 그리고 다시 몸을 굽혀 땅에 무엇인가 쓰고 계셨다. 그러자 이 말씀을 들은 사람들이 나이 많은 이로부터 시작하여 하나 하나 물러가고 마침

내 예수만 남았다. 그리고 여인은 가운데 그대로 서 있었다. 예수께서 몸을 일으키시고 여인에게 말씀하셨다.

"여인아, 그 사람들이 어디 있느냐? 너를 정죄한 사람이 하나도 없느냐?"

"주님, 하나도 없습니다"하고 여인이 대답하니 예수께서 말씀하셨다.

"나도 너를 정죄하지 않는다. 가서 이제부터 다시는 죄를 짓지 말라."

달리 설명이 필요없을 정도로 가슴에 사무치고 이해가 잘 되는 대목이다. 여기에도 역시 율법학자와 바리새인이 등장한다. 그들이 예수 앞에 나타날 때에는 대개 가르침을 받기 위해서가 아니라, 예수님을 함정에 빠뜨리기 위해서였다.

예수님은 아침 일찍 성전에서 사람들을 가르치고 계셨다. 간음하다 현장에서 잡힌 여인을 그 가운데로 끌고 왔다. 이런 태도만 보아도 예수님의 설교를 무시하는 그들의 생각이 잘 나타나 있다.

만일 정말로 예수님을 존중한다면 설교를 끝마치실 때까지 기다렸어야 할 것이다. 이것부터가 나로서는 못마땅하다. 그런데 그들은 무엇 때문에 간음한 여인을 끌고 왔는가. 그것은 성경에도 기록되어 있듯이, "예수님을 시험하여 고소할 구실을 찾기"위해서였다.

율법학자나 바리새파 사람들은 예수님을 어떻게 해서든지 제거해 버리려고 기회를 엿보고만 있었다. 이 음란한 여인을 발견했을 때에도 그들의 머리에 제일 먼저 떠오른 것은 예수님에 관해서였다.

"예수라면 어떻게 할까?"

누군가가 입을 열었다.

"그는 사랑을 외치고 있기 때문에, 간음한 여인이라 하더라도 죽이라고 말하지는 않겠지?"

"그게 문제야, 모세의 율법에는, 우리가 다 알고 있듯이, 이런 경우에 돌로 쳐죽이라고 쓰여져 있지 않아? 만일 죽이지 말라고 한다면 그건 명백히 율법을 무시하는 큰 죄야."

모세의 율법을 무시한다면 그야말로 죽음에 해당된다. 그렇다고 해서 만약 예수님이 율법대로 이 여인을 쳐죽이라고 말한다면 평소에 사랑을 외치던 예수는 스스로 모순을 드러내는 결과가 된다.

이래도 비난할 수 있고 저래도 비난할 수 있다. 이리하여 그들은 의기양양해서 예수 앞에 그 간음한 여인을 끌고 왔다. 그러자 예수님은 그들의 송사에도 불구하고 한마디도 대답하시지 않았다. 그리고 몸을 굽혀 땅에 손가락으로 무엇인가를 쓰셨다. 이때 예수님의 가슴속은 인간의 죄에 대한 형언할 수 없는 서글픔으로 가득 차 있지 않았을까 하고 나는 상상한다.

예수님을 올무에 빠뜨리려고 하는 질문임을 예수님 자신도 물론 미리 꿰뚫어 보고 계셨다. 다른 곳에서도 그랬지만 예수님은 항상 사람의 마음을 속속들이 꿰뚫어보고 계신다. 단 한 번도 그들의 올무에 빠져든 적이 없다.

예수님이 땅에 무엇인가를 쓰고 계시는 것을 그들은 예수님이 대답에 궁해서 그러시는 줄로 잘못 생각하였다. 그래서 그들은 집요하게 계속 물었다.

"자, 죽이라는 거요, 그렇지 않으면 용서해 주라는 거요. 어느 쪽인지 빨리 대답하시오."

그들은 예수님이 이 두 가지 대답 외에는 다른 대답이 없을 것이라고 생각하고 졸라댔다. 그러나 예수님의 말씀은 여기서도 그들의 허점을 찔렀다.

"너희 중에 죄 없는 사람이 먼저 이 여자에게 돌을 던져라."

내가 감동받는 것은, 지혜가 넘치는 이 말씀도 말씀이려니와 그 다음에 취하신 예수님의 태도다. 예수님은

"너희 중에 죄 없는 사람이 먼저 돌로 쳐라"고 말씀하시고 나서,

거기 모인 한 사람 한 사람의 얼굴을 노려보신 것이 아니다. 가슴을 찌르는 이 말씀을 하시고 난 후에 다시 예수님은 몸을 굽혀 땅에 무엇인가를 계속 쓰셨던 것이다. 이것은 그들의 모습을 정면으로 빤히 바라볼 수가 차마 없었던 때문이 아닐까. 한 사람 한 사람이 마음속에 부끄러운 생각이 들어, 흩어져 가는 것조차 예수님은 차마 보시기 어려웠을 것이다.

예수님의 이 말씀에, 한 사람 떠나고 두 사람 떠나다 보니 얼마 있지 않아서 모두 다 떠나 버리고 말았다. 요한은 여기서 "나이 많은 이로부터 시작하여"라고 쓰고 있다. 젊은이보다는 나이 많은 이가 죄에 더 민감했던 것은 왜 그런가. 젊은이가 오만해서였던가. 연장자는 오랜 세월이 흐르는 동안 지은 많은 죄가 생각나서였을까. 어쨌든 예수님을 에워싸고 있던 사람들은 한 사람도 남지 않고 살짝 살짝 다 빠져 나가 버렸다.

죄의식이 희박한 우리 국민

이 대목을 읽을 때마다 이것이 우리 국민이라면 어떻게 했을까를 상상해 본다.

"너희 중에 죄 없는 사람이 먼저 돌로 쳐라"고 말한다 해도 자신의 죄가 생각나서 얼굴이 붉어지는 것이 아니라,

"죽이라는 거요, 용서하라는 거요"하고 계속 다그치지나 않을까. 혹은 "내게는 죄가 없다"면서 돌을 집어드는 사람이 나오지 않을는지. 왜 그런지 우리 국민의 죄의식은 그 정도라고밖에 생각되지 않는다. 오만하다고는 하지만 율법학자나 바리새파 사람은 예수님의 말씀을 듣고 자신의 죄를 깨달았다.

여기서 예수님은, 인간을 정말로 심판할 수 있는 분은 전혀 죄가 없는 하나님 한 분뿐임을 선언하신 것이 아닐까. 그와 동시에 인간

은 모두 죄인임을 그들에게 깨닫게 하시고자 했던 것이 아닐까.

예수님은 "몸을 굽히셨다"고 하였다. 이같은 저자세는 무엇을 뜻하는 것일까. 모든 사람의 죄를 지시고, 십자가에 달리시는 모습을 암시하고 있는 것같이 내게는 생각된다. 원칙대로라면 예수님은,

"이 간음한 여인을 죽이기 전에 너희들을 돌로 쳐죽이겠다"고 엄격히 죄의 선고를 하실 수도 있었을 것이다. 그렇지만 예수님은 몸을 땅에 굽히셨다.

이 얼마나 온유하고 겸손한 태도인가. 이것이 구주 예수님의 모습이다. 그러면서 간음한 여인에게 그 죄를 책망하시지 않고, "다시는 죄를 짓지 말라"고 새로운 삶의 길을 보여 주셨다.

우리 인간이 아무리 죄를 지었을지라도 그 죄를 깨닫고 두려워 떨 때, 예수님은 이처럼 우리를 감싸주시고 용서해 주신다는 사실을 다시금 깨우쳐 주는 대목이다.

예수의 제자들의 허튼 질문

1946년 봄에 나는 열이 나고 병으로 쓰러졌다. 그 열은 폐결핵의 열이었다. 내가 폐결핵으로 쓰러졌다는 소문을 듣자마자 어떤 종교의 포교자(布教者)가 찾아왔다.

"폐결핵과 나병은 천형병(天刑病)이라고들 합니다. 이것은 신이 내린 벌입니다. 즉, 폐병은 고분고분 신의 말을 듣지 않기 때문에 걸리는 병입니다. 그리고 정욕이 깊으면 이 병에 걸립니다."

이 포교자의 이야기에 따르면 얼굴에 사마귀가 있는 사람은 전생에 남편의 얼굴을 짓밟은 사람이며, 맹인이나 귀머거리, 벙어리는 전생에 무슨 죄를 지은 보응이거나, 부모의 죄를 지고 그렇게 된 것이라고 한다.

이 포교자만이 아니라, 사람들은 걸핏하면 병이나 파산을 무슨

액땜이거나 죄의 보응이라고 생각하려 든다. 물론 방탕이나 과식 등으로 질병에 걸리는 수가 있다. 그러나 모든 병이 다 그렇다고는 할 수 없지 않을까. 세상에는 전혀 본인의 책임으로 돌릴 수만은 없는 질병이나 재난이 얼마든지 있다. 그것을 도매금으로 무슨 액땜이니 죄의 보응이니 전생의 인연이니 하고 함부로 말해서는 안 된다고 생각한다. 그렇지 않아도 괴롭고 억울한데, 그런 말을 들으면 고통당하는 사람을 더욱 어두운 심연으로 몰아넣는 결과가 되지 않겠는가.

요한복음 9장에는 다음과 같은 기사가 있다. 나는 이것을 읽고 나서 얼마나 큰 위로를 받았는지 모른다. 그야말로 흑암 속에서 광명을 찾은 듯한 느낌이었다. 세상의 얼마나 많은 사람들이 이 대목을 읽고 참된 기쁨과 소망을 발견하였을 것인가.

> 예수께서 길을 가시다가 나면서부터 맹인된 한 사람을 보셨다.
> 제자들이 예수께
> "선생님, 이 사람이 맹인으로 태어난 것이 누구의 죄입니까? 이 사람의 죄입니까? 부모의 죄입니까?"하고 물었다.
> 예수께서 대답하셨다.
> "이 사람이나 그의 부모의 죄 때문이 아니다. 다만 하나님의 하시는 일이 그에게서 나타나기 위한 것이다(중략)."
> 예수께서 이 말씀을 하신 후에 땅에 침을 뱉아 진흙을 개어 맹인의 눈에 바르시고 그에게 실로암(곧 보내심을 받았다는 뜻) 못에 가서 씻으라고 말씀하셨다. 맹인이 가서 씻고 보게 되어 돌아갔다.
> (요한복음 9장 1~7절)

여기에 나오는 맹인은 언제나 길가에 앉아서 구걸을 하고 있었다. 그날 제자들은 우연히 그 곁을 지나가게 되었다. 그런데 '이 사람은 도대체 누구의 죄 때문에 눈이 멀게 되었을까' 하는 의문이 문득 떠올랐던 것이다. 그래서 예수님께 여쭈어 본 셈인데, 생각해 보면 이 얼마나 허튼 질문이었는지 그저 놀라울 따름이다. 그러나 이 것이 바로 우리 인간의 실제인지도 모른다. 제자들은 물론 작은 소리로 예수님께 여쭈어 보았을지 모르지만 어쨌든 본인이 있는 앞에서 물었던 것이다. 아마 그 제자의 말을 맹인이 어렴풋이 들었을지도 모른다.

나는 깁스를 하고 병상에 누워 있을 때, 보통 사람에게는 믿어지지 않을 만큼 청각이 발달해 있었다. 한 칸 건너 있는 방에서 이야기하는 의사나 간호원의 말소리가 똑똑히 들렸다.

더구나 맹인이다. 이 제자들이 예수님께 한 질문을 못 들었을 것 같지가 않다.

자, 이런 질문을 느닷없이, 그것도 장본인이 있는 앞에서 받았을 때 우리 같으면 도대체 어떻게 대답하였을 것인가. 나는 그때의 예수님의 표정을 역시 상상해 보고 싶어진다. 예수님의 표정에 떠오른 것은 분노였을까. 찌푸림이었을까. 슬픔이었을까. 탄식이었을까, 아니면 자애였을까. 성경에는 아무런 묘사도 없고 단지 간단하게 "예수께서 대답하셨다"라고만 기록되어 있다.

유대의 인과응보 사상

그런데 제자들의 이 말은 유대에도 인과 응보의 사상이 있었다는 것을 보여 주고 있다. 확실히 구약시대부터 그런 사상이 있어서, 욥기에도 그것이 농후하게 나타나 있다.

옛날 욥이라는 사람이 있었다. 그는 매우 경건해서 하나님 앞에 흠이 없는 사람이었다. 그러나 이 욥에게 하루는 갑자기 재난이 들이닥쳤다.

종들이 먼저 폭도들에게 잡혀 죽었다. 잇따라 다른 종들도 하늘에서 내린 불에 타죽었다. 그리고 얼마 있지 않아서 아들과 딸들 위에 집이 무너져 모두 압사해 버린 사태가 벌어졌다. 게다가 욥 자신도 전신에 악성 종양이 나서 잿더미 속에 구르는 신세가 되었다.

사건의 소식을 듣고 친구들이 위문하러 왔으나, 사태가 너무나 비참했기 때문에 한동안 말을 못 하였다. 그러나 친구들은 괴로움 속에서 신음하는 욥과 이야기를 나누기 시작하였다. 그 말의 요점은 다음과 같은 것이었다.

"생각해 보라, 죄가 없는데도 멸망당한 사람이 어디 있는가. 옳은 사람이 재앙을 입은 예가 있는가."

"내가 보는 바로는, 불의를 갈고, 해악을 씨뿌리는 자가 그것을 거두어들인다. 그들은 하나님의 숨결로 인해 멸망하고, 그 진노의 불에 의해 소멸된다."

"당신의 아들들이 하나님께 죄를 지었기 때문에 그들을 재난의 손길에 넘기신 것이다."

"악인은 일생 동안 번민하고 괴로워한다. 그 귀에는 무서운 소리가 들리고, 번영의 때에도 멸망자가 다가온다."

"그들은 젊어서 죽고 그 생명은 수치 가운데 끝장이 난다."

"하나님은 악한 자를 살려 두시지 않는다."

이상은 극히 일부만을 인용한 것인데, 과연 이것이 위로의 말인가. 요컨대 친구들은 한결같이 욥의 불행을 죄 때문이라고 계속 지적하는 것이다.

똑같은 발상에서 우러나서, 예수의 제자들 역시,

"이 사람이 나면서부터 맹인이 된 것은 누구의 죄 때문입니까?" 하고 맹인을 손가락으로 가리키며 물었다.

나는 오랫동안 병을 앓아 보았기 때문에 잘 알고 있다. 병자를 대하는 의사나 간호원 가운데는 환자를 덮어놓고 얕잡아 보는 사람이 적지 않았다. 인간은 예나 이제나 변함이 없다고 생각한다.

눈을 뜬 제자들은 맹인을 앞에 놓고 자기네들은 죄가 없는 사람들인 양 은근히 생각하고 있었던 것은 아닐까. 그러한 제자들에 대한 예수님의 대답은, 이제까지의 상식을 완전히 뒤엎는 것이었다.

"본인이 죄를 지었기 때문도 아니고 또 그 부모의 죄 때문도 아니다."

이 말씀을 들은 맹인의 놀라움과 기쁨은 그 얼마나 컸겠는가. 태어난 후 이제까지, 맹인이라는 그 한 가지 이유 때문에 얼마나 많은 설움과 멸시와 죄인 취급을 받아 왔는지 모른다. 유대인들 역시 이 사람에게

"너는 온전히 죄 가운데서 태어났으면서 우리를 가르치려 드는가?" 하고 말하면서 죄인으로 다루고 있다. 즉 맹인이란 그 당시 "온전히 죄 가운데서 태어난 자"라는 딱지가 붙은 사람이었다. 그가 얼마나 쓰라리고 슬픈 나날을 보내 왔는가를 능히 상상하고도 남음이 있다. 그러기에 그 맹인에게는 예수님의 말씀이 선뜻 믿어지지 않을 정도였으리라.

"본인의 죄 때문도, 부모의 죄 때문도 아니다."

이 말씀에, 그는 먼저 자기 귀를 의심했고, 그 다음 순간 깊은 감동에 온몸이 사시나무 떨리듯 떨렸을 것이다.

예수님은 거기에 덧붙여 말씀하셨다.

"오직 하나님의 하시는 일이 그에게서 나타나기 위함이다."

지금까지 맹인으로서, 거지로서, 다만 멸시만 받아온 사람 위에 하나님의 하시는 일이 나타난다니, 이 얼마나 벅찬 영광이냐.

'도대체 하나님의 하시는 일이 어떻게 나에게 나타날 것인가?'

그의 가슴은 틀림없이 두근거리고 뛰놀았을 것이다.

그런데 예수님께서 이렇게 말씀만 하신 후 그 자리를 떠나가 버렸다면 아마 제자들도 그 맹인도 그것은 단순한 말로밖에 받아들이

지 않았을 것이다. 그러나 예수님은 밝히 그의 위에 하나님의 하시는 일을 나타내셨다.

예수님은 흙에 침을 뱉아 그 침으로 진흙을 이겨 맹인의 눈에 바르고 실로암 못에 가서 씻으라고 말씀하셨다. 일러주신 대로 하였더니 그의 눈은 떠졌다. 어떤 건강비결의 책에 모래찜질 요법에 관한 이야기가 실려 있다. 자궁근종이나 자궁암, 결핵, 신경통, 류머티즘, 천식 같은 병에는 모래찜질이 특효가 있고, 허리를 삔 염소나, 더위에 지친 닭을 흙에 묻어서 살려 낸 이야기 같은 것이 실려 있다. 소녀 시절에 읽은 책에도 독약을 마신 사람이 땅 위에 쓰러져 있다가 의식을 회복한 장면이 있는데, 좌우간 흙이란 우리가 상상하는 것 이상으로 좋은 물질인 것 같다.

그런다고는 하나, 아무나 진흙으로 맹인의 눈을 뜨게 할 수는 없다. 이는 역시 예수님이 행하신 큰 기적들 중의 하나라고 생각한다.

예수에 대한 신뢰가 마음의 눈을 뜨게 했다

하지만, 여기에 약간 의문스러운 것은 '예수님이 하필 진흙을 이겨서 실로암 못에 가서 씻으라고 말씀하셨을까' 하는 점이다. 예수님은 그 전까지는 말씀만으로 병자를 고치셨기에 하는 말이다.

이에 대하여 어떤 주해서에는, 그것은 이 맹인에게 필요한 일이었기 때문이라고 쓰여져 있다. 이 나면서부터의 맹인의 눈을 뜨게 하기 위하여는, 마음의 눈부터 뜨게 할 필요가 있다. 마음의 눈을 뜨게 하기 위하여는, 예수님에 대한 신뢰와 복종이 더욱 필요했다고 설명하고 있다. 과연 그럴지도 모른다.

예수님이 진흙을 눈에 바르신 지점에서 실로암 연못까지는 대체 얼마만한 거리였을까.「새 성서 대사전」에 따르면 이 연못은 예루살렘 동남부에 있다고 한다.

이 맹인은 구걸을 하고 있었기 때문에 아마 사람들이 많이 모여 드는 예루살렘 성전 가까운 길가에 앉아 있었을 것으로 짐작된다. 시가지 밖에서 구걸을 할 리는 없기 때문이다.
　지도를 보면 성전에서 실로암 못까지는 직선 거리로 약 8백미터 쯤 되며, 길을 따라 가면 좀더 멀 것이다. 어쨌든 맹인에게 있어 8백 미터는 눈뜬 사람의 몇 킬로미터에 해당하는 먼 거리였을 것이다.
　이 실로암 못은 석회암의 암반(바위층)에다가 깎아서 만들어진 큰 웅덩이로서, 현재는 17.5미터에 5.4미터의 못이며 깊이는 5.7미터이고 매우 가파른 계단을 내려가야 수면에 가 닿는다고 한다. 당시 연못의 모습은 알 길이 없으나 경사가 심한 계단을 내려가지 않으면 안 된다는 것은 아마 현재와 마찬가지였으리라고 생각된다.
　이 맹인이 자기 집에서 구걸하는 장소까지 오는 길은 매일 다니는 길이기 때문에 익숙해 있었을 것이다. 하지만 실로암 못에 까지 간 적은 별로 없었을 것이다. 실로암 못에 가서 씻으라고 예수님이 말씀하셨을 때, 만일 예수님께 대한 복종심이 없었다면 그는 아마도,
　"가 본 적이 없기 때문에 못 가겠습니다"한다든지, 아니면
　"그 못이 어디에 있습니까? 나 혼자서는 가기가 어렵습니다"하는 구실을 붙여 주저앉았을지도 모른다. 그러나 그는 낯선 실로암까지의 길을 혼자서 걸어갔다. 사람들에게 길을 묻고 또 물어가며, 가보지 않은 길을 터벅터벅 걸어갔다. 가는 도중 만일 그의 마음속에 '나면서부터 앞을 못 보는 이 눈이, 침으로 이갠 진흙을 바른 것만으로 뜨일 리가 있겠는가. 실로암 못에 가 보았자 헛수고일 거야' 하는 생각이 떠올랐다면 그 근처의 아무 물에서나 눈을 씻고 말았을지도 모른다. 그러나 그의 마음은 예수님께 대한 사랑과 신뢰로 가득

차 있었다. 이 세상에 태어난 후 처음으로, 자기를 온전한 인간으로 대접해 주는 사람을 그는 만난 것이다.

그의 귀에는 "본인이 죄를 지었기 때문도 아니고 부모가 죄를 지었기 때문도 아니다. 오직 하나님의 하시는 일이 그에게서 나타나기 위함이다"라는 예수님의 말씀이 몇 번이고 울려 퍼졌을 것이라고 생각된다.

그는 가까스로 실로암에 가 닿았다. 그러나 그 연못에서 다시 가파른 계단을 내려가지 않으면 안 되었다. 한 걸음 한 걸음 그는 조심해서 연못 아래로 내려갔다. 때로는 발이 미끄러졌고, 헛디뎌 구르기도 했을지 모른다. 마침내 연못 물에 그의 손이 가 닿았을 때의 감동, 계속해서 눈앞에 전개되는 갖가지 풍물을 그 눈으로 처음 보게 되었을 때의 감사와 감격을 나 역시 상상해 보면 가슴이 뛴다.

연못에는 샘물이 터널형 수로를 통해 흐르고 있었다. 맑은 물이었을 것이다. 이 물은 구세주의 상징으로서 제사를 드릴 적마다 퍼쓰는 관례가 있었다고 전해지는데, "실로암 못에 가서 씻으라"고 하신 구세주 그리스도의 말씀과 아울러 생각하면 의미심장하다. 이리하여 그의 눈은 열렸다. 동시에 그의 마음의 눈, 영의 눈도 열렸던 것이다.

세상에 온 것은 심판하기 위함이다

소문은 삽시간에 온 예루살렘에 퍼졌다. 그러나 이 기뻐해야 할 뉴스가 또 하나의 문제의 불씨가 되어 가고 있었음을 성경은 기록하고 있다. 어느 시대고, 인간은 다른 사람의 기쁨을 자신의 기쁨으로 삼지 못하는 것일까.

어쨌든 사람들은 눈 뜬 이 사람을 바리새파 사람들에게 데리고 갔다. 왜 데리고 갔는가. 그것은 예수님이 이 사람의 눈을 뜨게 하신 날이 안식일이었기 때문이다. 진흙을 이갠다거나, 그것을 눈에 바른다거나, 다시 눈을 씻는다거나 하는 일 등은 곧 의료행위이며, 따라서 안식일의 율법에 위반되는 일이 아니냐 하는 것이었다.

과연 바리새파 사람들은 "그 사람(예수)은 하나님께로부터 온 사람이 아니다. 안식일을 지키지 않았으니까"라고 단정하였다.

그러나 한편으로는 "죄 있는 사람이 어떻게 그런 기적을 행할 수 있는가?"하는 반론을 펴는 사람도 있었으므로 그로 인해 분쟁이 생겼다.

"눈을 뜨게 한 사람을 너 자신은 어떻게 생각하는가?"

질문을 받고 그는 대답하였다.

"예언자라고 생각합니다."

그러나 유대인들은 그가 나면서부터 맹인이었다는 사실, 그리고 그가 고침받았다는 사실을 믿지 않았다. 아니, 믿고 싶지 않았다. 그것을 믿는다고 하는 것은 예수님이 크신 하나님의 능력을 가진 분이라는 사실을 인정하는 일이었기 때문이다. 그래서 그들은 맹인이었던 사람의 부모를 불러 심문하였다.

"이 사람이 나면서부터 맹인이었음을 증언하였다. 그러나 어떻게 눈을 뜨게 되었는지는 모르겠다고 대답하였다. 그리고 말하였다.

"그것은 본인에게 물어 보시오. 그도 다 큰 사람이니 그에게 물어 보시오. 그가 자신의 일을 말할 것입니다."

왜 양친은 자기 자식에게서 들은 것을 그대로 말하지 못하였는가. 예수에게 유리한 발언은 이미 '터부'로 되어 있었기 때문이다. 성경에도 다음과 같이 기록되어 있다.

> 만일 예수를 그리스도라고 고백하는 사람이 있으면 회당에서 쫓아내기로 유대인들이 이미 결의해 놓았기 때문이다.

회당에서 쫓아 낸다고 하는 것은 곧 마을 사람들로부터 절교를 당한다는 것을 의미한다. 회당이란 건물만을 뜻하는 것이 아니라, 유대인들의 종교 공동체를 가리킨다. 이 공동체는 예배는 말할 것도 없고, 아이들의 교육이나 재판 같은 것도 다루는 곳이었다.

그밖에, 물품의 분배도 다루고 있었다고 하므로, 일반적인 유대인에게 있어 생활과 밀착된 곳이었다. 생활권을 위협받을 것을 우려하여 그 양친이 확답을 피한 것도 무리가 아니었다.

그래서 다시 그 아들이 불려 나왔다. 그 때 바리새인들은 말하였다.

"그가 죄인이라는 것을 알고 있나?"

아들이 대답하였다.

"그 분이 죄인인지 아닌지 나는 모릅니다. 다만 한 가지, 내가 전에는 맹인이었으나 이제는 본다고 하는 것만은 알고 있습니다."

바리새인들은 집요하게, 어떻게 눈을 뜨게 되었는지를 되풀이해서 물었다. 어떻게 해서든지 예수님으로 말미암은 기적이 아니라, 우연히 눈을 뜨게 되었다는 말을 듣고 싶었기 때문이었을 것이다. 예수님의 평판을 어떻게든 깎아 내려 보려고 갖은 애를 쓰고 있는 모습을 엿볼 수 있다.

아들은 열을 올리며 대답하였다.

"그것은 아까 이야기했는데 왜 또 묻는 거요?"

그러자 또 바리새파 사람들이 예수를 헐뜯었다. 아들은 다시 맞섰다.

"하나님은 죄인의 말은 들으시지 않지만, 하나님을 공경하고 그의 뜻을 행하는 사람의 말은 들으시는 줄 나는 압니다. 그 분이 하나님께로부터 오신 분이 아니라면 아무 일도 할 수 없었을 것입니다."

이에 그들은

"너는 온전히 죄 가운데서 났으면서도 우리를 가르치려 드는가?" 하고 아까 얘기한 말을 내뱉은 후 마침내 그를 내쫓았다.

이 아들로서도 회당에서 쫓겨나는 것이 쓰라린 일이었음에는 틀림없다. 왜냐하면 그것은 시민권 박탈과 다름없는 일이었기 때문이다. 그러나 추방을 당하든지, 박해를 당하든지 그는 예수님이 하신 일을 바리새인들 앞에서 단호하게 증언하였다. 뿐만 아니라, 추방된 자기 앞에 나타나셔서 자애로운 눈길을 보내신 예수님을 구주로 고백하였던 것이다.

여기서 나는, 육체의 눈이 뜨였을 뿐 아니라, 영의 눈까지 바로 뜨인 그의 모습을 본다. 그런데 요한은 더욱 주목할 만한 예수님의 말씀을 우리에게 소개해 주고 있다.

예수께서 또 말씀하셨다.
"내가 이 세상에 온 것은 심판하기 위해서다. 곧, 보지 못하는 사람은 보게 하고, 보는 사람은 맹인이 되게 하려는 것이다."
예수와 함께 있던 바리새파 사람들이 이 말을 듣고
"우리도 맹인이란 말이오?"하고 말했다.
예수께서 그들에게 말씀하셨다.
"너희가 맹인이었다면 도리어 죄가 없었을 것이다. 그러나 지금 본다고 말하니 너희의 죄가 그대로 남아 있다."

(요한복음 9장 39~41절)

정말 뜻깊은 말씀이 아닌가. 우리는 자신의 눈은 잘 보인다고 생각하고 있다. 그러나 우리는 도대체 무엇이 보인단 말인가. 우리 자신의 결함이 잘 보이는가. 보이는 것은 남의 결함뿐이 아닌가. 우리는 어떻게 살아야 하는지가 보이는가. 오늘이 보이는가. 내일이 보이는가. 과거가 보이는가. 미래가 보이는가. 죽음이 보이는가. 생명이 보이는가. 구원이 보이는가. 진리가 과연 보이는가.

우리는 겸허하게, 자신의 눈을 뜨게 해주시기를 기원하지 않아도 좋을까.

예수의 말씀에는 우리의 눈이 뜨이기 위하여는 어떠한 삶의 자세를 취해야 하는가를 우리에게 다그치는 힘이 있다고 생각한다. 이상으로 네 복음서에 관한 개설을 마치고, 다음 장에서는 예수님의 십자가를 생각해 보기로 한다.

5

예수의 십자가

율법학자들을 위협한 예수의 기적

　기독교의 교회당은 금방 표가 난다. 건물이 작건 크건 금방 알 수 있다. 십자가가 걸려 있기 때문이다. 십자가는 브로치나 네크리스 같은 액세서리로도 되어 있지만, 도대체 이 십자가는 무엇인가.
　그것은 본래 사형을 집행하는 도구였다. 그것도 극형인 사형수에게 쓰인 도구였다. 그런 십자가에 달려 예수님은 죽으셨다. 만일 예수님이 길로틴(단두대)에서 최후를 마치셨다면 기독교회는 길로틴을 회당 위에 달았을지도 모른다.
　깊이 생각해 볼 것도 없이, 사형의 도구인 십자가를 걸어 놓다니 이 얼마나 어처구니 없는 이야기냐. 사람들은 모두 불길한 것을 싫어한다. 우리 나라 사람은 죽음을 연상시키는 4자를 싫어한다. 그러기에 병원에는 4호실이 없다.
　서양 사람들도 13일의 금요일을 싫어 한다는 말을 나는 들은 적이 있다. 이는 예수님의 최후의 만찬석상의 인원수가 13명이었던 것과, 예수님이 죽으신 날이 금요일이었던 것에 유래하는 듯한데 그것 역시 무의미한 이야기다.

이렇게까지 불길한 것을 싫어하는 인간 세상에서, 기독교회는 왜 구태여 사형도구인 십자가를 걸어 놓는가. 그것은 십자가 위에서의 그리스도의 죽음이, 하나님의 사랑과 용서를 뜻하고 있기 때문이다. 우리 인간의 구원을 나타내고 있기 때문이다. 그러므로 하나님을 믿는 사람에게는 십자가가 결코 불길한 사형의 도구가 아니라, 깊은 뜻을 지닌 기독교의 심벌인 것이다.

그러면 왜 예수님이 십자가 위에서 죽으시지 않으면 안 되었는가. 복음서의 결론삼아, 다음 장의 '예수의 죽음과 부활'과 더불어 이하 마태, 마가, 누가, 요한의 각 복음서를 통하여 생각해 보기로 한다.

이제까지 읽어왔 듯이, 예수를 적대시한 부류는 우선 율법학자, 바리새인, 제사장들이었다. 그들은 그들 나름대로 유일신을 믿고 있었다. 그러나 그것은 하나님의 마음과는 너무나 동떨어진 것임을 깨닫지 못하였다. 율법학자들은 율법을 지키는 데에 충실하려 하였다.

하나님을 믿는 사람이 하나님의 율법을 지키려고 하는 것은 당연하다. 그러나 그들은 율법을 존중하는 나머지, 그 속에 담겨 있는 하나님의 뜻을 깨닫지 못했다. 형식에만 흘러, 남을 심판하기만 하는 차가운 신앙으로 기울어져 있었다.

그러나 예수님은 하나님의 사랑으로 사람을 사랑하는 본을 스스로 보여 주셨다. 뿐만 아니라 많은 기적을 행하셨다. 이것이 저 바리새인들을 불안에 빠뜨렸던 것이다. 왜냐하면 예수님의 기적은 너무나 두드러지고 놀라웠기 때문이다.

군중들이 모두 예수님을 열광적으로 환영하며 따르는 것을 그들은 그냥 보고만 있을 수 없었다. 한쪽이 우세해지면 다른 쪽이 기울어진다. 자기의 지위가 낮아지는 것은, 이제까지 권력을 쥐고 있던 사람에게는 견딜 수 없는 노릇이다.

　더욱이 점령군 로마에 대해서도 예수의 힘은 컸다. 태평을 도모하는 그들로서는 이것 역시 위험이었다. 왜냐하면 사람들은, 구약성경에 예언되어 있듯이, 자기들의 구주가 오실 것을 마음속으로 대망하고 있었기 때문이다. 만약 '그 예수님이야말로 대망하던 구주시다'라는 소리가 크면 클수록 민중은 예수님을 왕으로 모시려 들 것이 틀림없기 때문이다.

　그것은 현대의 우리들이 상상하는 것 이상의 두려움이었으리라고 생각한다. 왜냐하면 유대인의 신앙은 견고한 유일신 신앙이었다. 그런 견고한 신앙으로 대망하고 있는 메시야가 바로 예수님이라고 믿는다면, 그것은 도저히 억누를 수 없는 혁명으로 치닫기가 십상이라고 생각되었기 때문이다.

　그래서 제사장, 율법학자들과 헤롯당의 사람들이 손을 잡기로 되었다. 혁명이 일어나면 함께 지위를 잃을지도 모를 사람들의 결속이었다.

　그들에게 두려움의 대상이었던 예수님의 기적은 그토록 놀라웠고, 그 가르침에는 권위가 있었다. 특히 율법학자들을 위협한 결정적인 기적은 나사로라고 하는 젊은이를 무덤에서 일으켜 되살려 내신 일이었다(요한복음 11장 참조).

십자가의 길을 걷기 시작하는 '이스라엘의 왕'

　예수님은 그때까지 두 번, 죽은 사람을 살리셨다. 한 사람은 죽은 지 얼마되지 않은 소녀였고, 또 한 사람은 장례 행렬 도중의 젊은이였다. 이번의 나사로는 죽은 지 나흘째가 된다. 이 나사로라 하는 젊은이에게는 마리아와 마르다라고 하는 자매가 있었다. 이하 성경을 따라 읽어 보자.

그들 가운데 어떤 사람들은 말하였다.
"맹인의 눈을 뜨게 하신 분이 이 사람을 죽지 않게 하실 수 없겠소?"
예수께서 다시 마음에 충격을 받으시고 무덤으로 가셨다.
무덤은 동굴이었고 그 문은 돌로 막혀 있었다.
예수께서 말씀하셨다.
"돌을 옮겨 놓으라."
죽은 나사로의 누이 마르다가 말했다.
"주님, 죽은 지가 나흘이나 되어서 벌써 냄새가 납니다."
예수께서 마르다에게 말씀하셨다.
"네가 믿으면 하나님의 영광을 보게 되리라고 내가 말하지 않았느냐?"
그러자 사람들이 그 돌을 옮겨 놓았다.
예수께서 눈을 들어 하늘을 우러러보시며 말씀하셨다.
"아버지, 내 말을 들어 주신 것을 감사하옵니다. 아버지께서 언제나 내 말을 들어 주시는 줄 압니다. 그러나 이렇게 말씀을 하옵는 것은 둘러 선 무리를 위한 것이며 아버지께서 나를 보내신 것을 그들로 믿게 하려는 것입니다."
이렇게 말씀하신 후에 큰 소리로
"나사로야, 나오라"하고 외치셨다. 그러자 죽었던 사람이 천으로 손발이 감긴 채 나왔으며, 얼굴은 수건으로 싸매어져 있었다.
예수께서 그들에게 말씀하셨다.
"그를 풀어 놓아 다니게 하라."
마리아를 위문하러 왔다가 예수께서 행하신 일을 본 많은 유대 사람이 예수를 믿었다. (요한복음 11장 37~45절)

이것이 바리새인들을 떨게 만든 기적의 사실이다. 죽은 지 나흘이나 되는 자가 살아 일어났다. 그 당시 사람들은 얼마나 큰 기쁨과 희망에 휩싸였겠는가. 소문은 소문을 낳아, 나사로를 보러 오는 사

예수의 십자가

람도 많았다. 그러나 그 말을 들은 바리새인들은 즉시 의회를 소집하였다.

"이 사람(예수)이 많은 기적을 행하고 있는데 우리는 무엇을 하고 있습니까? 이 사람을 그대로 두면 모두가 그를 믿을 것이오. 그렇게 되면 로마 사람들이 와서 우리의 땅과 민족을 빼앗아 갈 것입니다."

(요한복음 11장 47~48절)

이리하여 진지하게 예수를 죽이려고 모의하기 시작하였다. 그래서 예수님은 대중 앞에 나가지 않고 광야 가까이의 읍에 머물러 계셨다. 그런데 유대인 최대의 명절인 유월절이 가까이 다가왔다.

제사장들은 예수님이 유월절에 오실 것을 예상하고, 예수가 계신 곳을 알면 신고하라는 지령을 내려 놓고 있었다. 예수님이 지명수배를 당한 셈이다. 그러나 예수님이 도대체 무슨 악한 일을 하였단 말인가. 참된 하나님의 사랑을 가르치고, 사람들의 병을 고치시고, 약한 자 가난한 자를 사랑하셨다. 그것이 예수님의 '죄목'이었다.

제사장들은 더 나아가서 다시 살아난 나사로까지 죽이려고 도모하였다.

그것은 나사로의 일로 많은 유대 사람이 그들(제사장들)에게서 떨어져 나가 예수를 믿었기 때문이다.

이같이 예수와 나사로를 죽이려고 하는 제사장이나 율법학자들과는 반대로, 예수님에 대한 민중의 신앙은 더욱 드높아져 가고 있었다.

다음 날 명절을 지키러 와 있는 군중이 예수께서 예루살렘으로 돌아오신다는 말을 듣고, 종려나무 가지를 들고 맞으러 나가 외쳤다.

호산나('오오, 구원해 주시옵소서'라는 뜻),

주의 이름으로 오시는 이에게 복이 있으라.

이스라엘의 왕에게 복이 있으라."

종려나무는 승전의 심벌이었으며, 호산나란 원래 하나님께 향하여 외치는 말이었다.

예수님은 나귀 새끼를 타고 환호를 받으며 예루살렘으로 입성하셨다. 사람들은 기쁨을 억누를 수 없어 자기들의 겉옷을 벗어 길에 깔고 환영하였다. 열두 제자뿐 아니라, 많은 제자들도

> 모두 기뻐서 그들이 본 모든 일로 인하여 큰 소리로 하나님을 찬양하며 노래했다.
> "주의 이름으로 오시는 왕께 복이 있으라.
> 하늘에는 평화, 지극히 높은 곳에는 영광 있으라."
> 그러나 군중 가운데 섞여 있던 바리새파 사람 몇이 예수께 말하였다.
> "선생님, 선생님의 제자를 꾸짖으십시오."
> 예수께서 대답하셨다.
> "내가 너희에게 말한다. 사람들이 잠잠하면 돌들이 소리지를 것이다."
> (누가복음 19장 37~40절)

이것을 본 바리새파 사람들이 서로 말했다.

> "쓸데없는 일을 하고 있소. 보시오, 온 세상이 그를 따르고 있소."
> (요한복음 12장 19절)

율법학자와 바리새인들의 질투와 증오로 뒤틀린 얼굴 표정이 눈앞에 환히 드러나 보이는 것 같다. 군중은 제사장들과 바리새파 사람들이 두려워하였 듯이, 예수를 영접하며 미칠 듯이 기뻐하였다.

지명수배도 소용없었다. 이런 군중의 눈앞에서는 아무리 제사장이라 하더라도 예수에게 손을 댈 수가 없었다. 만일 이런 군중이 보는 앞에서 예수를 잡는다면 제사장이나 바리새인들은 돌에 맞아 죽었을 것이다. 이런 예수를 보고 가장 기뻐한 것이 가룟 유다였다.

유다는 예수님이 이 세상의 왕이 될 것을 믿고 있었다. 그토록 예수님의 기적은 놀라웠고, 설교는 새로웠다. 일찍이 이 지상에 없었

던 왕국이 예수님에 의하여 건설되어, 로마 권력도 헤롯의 압제도 타파될 수 있으리라고 믿었다. 유다만이 아니라, 모든 군중도 다같이 그렇게 믿고 있었다.

예수께 무엇을 구하는가

강연 부탁을 받고 나는 우리 나라 각처를 몇 번 방문하였다. 강연을 하러 떠날 때마다 미리 강연 원고를 쓴다. 한창 바쁜데 그렇게 하려면 노력이 필요하지만 나로서는 그만큼 정성을 기울여 강연에 임하는 셈이다. 그런데 그 강연을 들은 사람들이 "한 번만이라도 좋으니까 얼굴을 보고 싶었다"느니, 또는 "생각했던 것보다 젊다"느니, "날씬하다"느니 하며 단지 모습만을 평해 주는 경우가 있다.

비록 그것이 호의에서 나온 것이라 하더라도, 강연 자체에 관한 느낌을 말해 주는 편이 나에게는 얼마나 더 기쁜지 모른다. 왜냐하면 나는 얼굴을 선보이러 온 것이 아니라, 강연을 하러 왔기 때문이다.

언젠가 어떤 교육관계의 연수회에서 "유행가수를 부를 수도 없는 노릇이고 해서…"라는 말을 들은 적이 있다. 그때 나는, "소설을 쓰는 여자라도 불러 얼굴이 어떻게 생겼는지 보자"고 하는 속셈을 듣는 듯한 기분을 느꼈다.

성경을 읽다가 때로 그런 일을 연상케 하는 대목이 있다. 가령 마태복음 20장 20절 이하 같은 곳이 그렇다.

> 그때 세베대의 아들들의 어머니가 그 아들들과 함께 예수께 와서 무릎을 꿇고 무슨 부탁을 드렸다. 그래서 예수는 그녀에게 말씀하셨다.
> "무엇을 해주기를 원하는가?"
> 그녀는 말했다.
> "내 두 아들이 당신의 나라에서 하나는 오른편에, 하나는 왼편에 앉게

해 주십시오."

예수는 대답하셨다.

"너희는 너희가 무엇을 구하는지 모르고 있다."

이 모친은 열두 제자 중 야고보와 요한(요한복음을 쓴 사람)의 어머니다. 그런 열두 제자 중 두 사람의 어머니면서 예수님께 원한 것은 예수님이 왕위에 오를 때 자기 자식을 그 왕국에서 하나는 우장관, 또 하나는 좌장관의 지위에 오르게 해달라는 것이었다.

이 소원은 '그 당시 사람들이 얼마나 예수님의 왕국 수립을 믿고 있었는가' 하는 증거가 된다. 하지만 예수님은 자신의 비참한 최후를 미리 내다보고 계셨다. 그런 예수님에게 우장관 좌장관이라고 하는, 이 세상의 명예를 구하러 왔던 것이다.

예수님이 얼마나 서운해하셨을지 상상할 수 있을 것 같다.

"너희는 너희가 무엇을 구하는지 모르고 있다."

예수님은 이 말씀을 얼마나 많은 사람들에게 하시고 싶었을까. 그것을 나는 성경의 여러 곳에서 느끼곤 한다.

가령 어떤 맹인의 경우도 그렇다. 그 맹인은 길가에서 큰 소리로 예수님을 불렀다. 그의 앞에 서신 예수님은 이렇게 말씀하셨다.

"내가 너에게 무엇을 해주기를 원하느냐?"

그러자 그 맹인은 말하였다.

"선생님, 보기를 원합니다"(마가복음 10장 50절 이하).

이 맹인은 예수님을 만나서 무엇을 구하였는가. 그것은 단지 눈이 보이게 되는 것만이 아니었던가. 이와 비슷한 기사가 성경에는 많이 있다. 중풍병자는 중풍병이 낫기를 원했고, 귀머거리는 들을 수 있게 되기를 원했고, 나병 환자는 그 피부가 깨끗하게 되기를 원했다. 그래서 모두 소원대로 고침받았다. 물론 그것은 그리스도에 대한 신앙의 일단이며, 또 분명히 하나님의 크신 역사였다. 그러나 그 하나님의 크신 역사로 말미암아 고침받은 사람들이 모두 일평생 하나님을 계속 믿었는지 어땠는지, 그것은 심히 의문이다. 아니 맨 처음부터 예수님께 대하여 정말로 구해야 할 것이 무엇인지를 알고 있었던 사람은 더 적지 않았을까. 예수님을 만나서 어느 누구라도 가장 먼저 구해야 할 것은 죄의 용서이며 영원한 생명이어야 했다. 그러나 사람들은 예수님께 무엇을 구해야 할지를 몰랐다.

현대에 사는 우리들도, 만일 바로 지금 예수님이 우리에게 오신 다면 과연 무엇을 구할 것인가. 아마 돈을 구하고 지위를 구하고 명예를 구하는, 이 모친과 같은 어리석음을 저지르지 않을까 생각된다. 두 말할 것도 없이 우리들의 매일매일의 생활은 '무엇을 구해야 할지 모르고 있는' 생활이다. 그리고 그것은 제자들 역시 마찬가지였다. 그리스도께 무엇을 구해야 할지 몰랐다. 이것이 인류 비극의 원인이기도 했다.

아무튼 제자들은 예수님이 당장에라도 새 왕국을 현세에 건설하여 그 왕이 되실 것이라고 믿고 있었다. 민중도 그것을 기대하고 기뻐 날뛰었다. 그것은 구약성경을 읽고 신앙을 가진 사람들의 필연적인 모습이기도 했다. 왜냐하면 구약성경에는 반드시 구주가 나타나서 이스라엘 민족을 해방시켜 줄 것이라고 예언되어 있기 때문이다.

모든 사람이 그리스도를 대망하고 있던 시대였다. 로마제국의 점령하에 있으면서 그 소망은 더욱 불타오르고 있었다.

가룟 유다

가룟 유다라고 하면 예수를 배반한 자로서, 아마 모르는 사람이 없을 것이다. 그런데 그 유다도 예수님이 구주임을 믿고 있던 사람들 중의 하나였다.

예수님은 어떤 병자라도 고치셨다. 5천 명의 군중을 겨우 빵 다섯 개와 물고기 두 마리로 배불리 먹이는 기적도 베푸셨다. 이같이 큰 기적을 행하시는 예수를 제외하고는 달리 구주가 나타나리라고 생각할 수 없었다.

그렇게 굳게 믿고 있던 유다가 왜 예수를 배반하고 원수의 손에 넘겨 주었을까. 여기에 대해서는 갖가지 해석이 있으나, 성경에 다음과 같은 사건이 기록되어 있는 것을 눈여겨 보아야 한다.

> 유월절 엿새 전에 예수께서 베다니로 가셨다. 거기는 예수께서 죽은 자 가운데서 살리신 나사로가 있는 곳이다.
>
> 예수를 위한 잔치가 거기서 베풀어졌는데 마르다는 시중을 들고 나사로는 예수와 함께 식사하는 손님들 가운데 앉아 있었다. 그때 마리아가 매우 값진 순 나드 향유 한 리트라를 가지고 와서 예수의 발에 붓고 자기 머리털로 그의 발을 닦았다. 그러자 온 집 안에 향유 냄새가 가득 찼다. 제자 중의 하나이며 장차 예수를 잡아 줄 가룟 사람 유다가 말했다.
>
> "왜 이 향유를 3백 데나리온에 팔아 가난한 사람들에게 주지 않았는가?"
>
> 그가 이렇게 말한 것은 가난한 사람을 생각해서가 아니라 그가 도둑이어서 돈자루를 맡아 가지고 있으면서 거기 넣은 것을 잘 훔쳐내곤 했기 때문이었다. 예수께서 말씀하셨다.
>
> "그 여인이 하는 대로 가만 두어라. 그녀는 나의 장례를 위하여 그렇게 한 것이다. 가난한 사람들은 언제나 너희와 함께 있지만 나는 언제나 너희와 함께 있지 않을 것이다." (요한복음 12장 1~8절)

이와 비슷한 기사는 마태복음에도 있고 마가복음에도 있다. 마가복음에는 여자를 꾸짖은 사나이에 대하여 예수님이 이렇게 말씀하셨다.

> "가만 두어라. 왜 그녀를 괴롭히느냐. 그녀가 내게 한 일은 아름답다. 가난한 사람들은 늘 너희와 함께 있으니 언제든지 너희가 하려고만 하

면 그들을 도울 수 있다. 그러나 나는 언제까지나 너희와 함께 있지는 않을 것이다. 이 여인은 자기 힘껏 했다. 곧 내 몸에 향유를 부어 내 장사를 미리 준비한 것이다. 내가 진정으로 너희에게 말한다.

온 세계 어디서든지 복음이 전파되는 곳마다 이 여인이 한 일도 전해져서 이 여인을 기억하게 될 것이다."　　　　(마가복음 14장 6~9절)

마태복음에도 같은 말씀이 쓰여 있다.

어떤 책에서 읽었는데, 이 순수한 나드의 향유는 나드나무 뿌리로 만들어지는 것으로 향기가 몹시 좋다고 한다. 어떤 사람이 이스라엘을 여행하면서 그 나드향유를 1평방센티미터 크기의 천에 묻힌 것을 받았다. 겨우 1평방센티미터 크기에 불과했지만 그후 얼마 지나서 그 천을 끼워 두었던 책장을 펼쳤더니 온 방안에 향기가 가득 차서 놀랐다고 한다.

3백 데나리온이란 금액은 그 당시 노동자의 약 1년치 품삯에 해당한다고 하니 요즘 우리 나라 돈으로 환산하면 대충 계산하여 1천만 원쯤 되는 셈이다. 매우 비싼 향유다. 그것은 석고로 된 병에 들어 있는데 그것을 깨뜨려 몽땅 예수님의 머리에다 부었다고 한다(요한복음에는 발에다 부었다고 쓰여 있으나 마가와 마태복음에는 머리라고 쓰여 있다).

만일 그 장소에 내가 있었다면 나도 유다처럼, '저런! 너무 아까운데!' 하고 생각하였을지 모른다.

사랑은 아까운 줄을 모른다. 세상 부모들이 자기 자녀에게 하고 있는 것을 보노라면, 자식을 낳은 적이 없는 나는 때로, 아까운 짓을 한다고 혀를 찰 적이 있다. 고등학생인 자기 자식에게 값비싼 오토바이를 사 준다거나, 대학생에게 고급 승용차를 사 준다거나 하는 것을 볼 때 약간 마음이 언짢아지는 수가 있다.

사랑이란 참으로 아낌없이 주고 아낌없이 바치는 것이다. 계산만

하고 앉았다가는 결코 해낼 수 없는 것을 사랑은 해낸다.

어김없이 1년치 품삯에 해당하는 값진 기름을 한 순간에 한 사람을 위하여 써버리는 것보다는, 가난한 사람들을 위하여 사용하는 것이 좋겠다고 생각하는 것은 너무도 당연한 계산일지 모른다.

그러나 인간이란, 자기가 하고 있는 일에 올바른 평가를 내리지 못하는 존재다. 자기가 하고 있는 일이나, 다른 사람이 하고 있는 일이나, 인간은 잘 알 수 없다.

마리아는 자기 오빠 나사로가 죽음에서 살아나는 기적을 두 눈으로 똑똑히 보았다. 그 큰 감사로 인하여 나드의 향유가 아깝지 않았을 것이다. 그러나 그런 향유를 예수님께 부은 자신의 행위가, 예수님이 말씀하였 듯이, 예수님의 장례 준비를 위한 것이라는 생각 따위는 해 본 적도 없었을 것이다. 오빠 나사로를 다시 살리신 위대한 예수님이 조금 후 돌아가시리라고는 마리아로서 도저히 상상하지 못하였을 것이다. 마리아는 다만 손님의 발을 씻기 위하여 물이나 기름을 사용하는 그 당시 풍습에 좇았을 뿐일 것이라고 나는 생각한다.

그러나 예수님은 자신의 죽음을 미리 밝히 내다보고 계셨다. 그래서 예수님은 마리아의 행위를 계기로 자신의 죽음을 다시금 사람들 앞에 표명하셨던 것으로 생각된다.

아무튼 마리아의 진심을 옳게 평가하신 분은 예수님 한 분밖에 없었다. 만일 예수님조차 유다와 같은 말을 하셨다면 마리아는 설 자리가 없었을 것이다. 사랑을 사랑으로 순수하게 받아들인다는 것이 얼마나 중요한가를 다시 한번 깨닫게 된다.

어쨌든 예수님이 "온 세계 어디서든지 복음이 전파되는 곳마다 이 여인이 한 일도 전해져서 이 여인을 기억하게 될 것이다"라고 평가한 것에 주목해야 한다.

예수의 십자가

사탄이 유다에게 들어가다

그러나 이 예수님의 말씀에 절망한 것은 유다였다. 유다는 돈주머니를 맡은 회계였다. 그는 계산에 능했다. 머리도 좋았을 것이고, 돈을 쓰는 데도 낭비나 불합리한 점이 없었다. 그러므로 이 향유를 팔아 구제하라고 한 것은 낭비를 못마땅하게 여기는 그의 평소의 생활철학에서 나온 것인지도 모른다.

요한이 기록하였듯이, 유다가 도둑이어서 돈주머니에서 돈을 몰래 꺼내 쓰곤 했는지 어쨌는지 나는 모른다. 인간은 단체의 공금을 맡고 있을 때, 다른 사람이 보면 부정행위를 저지르는 것같이 생각되는 수도 때로는 있는 법이다.

유다는 다른 제자들과 마찬가지로 예수님을 숭배해 왔다. 그러한 예수에게 실망한 것은 "나의 장례의 날을 위하여"라는 말씀 한마디 때문이었다. 그 자리에는 죽었다가 다시 살아난 나사로도 있었으므로 예수님에게나 제자들에게나 기쁘고 즐거운 축하의 장소였다.

그런 즐거운 자리에 찬물을 끼얹기라도 하는 듯이, 예수님은 자신의 죽음을 선언하신 것이다. 지금 당장에라도 왕국을 건설해 줄 것으로 믿고 있었는데 예수님은 마리아의 행위를 장례 준비로 받아들이고 있다. 득의의 절정이라고 생각하고 있었는데 예수님 같은 분이 불길하게도 죽음을 선언하셨던 것이다. 유다가 얼마나 놀라고, 얼마나 절망하였는지는 상상하기에 어렵지 않다.

'이 선생님이 돌아가시다니! 그럼 누가 왕국을 건설해 준단 말인가. 누가 구세주가 된단 말인가!'

유다는 번민하였을 것이다.

그럼 왜 다른 제자들은 예수님의 이 말씀에 민감한 반응을 나타내지 않았는가. 그것은 혹시, 유다가 꾸짖은 마리아를 예수님이 단순히 감싸 주신 데 불과하다고 생각하였던 때문이 아닐까. 장례라는 말이 그토록 절실하게 다른 제자들에게는 와 닿지 않았을지도 모른다. 계산에 능한 유다는 시기를 포착하는 데도 기민하였을 것이다. 그러나 다른 제자들은 예수님에게 다가오는 위기를 유다처럼은 감지하지 못했던 것이 아닐까.

이리하여 예수님은 민중의 환호성어린 영접을 받으며 예루살렘으로 입성을 하시게 되는데, 그 후의 예수의 행동을 보면, 모두가 그의 행동을 통하여 제자들에게 유언하신 것과 같은 일들뿐이다.

그렇다면 유다는 왜 스승을 배반하였는가. 그 이유를 성경은 한 줄도 기록하고 있지 않다. 단지 배반했다고 하는 사실밖에 기록하지 않았다. 그것은 유다가 제자 중의 어느 누구에게도 그때까지 예수님에 관하여 험담 같은 험담을 한마디도 하지 않았음을 엿볼 수 있다.

만일 유다가 평소에 예수님에 대하여 불만이나 불신감을 터뜨렸다면 제자들은 유다가 배신한 이유를 바로 알아 맞힐 수 있었을지 모른다.

그러기에 예수님이 최후의 만찬 석상에서 "너희 중의 한 사람이 나를 배반하여 나를 팔아 넘기려 하고 있다"고 말씀하셨을 때 제자들은 차례차례 "주님, 설마 나는 아닐 테지요"하고 말하였다.

그리고 가룟 유다도 "주님, 설마 나는 아닐 테지요"하고 말하였던 것이다. 만일 평소에 예수님께 대한 유다의 태도가 나빴다면 제자들은 일제히 유다 쪽을 보았을 것이다. 그런데 어느 누구도 유다라고는 생각지 않고 설마 자기가 배반하는 일은 없을 것이라고 예수님께 저마다 입을 모아 말했던 것이다.

유다 자신조차 자기가 예수를 배반하리라고는 생각조차 하지 않았을 것이다. 여기서 우리 인간은 얼마나 자기 자신조차 꿰뚫어보지 못하는 존재인지를 엿볼 수 있는 것 같다.

우리 인간은 살인도, 횡령도, '설마 내가 그런 짓을 할 리가 없다'고 생각하며 살아가고 있다. 거기에 죄의 무서운 점이 있다. 죄를 지을 가능성은 모든 인간이 지니고 있다. 유다의 배신 기사를 읽을 적마다 나는 이런 생각이 들곤 한다. 확실히 유다는 설마 자기가 스승을 배신하리라고는 생각지 않았다. 그럼데도 불구하고 다음과 같이 기록되기에 이르고 만다.

> 사탄이 가룟 사람 유다에게 들어갔다. 그는 열두 제자 중의 하나였다. 유다가 제사장들과 성전 수위대장들에게 가서 어떻게 예수를 그들에게 넘겨 줄까 상의하니 그들은 몹시 기뻐하며 유다에게 돈을 주기로 약속했다. 유다는 그것을 승낙하고 무리가 없을 때 예수를 그들에게 넘겨 주려고 기회를 노리고 있었다.　　　　(누가복음 22장 3~6절)

그러나 여기서도 역시, 예수를 팔아 넘긴 유다의 심정을 알아 차릴 수 없다. 일설에는 돈이 욕심나서 예수를 팔았을 것이라고 하나, 유다가 받은 돈의 가치는 최근의 돈으로 환산해 겨우 9만 원 남짓 정도밖에 되지 않는다. 아무리 돈에 눈이 어두운 사람이라도 그 정도의 하찮은 돈 때문에 자기의 스승을 팔리라고는 생각되지 않는다.

또는 예수님이 자신의 죽음을 예언하셨기 때문에 절망한 나머지, 그 절망이 미움으로 바뀌었다고 하는 설도 있다. 즉, 자신이 걸고 있던 기대를 배신한 예수님이 미웠다는 것이다.

틀림없이 절망은 하였을 것이다. 미움으로까지 발전되었으리라고는 생각되지 않는 기사가 성경에는 있다. 그것은 예수의 사형이 확정되고 나서의 유다의 행동이다.

> 그때 반역자 유다는 예수께서 유죄 판결을 받으신 것을 보고 뉘우쳐 은서른 개를 대제사장과 장로들에게 돌려 주며
> "내가 무죄한 분의 피를 팔았으니 나는 죄를 지었소"하고 말했다.
> 그러나 그들은 "그것이 우리에게 무슨 상관이오? 그대가 스스로 처리하오"하고 말했다.

> 유다는 그 은을 성소에 내어 던진 채 물러가 스스로 목매달아 죽었다.
>
> (마태복음 27장 3~5절)

이곳을 읽어 보면

"예수께서 유죄 판결을 받으신 것을 보고 뉘우쳤다"

는 말이 눈에 띈다. 유다는 예수님이 처형당하리라고는 생각지 않았던 것 같다. 신학자나 소설가들은, 유다가 예수의 죽음을 예상하고 있지 않았음에 틀림없다고 추론하고 있다. 나사로를 다시 살리실 정도의 예수님이 설마 그렇게 쉽사리 원수의 손에 넘어가 돌아가시리라고는 생각지 않았을 것이다.

그는 예수야말로 구주라고 믿어 왔다. 예언에 따르면 구주는 천군 천사를 거느리고 이 지상에 왕국을 건설하기로 되어 있었다.

"예수의 그 왕국 건설의 실현을 촉구할 속셈으로 유다는 감히 예수를 위험에 몰아넣었을 것이다"라는 해석이 현재로서는 가장 유력한 해석으로 되어 있다. 정말로 배반할 의사가 있었다면 예수님이 죽는 것을 보고 유다는 쾌재를 외쳤어야 했다. 후회를 하였을 리가 없다. 하물며 목매달아 죽는다는 건 생각조차 할 수 없는 일이었다.

그러나 이것 역시 추측의 범위를 벗어나지 못한다. 복잡한 것이 인간의 심리다. 더구나 유다 같은 사람의 배반 행위의 진짜 동기를 우리는 영구히 탐구하지 못하고 말지도 모른다.

겟세마네 동산에서의 기도

유다가 배반한 직후로 거슬러 올라가서 이야기를 전개시키자. 이 최후의 만찬에서 잊어서는 안 될 것은 다음 대목이다.

> 그들이 식사할 때에 예수께서 떡을 들어 축사하시고 떼어 제자들에게 주시며 말씀하셨다.
>
> "받아 먹으라 이것은 내 몸이다."

또 잔을 들어 감사를 드리시고 그들에게 주시며 말씀하셨다.

"너희가 모두 이 잔을 마셔라. 이것은 죄사함을 얻게 하려고 많은 사람을 위하여 흘리는 나의 언약의 피다. 내가 너희에게 말한다. 내가 아버지의 나라에서 너희와 함께 서로 마실 그 날까지 결코 포도로 만든 것을 마시지 않을 것이다."   (마태복음 26장 26~29절)

이렇게 예수님이 명하셨 듯이, 전세계 그리스도 교회는 지금도 여전히 하나의 빵을 나누고 한 병의 포도주를 나누며, 이를 예수님의 몸, 예수님의 피로 알고, 신앙으로 이를 기념하고 있다.

나는 그럴 때마다 자신이 남을 위하여 이 작은 잔의 포도주만큼도 피를 흘려 보지 않았음을 깨닫고 부끄럽게 여긴다.

예수님은 십자가 위에서 그 피를 흘리셨다. 그것은 전인류의 죄를 대신해서 흘리신 피였다. 그리고 그 빵은 예수님이 전인류를 위해 내어 주신 몸을 의미하는 것이다.

만찬 후, 예루살렘 성전 동쪽에 있는 겟세마네 동산이란 곳에 예수님과 제자들은 함께 갔다. 그 곳은 예수님이 그 전에도 종종 가셔서 기도하시던 곳이었다.

예수님은 제자들에게 "여기서 기다리면서 나와 함께 깨어 있으라"고 말씀하시고, 좀 떨어진 곳에서 열심히 기도하셨다. 예수님은 자기 자신이 잡힐 것을 알고 계셨다. 그러기에 도망치려면 도망칠 수도 있었다. 그러나 예수님은 도망치지 않고 기도하신 것이다.

누가는 그 모양을 이렇게 쓰고 있다.

그 곳에 이르러 예수께서 제자들에게 "시험에 빠지지 않도록 기도하라"고 말씀하신 후에 그들에게 돌을 던지면 닿을 만한 거리에 가서서 무릎을 꿇고 기도하셨다.

"아버지, 만일 아버지의 뜻이라면 내게서 이 잔을 걷어 가시옵소서. 그러나 내 뜻대로 마시고 아버지의 뜻대로 하시옵소서."

그 때 한 천사가 하늘로부터 그에게 나타나 힘을 돋워 드렸다. 예수께서 몹시 고민하시며 더욱 간절히 기도하시니 땀이 핏방울같이 되어 땅에 떨어졌다." (누가복음 22장 40~44절)

땀이 핏방울같이 땅에 떨어졌다고 쓰여 있는 것을 보면 그 기도가 얼마나 전심전령을 쏟아 부은 기도였는지를 알 수 있다. 가가와 씨도 셔츠에 피의 반점이 묻은 경험이 있다고 하며, 한꺼번에 큰 힘을 쓴 사람의 피부 색깔이 적갈색으로 변했다는 이야기도 들은 적이 있다. 얼마나 전력을 기울여서 예수님이 기도하셨는지를 짐작할 수 있다.

도망치려면 도망칠 수 있었는데도 도망치지 않았던 것은 "내 뜻대로 마시고 아버지의 뜻대로 하시옵소서"하는, 하나님께 대한 절대 복종심이 있었기 때문이다.

구주로서 십자가에 달리는 데에는 그러한 하나님의 아들로서의 절실한 고난과 신음이 따르는 결과가 필요했던 것이다. 인류의 죄를 짊어진다고 하는 것은 콧노래나 부르면서 쉽게 되는 일이 아니다. 하나님의 아들의 이같은 괴로움이 있고 나서야 비로소 우리 인간의 죄는 용서받는 것이다.

그런데 예수님이 이같이 피와 땀을 흘리면서 기도하고 계시던 때, 제자들은 과연 무엇을 하고 있었는가. 제자들은 잠을 자고 있었던 것이다. 지치고 피곤해서였을까. 예수님의 죽음의 예고를 듣고 슬픔과 피로가 몰아 닥쳤기 때문일까. 함께 기도해야 할 제자들이 잠자고 있었다는 데에, 인류는 어느 누구 한 사람도 예수와 함께 마음을 쏟아 부어 기도하는 자가 없었다고 하는 죄의 모습이 앙상하게 드러나 있음을 느낀다.

즉, 십자가를 예수님에게만 지운 결과가 된다. 누구 한 사람, 함께 지지 못했던 것이다. 그 잠들고 있는 제자들을 보고 예수님은 말씀하셨다.

> "너희는 한 시간도 나와 함께 깨어 있을 수 없느냐. 시험에 빠지지 않도록 깨어 있어 기도하라. 마음은 원하지만 육신이 약하구나!"
>
> (마태복음 26장 40~41절)

아마 베드로를 위시해서 제자들은 꾸벅꾸벅 졸면서도 예수님의 이 말씀을 듣고 있었겠지만 예수님이 다시 가서 기도하시는 동안, 또다시 제자들은 잠들어 버렸다.

나는 이 "마음은 원하지만 육신이 약하구나" 하는 말씀에서 예수님의 사랑을 깊이 감지한다. 우리 인간은 오늘부터 마음을 새롭게 하여 이 일을 하겠다, 저 일을 하겠다고 다짐하면서 눈을 뜨지만 결국 갖가지 유혹에 져서 후회 많은 하루를 마쳐 버리는 일이 흔하다. 그리고 큰일을 당해도 마음뿐이지 실천에 옮기기가 어렵다.

벌써 15, 6년 전의 일이다. 나의 남편이 맹장염에 걸렸다. 미처 손쓸 새도 없어 때를 놓쳤다. 이틀 밤을 철야하고 나니 나의 머리는 몽롱해져서, 눈앞에서 신음하고 있는 남편을 빤히 보면서도 어떻게 간호해야 좋을지 모르고 있던 일이 회상된다.

그러한 인간의 육체가 갖는 연약성을 예수님은 이해하셨다. 예수님의 이 말씀에는 인간을 다그치는 준엄함이 없다. 따스한 사랑만이 있다. 자신의 최후를 눈앞에 두고도 이토록 관대할 수 있다는 것이야말로 그 얼마나 큰 사랑의 발로인가.

유다의 입맞춤과 제자들의 흩어짐

이렇게 하고 있는 곳에 드디어 배반자 유다와 하수인들이 들이닥쳤다.

> 예수의 말씀이 채 끝나기 전에 열두 제자 중의 하나인 유다가 왔다. 대제사장들과 백성들의 장로들이 보낸 무리가 검과 몽둥이를 들고 그

를 뒤따라 왔다. 그런데 반역자는 그들에게 미리 암호를 정해 주면서
"내가 입을 맞추는 사람이 바로 그이는 그 이를 잡으시오"하고 말해 두었던 것이다.
유다가 곧 예수께 나아와
"선생님, 안녕하십니까?"하고 말하면서 입맞추었다.
예수께서
"친구여, 네가 무엇하러 여기 왔느냐?"하고 말씀하시자 사람들이 몰려와 예수께 손을 대어 붙잡았다. 그 순간에 예수의 일행 중의 하나가 손을 들어 검을 빼어 대제사장의 종의 귀를 쳐서 떨어뜨렸다.
그러자 예수께서 그에게 말씀하셨다.
"네 검을 도로 집에 꽂으라. 검을 쓰는 사람은 모두 검으로 망한다."

(마태복음 26장 47~52절)

유다의 입맞춤, 친애감을 나타내는 키스로써 유다는 반역의 표시를 삼았다. 그 얼마나 더럽고 괴로운 입맞춤이었을까. 그 배반을 알면서 예수님은 '친구여'라고 불렀다. 친구라고 부르기가 가장 어려운 때에 예수님은 친구라고 불렀다. 생각해 보면 우리 인간의 매일의 생활 역시 예수님의 사랑을 배신하는 것 같은, 진흙탕 같은 것이다. 그러나 그같은 우리들을 지금도 예수님은 '친구여'라고 부르고 계신다.

바리새인이나 제사장들에게 선동을 받은 군중은 검과 몽둥이를 가지고, 단 한 사람인 예수를 잡으러 왔다. 이때 베드로도, 마태도, 마가도, 제자들은 모두 예수를 버리고 도망쳤다. 마가 같은 이는 입고 있던 세마포 옷자락을 붙잡히자 그 옷을 벗어 던지고 벌거숭이가 된 채 도망쳤다고 자기 스스로 쓰고 있다. 성경에는 이런 제자들의 체면에 관계되는 일도 정직하게 기록하고 있다.

그래서 예수님은 대제사장 가야바의 저택으로 끌려 가셨다. 일단

도망쳤던 베드로는 조심스레 그 대제사장 집의 중간 뜰까지 접근하였다. 여기서 제사장들과 온 공회는 예수를 사형에 처하려고 이를테면 날조된 재판을 한밤중에 시작하였던 것이다. 위증자들이 차례차례 나왔다. 확실한 증거가 드러날 리 없었다. 어떤 불리한 증언에도 예수님은 항변하지 않았다.

　　대제사장이 다시 물었다.
　　"내가 살아계신 하나님께 맹세하고 그대에게 명령하니 대답하시오. 그대가 하나님의 아들이오?"
　　예수께서 그에게 대답하셨다.
　　"네 말대로다. 그러나 내가 이것을 너희에게 일러 둔다. 이제로부터 너희는 인자가 전능하신 이의 오른편에 앉아 있는 것과 또 그가 하늘 구름을 타고 오는 것을 볼 것이다."　　(마태복음 26장 63~64절)

　유대 민족에게 있어, 인간이 자신을 하나님의 아들이라고 하는 따위는 그것만으로도 바로 죽음에 해당하는 일이었다. 물론 예수님도 자신이 하나님의 아들이라고 공표하면 곧 죽음과 직결된다는 사실을 알고 있었다. 그러나 예수님은 단호하게 자신이 하나님의 아들임을 선언하셨다. 이러한 예수를 연약하고 무기력한 예수라고 평하는 사람이 있다. 그러나 죽이는 편에 서는 것보다 죽임을 당하는 쪽이 되려고 결단한다는 것은, 비교가 안 될 만큼 용기가 필요한 일이라고 나는 생각한다. 아무튼 예수님은 구약성경에 예언되어 있는 하나님의 아들 곧 구세주가 자기 자신이라는 것을 알고 계셨다.

　　그것은 다음과 같은 말로도 알 수 있다.
　　"일이 이렇게 된 것은 예언자들이 쓴 대로 성취되기 위함이다."
　　이 예수님의 재판 광경을 베드로는 바깥 뜰에서 불을 쬐면서 보고 있었다. 그러자 어떤 사람이 베드로를 가리키면서 말했다.
　　"너도 저 사람과 한 패지?"

베드로는 깜짝 놀라 엉겁결에

"당신이 무슨 말을 하고 있는지 도무지 모르겠는걸"하고 부정했다. 그리고 출입구 쪽으로 가자 이번에는 다른 사람이 베드로를 보고 또, "아, 이 사나이는 예수와 한 패야"하고 눈빛을 번득이면서 말했다.

점점 더 당황한 베드로는 "예수? 그런 사람은 알지도 못하는데…" 하고 고개를 가로저었다.

또 딴 사람이 말했다.

"너도 저 사람의 일당이지?"

"아니오, 저 사람에 대해서는 들어 본 적도 없소."

이렇게 말했을 때 닭이 울었다. 베드로는 정신이 번쩍 들었다. 최후의 만찬석상에서 베드로는 예수님께 이렇게 말했었다.

"비록 주님과 함께 죽는 한이 있더라도 결코 주님을 모른다고 하지 않겠습니다."

베드로는 사실 그때는 그렇게 생각하고 있었을 것이다. 그러나 예수님은 분명히 말씀하셨다.

"오늘 밤 닭 울기 전에 네가 세 번 나를 모른다고 말할 것이다."

예수님의 이 말씀이 꼭 들어맞은 것을 베드로는 깨달았다.

누가복음에는 그때의 일이 다음과 같이 쓰여 있다.

베드로가 그에게

"이 사람아, 나는 그대가 무슨 소리를 하는지 모르겠다"하고 말했다.

아직 베드로의 말이 채 끝나기 전에 닭이 울었다.

주께서 몸을 돌이켜 베드로를 똑바로 보았다.

베드로는 주께서 자기에게

"오늘 밤 닭 울기 전에 네가 세 번 나를 모른다고 말할 것이다"하신 말씀이 생각났다.

그래서 그는 밖으로 나가 통곡했다.　　(누가복음 22장 60~62절)

　베드로도 예수님을 배신했다. 그러나 유다처럼 절망하고 자살하지는 않았다. 도리어 회개하며 통곡했다. 울면서, 예수님을 따르겠다고 결심하였다. 이 두 사람의 회개의 차이에 어떤 큰 열쇠가 숨겨져 있지나 않을까.

6

예수의 죽음과 부활

예수의 죽음을 원하는 사람들의 음모

이 장의 원고를 쓰려고 준비하고 있던 참에 사야마 사건이 대법원에서 상고 기각된 것을 신문을 보고 알았다. 북해도 신문의 '탁상사계'(卓上四季) 난에도 다음과 같은 서두로 이 사건에 관해 쓰고 있다.

"어느 날 갑자기, 도무지 이유도 모르는 혐의로 체포되어 경찰관의 강요에 못 이겨 '자백'을 하고, 그에 맞추어 '증거'도 꾸며졌다. 최근의 재심 재판에서, 전쟁 전의 수사와 재판의 소름끼치는 암흑면이 뚜렷이 드러났다."

지금 나는 예수 그리스도를 십자가에 못박기에 이르는 재판의 기사를 더듬어 가고 있다. 재판의 과오는 2천 년 전의 먼 옛날부터 끊임없이 되풀이되고 있다.

그것은 왜 그런가? 그 오류의 대부분은 인간의 에고이즘에 기인한다. 무엇보다도 자신의 입장만을 두둔한다. 자신이 유리하면 그만이다. 옳은가 그른가는 둘째 문제다. 그것이 인간을 그릇되게 만든다. 예수의 사형을 판결짓는 데 큰 힘을 떨친 것은 첫째로 바리새파, 사두개파, 제사장, 학자들이며, 둘째로 그 제사장, 학자들의 충동을 받은 군중이며, 그리고 셋째로는 로마의 총독 빌라도였다.

바리새인이나 제사장들은 그 날 밤 겟세마네 동산에서 예수를 붙잡아 왔다. 그리하여 한밤중에 날조된 재판을 했다. 위증자가 여러 사람 등장하였다. 그러나 어느 증인의 증언도 일치하지 않았다.

그들은 마침내 "당신이 하나님의 아들 그리스도인가?" 하고 예수에게 심문하였다.

예수는 "그대가 말한 그대로다" 하고 대답하였다.

그들은 그 대답을 듣자마자 자기 옷을 찢으며(옷을 찢는 것은 하나님을 모독하는 말을 들었을 때 같은 경우에 하는 유대인의 관습임), "이 사람은 하나님을 모독했다. 죽음에 해당한다" 하고 예수를 죽이기로 결정하였다.

그 당시 로마제국은 피점령국 유대 백성이 그 종교상의 율법에 따라 사람을 돌로 쳐죽이는 것을 묵인해 왔다. 왜냐하면 그것은 정치상의 문제가 아니라 종교상의 문제였기 때문이다.

종교상의 문제에 점령군이 끼어들면 나중에는 수습하기가 어려워진다. 소련이 사할린을 점령하였을 때조차도 목사들에게는 관대하였음을, 나는 전에 사할린에 살던 어느 목사에게서 들은 적이 있다.

특히 유대 나라처럼 지극히 종교적인 나라에서는 종교에 관한 문제는 유대인 자신에게 내맡겨 버리는 편이 상책이었다. 그러나 제사장이나 학자들은 예수를 자기네들의 손으로 린치(私刑)하지 않고, 이를 총독 빌라도의 손에 넘겼다.

왜 거침없이 예수를 돌로 쳐죽이지 않았던가? 아마 그것은 예수를 그리스도라고 믿고 있는 군중의 보복이 무서워서였을 것이다. 군중이 시끄럽게 굴면 자기네들도 소란죄에 말려들게 될 것을 두려워

했기 때문이기도 했을 것이다.

> 밤이 지새자 대제사장과 백성의 장로들이 함께 모여 예수를 죽일 계획을 짠 후에 예수를 결박하여 끌고 로마 총독 빌라도에게 넘겨주었다.
> (마태복음 27장 1~2절)

> 무리가 일어나 예수를 빌라도 앞에 데리고 갔다. 그리고 그들이 예수를 고소하여 "우리는 이 사람이 우리 국가를 전복시키고 가이사에게 세금 바치는 것을 반대하고 자칭 그리스도, 왕이라고 하는 것을 알게 되었습니다"하고 증언하였다.
> (누가복음 23장 1~2절)

먼저 '밤이 지새자' 라는 말에 관해서다. 당시의 관습을 잘 모르는 나는 이 말을 아무 생각 없이 읽고 지나쳐 버리곤 했다.

그러나 마가복음을 보아도

> 밤이 지새자

라고 되어있고, 누가복음에도

> 밤이 지새자

라고 기록되어 있고, 요한복음에도

> 시각은 밤이 지샐 때였다

고 쓰여 있다.

왜 네 복음서가 모두 '밤이 지새자' 라고 기록하여야만 했던가. 율법에 따르면 밤중의 재판은 무효였다. 그래서 누가복음에도 밤이 지새고 나서 제사장이 다시 한 번 예수를 재판하고 있는 장면이 나온다. 즉, 밤중의 재판이 무효가 되지 않게 하기 위한 형식적인 재판이었다. 그들로서는 밤중에라도 예수를 빌라도에게 끌어가고 싶었을 것이다. 그러나 정식 재판은 아침이 되지 않으면 시작하지 못한다. 그래서 날이 샐 때까지 기다렸다가 나갔다는 것인데, 그렇다면 왜 낮까지 기다리지 못했는가. 또는 며칠 후라도 괜찮았을 것이 아닌가. 왜 이른 아침에 빌라도의 관저로 달려갔는가. 그것은 예수를 따르는 군중들에게 들키지 않기 위함이었으며, 유월절 전날(유월절에는 군중이 모여든다) 예수를 처형해 버리고 싶었을 것이기 때문이다. '밤이 지새자'라는 말에는 이러한 그들의 사정이 내포되어 있었던 것이다.

그를 십자가에 못박으라

그들이 예수를 고소한 이유는

> 백성을 미혹하고 가이사에게 세금 바치는 것을 반대하고 자칭 그리스도, 왕이라고 하였다

는 것이다. 이것은 자기네 종교상의 문제로부터, 로마제국에의 반역죄, 즉 정치상의 문제로 슬쩍 바꾸어 놓기 위한 고소였다. 세금 바치는 것을 금한다는 것은 명백히 로마제국의 불리를 도모하는 것이며, 백성을 미혹하는 일은 정치적인 불안을 빚어내는 선동의 일종이다. 이런 인물이 자신을 왕으로 자칭한다는 것은 분명히 로마제국의 정치적 반역이라는 말이 된다. 종교상의 문제는 로마제국이 될 수 있는 대로 건드리지 않기로 한다는 것을 알고 있으면서 제기하는 고발이다.

빌라도는 예수에게 물었다.

"대체, 네가 무슨 일을 했느냐?"

예수께서 대답하셨다.

"내 나라는 이 세상에 속한 것이 아니다. 내 나라가 세상에 속한 것이라면 내 부하들이 싸워 나를 유대 사람들의 손에 넘어가지 않게 했을 것이다. 그러나 내 나라는 이 세상에 속한 것이 아니다."

빌라도가 예수께 "그러면 네가 왕이냐?"하고 물으니 예수께서 대답하셨다.

"네가 말한 대로 나는 왕이다. 나는 진리를 증거하려고 났으며 진리를

증거하려고 세상에 왔다. 진리에 속한 사람은 누구나 내 음성을 듣는다."

빌라도는 예수께 "진리가 무엇이냐?"하고 물었다.

빌라도는 이 말을 하고 다시 유대 사람들에게 나와서 말했다.

"나는 이 사람에게서 아무 죄도 찾지 못하겠다."

(요한복음 18장 3~8절)

빌라도는 예수를 심문하고 있는 동안에 예수님이 이 세상적인 반역을 모의한 사람이 아닐 뿐더러, 이 세상적인 왕이 되려고 하는 사람도 아니라는 것을 알게 되었다. 예수님이 "내 나라는 이 세상에 속한 것이 아니다"라고 분명히 말씀하셨기 때문이다.

마태복음 27장 18절에는

> 그들이 예수를 자기에게 끌고 온 것이 질투 때문이었음을 잘 알고 있었다

라고 쓰여 있듯이, 그는 유대인들의 예수에 대한 추악한 질투심을 잘 알고 있었던 것이다. 그러나 제사장들은 빌라도가 예수에게서 아무런 죄도 찾지 못하겠더라고 주장한 데 대하여 점점 더 시끄럽게 떠들어 댔다. 그리고 더욱이 예수님이 갈릴리 사람이라는 말까지 했다. 그것은 갈릴리는 선동자의 발상지로 유명했기 때문이라고 버클리는 해설하고 있다.

예수님이 갈릴리 지방 출신이라는 말을 듣고 빌라도는 한 꾀를 짜내었다. 때마침 그때 갈릴리의 영주(領主) 헤롯이 예루살렘에 와 있었던 것이다. 아마 유월절을 지키기 위하여 헤롯도 와 있었을지 모른다. 헤롯의 관저는 빌라도의 관저에서 약 3백 미터쯤 떨어진 곳에 있었다고 한다. 헤롯은 로마제국의 사람이 아니다.

빌라도는 헤롯에게 동족을 심판케 하려고 했던 것이다. 즉, 빌라도는 헤롯에게 짐을 떠넘기려 했던 것이다.

빌라도에게서 넘겨져 온 예수님을 보고 헤롯은 몹시 기뻐했다고 성경에는 쓰여 있다. 그것은 결코 예수님께 대한 신앙 때문이 아니라 호기심에서였다. 예수님이 베푸신 갖가지 기적의 소문을 여러 번 들어서 알고 있었기 때문에 예수님이 자기 눈앞에서 기적을 보여 주리라 생각했던 것이다. 헤롯은 예수님께 이것저것 질문을 하였다. 하지만 한마디도 대답하시지 않았다. 예수에 대한 헤롯의 질문은 대답할 가치도 없었다.

하나님께 대한 우리 인간의 태도가 단순한 호기심이나 기적에 대한 관심뿐이라면 이 헤롯과 마찬가지로, 하나님께로부터 어떠한 응답도 받지 못하고 말 것이다. 하나님은 그런 태도로 나오는 사람에게는 종종 침묵하시는 수가 있다. 아무런 대답도 하시지 않고, 아무런 기적도 보여 주시지 않는 예수에게 헤롯은 실망한 나머지, 병사들과 한 덩어리가 되어,

> 예수를 모욕하기도 하고 조롱하기도 한 끝이 화려한 옷을 입혀 빌라도에게 되돌려 보냈다

고 성경은 기록하고 있다. 그리고 나서 다음과 같은 흥미 있는 한 줄을 덧붙이고 있다. 즉,

> 헤롯과 빌라도가 전에는 서로 원수였으나 바로 그 날에 친구가 되었다.
> (누가복음 23장 13절)

빌라도는 로마의 권력을 등에 업고 있는 총독이고, 헤롯은 피점령국의 한 영주에 불과하다. 반목하고 있었을 것은 당연하다. 그랬는데 고소를 당한 예수님을 가운데 두고 친구가 되었다고 하는 것은 두 사람이 똑같은 입장에 서 있었기 때문일까. 흔히, 별로 친하지도 않은 동료들이 상급자를 함께 욕하다 보면 어느새 친해지는 것과 비슷하다. 헤롯에게도 예수를 보냈으나 헤롯 역시 예수에게서 죄를 찾아 내지 못했기 때문에 되돌려 보내졌다. 그래서 빌라도는 제사장과

장로들에게 말하였다.

"그대들은 이 사람이 백성을 그릇 인도하는 자라 하여 내게 끌고 왔으나 그대들이 보는 대로 내가 그대들 있는 데서 친히 심문해 보았는데 그대들의 고소를 입증할 만한 것을 이 사람에게서 찾지 못하였소. 헤롯도 역시 증거를 찾지 못하여 그를 우리에게 돌려 보낸 것이오. 분명히 이 사람은 사형을 받을 만한 일을 하나도 행한 것이 없소. 그러므로 나는 이 사람을 매질하여 놓아 주겠소."

그러자 그들은 일제히 큰소리로

"이 사람을 죽이고 바라바를 놓아 주시오"하고 말했다.

바라바는 그 도시에서 일어난 폭동과 살인 혐의로 감옥에 갇혀 있는 사람이었다. 빌라도는 예수를 놓아 줄 뜻을 다시 그들에게 밝혔으나 그들은 더욱 큰소리로

"그를 십자가에 못박으시오. 그를 십자가에 못박으시오"하고 외쳤다.

빌라도가 세 번째 그들에게 말했다.

"대체 이 사람이 무슨 죄를 범했단 말이오? 나는 그에게서 아무런 죽을 죄를 찾지 못했소. 그러므로 그를 매질하여 놓아 줄까 하오."

그러나 그들은 자기들의 요구를 고집하여 예수를 십자가에 못박아야 한다고 큰 소리로 우겨댔다. 그래서 기어이 그들의 소리가 이겼다.

빌라도는 마침내 그들의 요구대로 할 것을 선언한 다음에 폭동과 살인 혐의로 감옥에 갇혀 있는 자, 곧 그들이 놓아 달라는 자를 놓아 주고 예수는 그들의 원대로 내어 주었다. (누가복음 23장 14~25절)

한편, 마가복음에 따르면 빌라도는 군중을 만족시키려고 바라바를 놓아 주고 예수를 십자가에 못박았다고 되어 있으며, 또 요한의 기록에 따르면 그들은 빌라도를 향하여

"만일 이 사람을 놓아 주면 당신은 가이사의 충신이 아니오"라고 위협한 말이 기록되어 있다.

그 당시 유대인들은 총독을 로마정부에 고발할 권리를 갖고 있었다. 빌라도에게는 이 군중이 자기를 본국 정부에 어떻게 고발할지, 그것이 불안하였다. 사실 과거에 빌라도는, 로마 정부의 귀에 들어갔더라면 실각했을 과오를 두 번이나 저질렀다고 한다. 빌라도는 예수님의 목숨보다는 자신의 지위가 더 중요했던 것이다.

골고다 언덕에서의 최후의 드라마

그런데 이 십자가에 못박으라고 외친 군중은, 예수님이 나귀 새끼를 타고 예루살렘으로 입성하실 때 '호산나, 호산나' 하고 열광적으로 외치던 바로 그 군중이라고 하는 설이 있다. 그러나 나는 그렇게는 생각지 않는다. 예수를 사형에 넘기기 위하여 제사장들에게 매수된 군중이라고 생각한다.

만일 그같이 마음이 변하기 쉬운 군중이 예수님의 신자였다면 구태여 밤중에 예수님을 붙잡고, 밤중에 날조된 재판을 벌이고, 밤이 새자마자 서둘러 빌라도에게 쫓아 보낼 필요는 없었을 것이다. 그들은 예수를 사모하는 군중을 무서워하였기 때문에 이같이 허둥지둥 서둘러 일을 꾸몄던 것이 아닐까.

십자가의 죽음으로 결판난 예수님의 그늘에 바라바가 있었다. 「바라바」라는 소설이 출판되어 있지만, 이 바라바가 어떻게 살았는지는 누구에게나 흥미있는 일이다. 그는 그 때까지 자기가 처형될 날만을 이제나 저제나 하고 기다리고 있던 죄수다. 그랬는데 뜻밖에도 갑자기 석방되었다. 그리고 전혀 죄가 없는 예수님이 십자가에 못박혔다. 이를테면 자기 몸 대신에 예수님이 죽었다. 그것을 깊이 마음 속에 느껴 감사하면서 새 생활로 들어섰을지, 그렇지 않으면 '그것 참 잘됐다'고 하며, 술로써 자축연을 벌였을지, 그것은 아무도 모른다. 그러나 나는 생각해 본다.

이 바라바야말로 우리 인간 한 사람 한 사람이라고. 왜냐하면 우리 인간은, 하나님의 눈으로 보면 죽음에 해당하리만큼 큰 죄인이기 때문이다. 그러한 우리를, 십자가에 못박힌 예수님을 믿음으로 말미암아, 하나님께서는 죄 없는 자로 만들어, 영원한 구원에 들어가게 하시기 때문이다. 우리는 무엇 하나 하나님께 용서받을 만한 좋은 일을 한 적이 없다. 아니, 아무리 좋은 일을 했다고 하더라도 우리의 죄를 없이 할 정도로 선을 쌓을 수는 없다.

그런 우리 인간을 대신하여 예수님이 십자가에 못박혔다. 그러기에 우리 인간은 이 바라바와 똑같은 처지에 있다. 그러나 우리는 자기와 예수와는 전혀 관계가 없는 것처럼 살 수도 있다. 그것은 정말 무서울 정도의 자유다.

사형의 판결이 내려진 예수는 곧, 골고다라는 언덕으로 이끌려 올라갔다. 골고다란 말의 뜻은 해골인데, 이는 그 형태가 해골을 닮았기 때문에 그렇게 붙여진 이름이라고 한다. 형장(刑場)은 빌라도의 관저에서 4백 미터쯤 되는 지점인데, 꼬불꼬불한 길이기 때문에 8백 미터 정도를 걸었을 것이라고 어떤 사람은 쓰고 있다.

> 마침 알렉산더와 루포의 아버지 구레네 시몬이라는 사람이 시골에서 올라오는 길에 그곳을 지나가고 있었는데, 사람들은 그를 붙들어 억지로 예수의 십자가를 지고 가게 했다.
>
> 그들은 예수를 끌고 골고다라는 곳으로 갔다. 골고다는 번역하면 해골의 곳이라는 말이다. 그리고 몰약을 타서 예수께 드렸으나 마시지 않았다.   (마가복음 15장 21~23절)
>
> 다른 죄수 두 사람도 사형장으로 예수와 함께 끌려가고 있었다. 그들이 해골이라는 곳에 이르러 예수를 십자가에 달고 함께 끌려간 죄수도 하나는 그의 오른편에, 하나는 그의 왼편에 달았다(한가운데는 가장 중죄인의 위치였다고 한다).

그때 예수께서 말씀하셨다.

"아버지, 저 사람들을 용서하여 주시옵소서. 그들은 자기들이 무슨 일을 하는지 알지 못하옵니다."

그들은 예수의 옷을 제비 뽑아 자기들끼리 나누었다.

(누가복음 23장 32~34절)

지나가던 사람들이 머리를 내저으며 예수를 모욕하여 말하였다.(중략) 대제사장들도 율법학자들과 장로들과 함께 이처럼 조롱하며 말하였다. "그가 남은 구원했으나 자기 자신은 구원하지 못하는구나! 이스라엘 왕이여, 지금 십자가에서 내려오시지! 그러면 우리가 믿겠는데."

(마태복음 27장 39~42절)

예수와 함께 달린 죄수 중의 하나는

"당신이 그리스도가 아니오? 당신 자신을 구원하고 또 우리를 구원하시오"하고 예수를 조롱하였다.

그러나 다른 죄수는 날카롭게 반박했다.

"너는 하나님이 두렵지 않느냐? 너도 그와 같은 선고를 받고 있지 않느냐? 우리는 우리의 범죄로 그 보응을 받지만 이 분은 아무것도 잘못한 일이 없지 않느냐?"

그리고 나서 말했다.

"예수님, 당신이 당신의 나라에 들어가실 때에 저를 기억해 주십시오."

예수께서 대답하셨다.

"내가 진정으로 네게 말한다. 너는 오늘 나와 함께 낙원에 있게 될 것이다." (누가복음 23장 39~43절)

낮 열두 시부터 어둠이 온 땅을 덮어 오후 세 시까지 계속되었다. 세 시쯤에 예수께서 큰소리로 "엘리 엘리 라마 사박다니"하고 부르짖었다. 그것은 "나의 하나님, 나의 하나님, 어찌하여 나를 버리셨습니까?"라는 뜻이다.

(마태복음 27장 45~46절)

이상이 인류 역사상 가장 중요한 사건이라고 일컬어지는 예수의 최후 모습이다.

인류의 죄를 짊어진 예수의 죽음

십자가의 처형은 페르시아에서부터 시작되었다고 한다. 죄인의 더러움을 땅에 남기지 않기 위하여 지면에서 높이 들어 올려 거기서 죽였다고 한다. 그토록 미움을 받는 극악한 죄인이 십자가에서 죽었다. 그것도 신분이 천한 사람만 받는 형벌이고, 로마 시민권을 가진 사람은 십자가에 달아서는 안 된다고 하는 규정이 있었다고 한다.

처형하는 날, 십자가의 세로나무는 먼저 형장에 세워지고, 가로나무는 죄인 또는 짐꾼이 메고 갔다고 한다. 그 날 처음 예수님은 무거운 가로나무를 짊어지고 빌라도의 관저를 나섰다.

예수님이 약해서 그랬는지, 그렇지 않으면 남몰래 예수님에게 마음을 쏟는 감독자가, 무거운 가로나무를 짊어지고 예수님이 비틀거리는 것을 차마 못 보겠던지, 때마침 그 곳을 지나가던 사나이에게 그것을 지고 가게 하였다.

성경에는 알렉산더와 루포의 아버지 시몬이라고 그의 이름이 적혀 있다. 복음서는 초대 교회의 신도들에게 보내어진 글이므로 그 당시 사람들은 모두 알고 있던 이름이었을 것이다. 다른 곳에도 루포의 이름이 나오는 것을 보아서(로마서 16장 13절) 유명한 신자였으리라고 생각된다. 아마도 아버지인 시몬이 십자가를 졌다는 사실과, 그 자녀들의 신앙과는 관계가 없지 않았으리라 생각된다. 그리고 구레네의 북아프리카의 한 지방 이름이다.

예수님은 십자가 위에서 몰약을 탄 포도주를 마시지 않았다. 몰약은 일종의 마약이었다. 못박히는 데서 오는 고통을 완화시켜 주는 마약이었다. 그것은 반드시 범죄인의 고통을 덜어 주자는 동정심에서 나온 마약이 아니라, 로마 병사들이 죄인을 처형하기 쉽게 하기 위한 것이었다고 한다. 그것을 받지 않았던 것은 예수님이 자기가 받을 고통을 외면하려 하지 않았음을 뜻한다. 인류가 받아야 할 형벌을 조금도 감하지 않고 충분히 받겠다고 하는 결의의 표현이었다. 그 아픔을 견디어 내는 정신력의 표현이기도 했다. 인류가 받아야 할 벌은 마약으로 경감시킬 성질의 것이 아니었다.

그러나 그 예수님이 최후에
"나의 하나님, 나의 하나님, 어찌하여 나를 버리셨습니까?"
하고 외치셨다. 이 말씀을 맨 처음 읽었을 때 나는 아무래도 알 수 없었다. 솔직한 얘기로 실망조차 느꼈다. 이것이 하나님의 아들 예수의 마지막 말씀인가? 죽음을 눈앞에 두고 얼마나 나약한 말을 토로했는가. 나는 측은한 느낌마저 들었다. 그러나 나는 그때, 아직 예수의 죽음이 나 자신과는 아무 관련이 없는 것이라고 생각하고 있었다. 예수의 죽음을 예수 개인 위에만 일어난 것으로 생각하고 있었던 것이다. 그러나 그 십자가에 달려야 할 자는 죄 많은 우리 인간들이며, 그런 우리를 대신하여 예수님이 십자가에 달리셨음을 알았을 때 비로소 이 말씀에 담긴 뜻을 알았다. 인류에게 있어 가장 견디기 어려운 고통은 하나님과의 단절일 것이다.

그런 가장 견디기 어려운 단절의 고통을 예수님은 참으로 인류를 대신하여 맛보셨던 것이다. 즉, 우리 인간이 받아야 할 벌을 한 방울도 남김없이 완전히 받으셨음을 이 말씀은 의미하고 있다.

장로나 제사장은, 십자가에서 내려오면 믿겠다고 말하며 예수님을 비웃었다. 그러나 그들은, 만일 예수님이 십자가에서 내려왔다면 정말로 믿었을까? 아니, 믿었을지도 모른다. 그러나 예수를 믿는 것은 십자가에서 예수님이 내려오시지 않았기 때문이다. 나 자신의 죄를 고스란히 그대로 예수님이 그 몸에 짊어져 주셨기 때문이다.

그런데 십자가 위에서 예수님이 하신 말씀이 일곱 가지 있다. 그 일곱 마디 중에서도 내가 가장 큰 감명을 받은 것은 지금 말한 비통한 외침과 "아버지, 저 사람들을 용서하여 주시옵소서. 그들은 자기들이 무슨 일을 하는지 알지 못하옵니다."

· 예수의 최후의 만찬부터 십자가에 이르기까지의 시간적 경과 일람

목요일 저녁	최후의 만찬이 시작됨.
금요일 8시 반경까지	만찬과 설교가 시작됨. 소요시간 약 3시간. 그 사이 유다가 배반하기 위해 자리를 뜸.
금요일 9~10시경	겟세마네 동산에서의 예수의 기도
금요일 10시 지나	예수가 잡히심. 동산에서 가야바 관저까지 가는 시간 50분간.
금요일 11시 지나	가야바 관저에서 심야의 심문 시작됨. 베드로의 부인. 닭 울다.
금요일 아침 7시경	빌라도 관저에서 재판. 가야바 관저까지 약 5백 미터.
금요일 8시 지나	헤롯 관저에 넘겨졌다가 곧 다시 돌아옴. 빌라도 관저와 헤롯 관저는 3백 미터.
금요일 8시 40분경	골고다 형장을 빌라도 관저에서 4백 미터. 굽은 길이므로 8백 미터쯤 걸은 것으로 추정됨.
금요일 9시	십자가에 달림.
금요일 12~3시	흑암과 뇌성이 천지를 뒤덮음.
금요일 3시	예수 운명하심.

※주 : 이상 약 22시간 사이의 사건.
　　　유대의 하루는 저녁 6시부터 이튿날 아침 6시까지로 마침.
　　　(犬養道子씨 지음「신약성경 이야기」참조)

하는 놀라운 말씀이었다. 예수님은 "너의 원수를 사랑하라"고 가르치셨다. 또 남을 일흔 번씩 일곱 번 용서하라고 말씀하셨다. 입으로 사랑을 말하기는 쉽다. 그러나 사랑을 실천한다는 것은 우리 인간에게 있어 무엇보다도 어렵다. 거짓말을 하지 않고 일생을 보내려고 결심하면 혹시 거짓말을 하지 않을 수도 있을지 모른다. 그러나 어떤 때에라도 사람을 사랑할 수 있는가 하면 그것은 결코 되지 않는다. 그러나 예수님은 그 입으로 가르치신 말씀대로 사람을 사랑하셨다. 이 십자가 위에서의 말씀에, 노여움이나 원한이 조금이라도 섞여 있는가? 이것은 그야말로 자애가 넘치는 말씀이다.

"아버지, 죄 많은 저 사람들을 용서하여 주시옵소서."
라고도 말씀하시지 않았다.

"그들은 자기들이 무슨 일을 하는지 알지 못하옵니다."

어머니가 어린 아이를 대하는 것 같은 자애가 스며 있는 말씀이다. 어느 누가 방금 자기를 십자가에 못박은 인간들을 앞에 두고, 그것도 조롱하고 욕하는 자들을 위하여 이런 기도를 드릴 수 있는가. 이야말로 하나님의 품성이 아니고 무엇이 하나님의 품성인가. 이 중보의 기도야말로 나로 하여금 세례를 받도록 유도한 말씀이었다.

이리하여 예수님은 마침내 죽으셨다. 로마군의 백부장이
"이 사람은 참으로 하나님의 사람이었다"고 경탄하리만큼 위대한 죽음이었다.

예수의 부활의 의미

그러나 이것으로 모든 것이 끝났던 것은 아니다. 여기에서 인류의 새 역사가 시작되었던 것이다. 예수님이 아무리 위대한 인물이었다 해도 십자가 위에서 인류의 죄를 담당하지 않았다면 세계의 역사를 바꿀 만한 존재는 되지 못했을 것이다.

또 예수님의 죽음이 단순한 죽음이고, 그 죽음으로 모든 것이 끝나고 말았다면 오늘날까지의 2천 년 동안 기독교는 계속되지 않았을 것이다. 기독교의 중심은 이 십자가의 죽음과 그리고 생전에 예수님 자신이 예언하였 듯이, 3일 만에 다시 살아났다고 하는 부활의 사실이다.

그런데 이 세상에서 가장 믿어지지 않는 것치고 예수님의 부활만큼 믿어지지 않는 사건은 없을지 모른다. 사실대로 털어 놓자면, 나 자신도 부활이 믿어지지 않던 몇 년의 세월이 있었다.

세례를 받던 때에도 나는 부활을 믿은 것이 아니라, 십자가로 말미암은 나 자신의 죄의 용서를 믿은 것이었다. 아니, 성경을 읽어보면 사도들조차도 그렇게 쉽사리 예수의 부활을 믿지는 않았음을 알 수 있다.

주간 첫날 이른 새벽에 여인들은 준비한 향료를 가지고 무덤으로 갔다. 여인들은 무덤을 막은 돌이 이미 옮겨져 있는 것을 보고 안으로 들어갔으나 주 예수의 시체는 보이지 않았다. 그래서 그들이 어떻게 할지 모르고 있었는데 그때에 빛나는 옷을 입은 두 사람이 그들 앞에 나타났다. 여인들이 두려워 엎드러져서 얼굴을 땅에 대고 있는데 빛나는 옷을 입은 사람이 말했다.

"어찌하여 산 자를 죽은 자 가운데서 찾고 있느냐? 그분은 여기 계시지 않고 다시 살아나셨다. 갈릴리에 계셨을 때에 너희에게 하신 말씀을 기억하라. 인자가 반드시 죄인의 손에 넘어가 십자가에 달렸다가 사흘 만에 다시 살아나야 한다고 하시지 않았는가."

여인들은 예수의 말씀을 기억하고 무덤에서 돌아와 열한 제자와 그 밖의 모든 사람에게 이 일을 낱낱이 알렸다. 그 여인들은 막달라 마리아와 요안나와 야고보의 어머니인 마리아였다. 이 여인들과 함께 있던 다른 여인들도 이 일을 사도들에게 말했다. 그러나 사도들에게는 그 말이 정신 없는 말로 들려 믿으려 하지 않았다.　　(누가복음 24장 1~11절)

사도들에게조차 어리석은 이야기같이 생각되었다고 기록되어 있다. 더욱이 요한복음에는 다음과 같이 쓰여 있다.

열두 제자 중의 하나로서 디두모라고 부르는 도마는 예수께서 오셨을 때 그들과 함께 있지 않았다. 다른 제자들이 그에게

"우리는 주님을 보았소"하고 말했다. 그러나 도마는 그들에게

"나는 내 눈으로 그의 손에서 못자국을 보고, 내 손가락을 그 못자국에 넣어 보고, 또 내 손을 그의 옆구리에 넣어 보지 않고는 결코 믿지 못하겠소"하고 말했다.　　(요한복음 20장 24~25절)

1주일 후, 도마가 있는 곳에 예수님이 나타나, 도마가 예수님 앞에서 "나의 주님, 나의 하나님"하고 엎드렸을 때 예수님은 도마에게 말씀하셨다.

"너는 나를 보았기 때문에 믿느냐? 보지 않고 믿는 사람은 복 되다."

이 도마를 의심 많은 도마라고 부르는 사람이 있으나, 과연 도마만이 의심 많은 사람일까? 베드로나 마태라 하더라도 부활의 예수님을 직접 보지 못했더라면 도마처럼 의심하지 않았을까? 실제로 마태복음에는 여인들의 말을 어리석은 말로 생각했다고 쓰여 있다.

부활이 제자들을 바꾸어 놓다

도마는 후에 인도에서 순교했다고 하는 설도 있는데, 그것은 도마의 그 후의 신앙이 어떠했는가를 말해 주는 것이다. 어쨌든 예수님이 십자가에 못박히던 때에는 제자들은 모두 예수님을 버리고 도망쳤었다. 베드로조차 예수를 세 번이나 부인하였다. 마가도 벗은 채로 도망쳤다. 그리고 예수님이 죽은 후에는 유대인이 무서워서,

자기들이 있는 곳의 문을 모두 걸어 잠그고 있었다. 벌벌 떨면서 예수로 인한 환난의 여파가 자기네들에게 미칠까 봐 두려워하고 있었다. 그것은 그들이 십자가의 죽음의 의미를 몰랐고, 더구나 예수님의 말씀대로 예수님이 부활하리라고는 도저히 믿고 있지 않았기 때문일 것이다.

이같이 나약하고도 믿음이 옅은 사나이들이 예수의 직제자였다. 그러나 이토록 나약한 줄로만 여겼던 제자들이, 한 사람만을 제외하고, 열 사람이나 후에 순교했던 것이다. 그들의 눈부신 활약상은 사도행전에 생생하게 묘사되어 있다.

내가 세례를 받던 해 정월, 나는 그 당시 아사히가와의 한 병원에 입원해 있었다. 그 곳에 목사님을 초빙하여 나는 환자들을 위한 특별집회를 열었다. 같은 병동에 있는 사람들이 남녀 할 것 없이 거의 모두 성경을 샀다. 그 가운데는 위암으로 위를 잘라 낸 사람도 있었는데 그 사람이 가장 열심히 성경을 읽었다. 두 달도 채 못 되어서 신약성경을 두 번 읽고 사도들의 이름도 줄줄 외웠다. 그리고 나에게 이렇게 말하였다.

"그리스도가 죽으시던 무렵의 제자들은 나약한 사람들이었지만, 죽으신 후의 제자들은 딴 사람처럼 강했다. 무엇이 그토록 제자들을 강하게 만들었는가. 그것은 역시 그리스도의 부활이었다고 생각한다."

또한 그는

"나는 그 후의 제자들의 활약상을 보면 예수님의 부활을 믿을 수가 있다"고 말하기도 했다.

내가 지금 부활을 믿는 것도, 이 사람이 말한 것처럼 사도행전에 나오는 제자들이 딴 사람같이 변화된 생활상을 보았기 때문이다. 배신하거나, 뿔뿔이 흩어졌던 제자들이 어떻게 해서 그토록 강해졌는

가. 그렇게 생각할 때 예수의 사후 그 무엇인가가 일어났었다고 생각하는 수밖에 달리 추측할 길이 없다. 그 무엇이란 도대체 무엇인가. 그것은 성경에 기록되어 있듯이 예수님의 부활이었다고 나는 생각한다. 성경에는 예수님이 그 후에 한 사람 또는 여러 사람, 그리고 수백 명 앞에 부활하신 모습으로 나타나셨다고 기록되어 있다. 이 부활로 말미암아 제자들은 구약성경에 예언되어 온 구주가 바로 예수였음을 확신할 수 있었던 것이 아닐까.

구약 성경에는 구주가 어떻게 이 세상에 오실 것과 어떤 최후를 마치실 것과, 그리고 어떻게 부활하실는지가 예언되어 있다. 예수님은 그 예언대로 오시고, 떠나시고, 그리고 부활하셨다. 즉, 예언은 모조리 성취되었다. 예수가 바로 그 구주 그리스도이시라는 것을 알게 된 제자들이, 비록 거꾸로 십자가에 못박히는 한이 있어도, 그리스도를 끝까지 따랐던 것은 조금도 이상한 일이 아니다. 사도행전에서 우리는 예수님의 부활을 다시금 새롭게 확인하고자 한다.

7
사도행전

새 역사의 시작

이시가와 씨의 소설에 「사도행전」이란 중편이 있다. 그것은 한 그리스도인의 생애를 그린 것인데, 그 소설을 나는 오랫동안 찾고 있었다. 몇해 전 문학가협회의 파티 석상에서 그 분을 만났을 때, 그 책을 어떻게 하면 입수할 수 있는지 물어 보았다. 그러나 유감스럽게도 절판되었기 때문에 여간해서 구하기 어렵다는 것이다. 그런데 올해 어떤 열성적인 독자가 나에게 보내 주었다. 내가 어떤 곳에 이시가와 씨의 「사도행전」을 읽어 보고 싶다고 쓴 것을 보고 보내 주었던 것이다.

왜 나는 그의 소설 「사도행전」을 읽어 보고 싶었는가. 그것은 성경 가운데 사도행전이라는 한 부분이 있기 때문이다.

나는 전에 예수님이 십자가에서 돌아가신 후의 글에서

"이것으로 모든 것이 끝장난 것은 아니었다. 여기에서 인류의 새 역사가 시작되는 것이다"라고 썼는데, 사도행전이야말로 바로 그 새 역사의 시작을 알리고 있다.

사도라는 말에는 여러 가지 해석이 있다. 참된 그리스도인이라든가, 전도자, 교회의 대표자 등을 가리킨다고도 하지만, 이 사도행전의 경우는 열두 사도 및 바울, 그 밖에 그 당시의 주요한 지도자들을 가리키고 있다. 또 행전이란, 행동, 행위, 혹은 활동을 전하는 기록이라고 말해도 좋을 것이라고 생각한다. 즉, '사도들의 활약'이라고 제목을 붙여도 좋을 것이다.

어떤 학자는
"사람들은 어떻게 복음을 예루살렘에서 로마까지 전하였는가"라는 제목을 달아야 한다고 말했다고 한다. 아무튼 사람들이 예루살렘에서부터 그리스도의 복음을 전파하기 시작하였다. 그것이 로마제국에 미치기까지의 사도들의 노고, 신앙, 기쁨이 이 사도행전에는 기록되어 있다.

이 행전의 저자는 누가복음을 쓴 누가로 되어 있다. 즉, 누가복음의 속편이 사도행전인 셈이다. "본편보다 나은 속편은 없다"는 말이 있기는 하지만, 우리는 신약성경에 누가복음이 없는 경우를 상상할 수는 있어도, 사도행전 없는 신약성경은 상상할 수가 없다.

그만큼 사도행전은 신약성경 가운데서 없어서는 안 될 중요한 기록이며, 본편보다 나으면 나았지 결코 못하지 않은 속편이다.

누가는 의사인 동시에 역사가였다고 한다. 역사가와 의사는 둘 다 많은 자료를 수집하여 냉철한 판단을 내린다는 공통점이 있다. 그 당시 누가가 수집한 역사 자료들은 아마 그 시대의 자료 중에서 가장 훌륭한 것이었으리라.

옥중에서 쓰여진 책

이 사도행전을 대충 분류해 보면, 1장에서 12장까지는 예수의 직제자 베드로를 중심으로 쓰여졌고, 13장부터 28장까지는 바울을 중심으로 쓰여진 글이다.

바울이란 지금까지 우리가 읽어 온 복음서에는 그 이름이 한 번도 나오지 않은 사람이다. 말하자면 새 얼굴인 셈인데, 그런데도 그는 참으로 위대한 일을 한 사람이며, 이 사도행전 다음에 있는 서신집인 로마서, 고린도서, 갈라디아서 등, 서신의 대부분을 쓴 대사도이다. 즉, 후대의 그리스도인들은 모두 바울의 영향을 크게 받아 믿음이 튼튼해졌다. 그에 관해서는 뒤에 다시 이야기하겠지만 그는 처음에는 그리스도교를 박해하는 데 앞장섰던 열렬한 바리새파 사람이었다.

사도행전은 다음과 같은 말로 시작된다.

> 데오빌로여, 나는 첫번째 글에서 예수께서 행하시고 가르치시기 시작한 것으로부터 그가 택하신 사도들에게 성령을 통하여 명령하신 후에 하늘로 올라가신 날까지 된 모든 일을 기록했습니다.
>
> (사도행전 1장 1~2절)

'데오빌로여'라고 부르고 있는 것을 보면 이것은 이를테면 수신인이 있다는 말이다. 이 데오빌로라는 이름은 누가복음 첫머리에도 나오는데, 거기에는 '데오빌로 각하'라고 되어 있다.

데오빌로란 대체 누구인가. 여러 가지 설이 있으나 아마도 그 당시 로마 정부의 고관이었으리라고 짐작된다.

이 사도행전은 누가가 바울과 함께 로마 옥중에 갇혀 있던 때에 쓰여진 것이라고 하므로, 박해를 한창 받던 때에 쓰여진 것 같다. 그러므로 누가가 그리스도교를 변증하기 위하여 쓴 것이 아닐까 하고 한 해설서에는 기록되어 있다. 그리고 그리스도교가 결코 유대민족만의 종교가 아니라, 세계 모든 나라의 종교임을 전편을 통하여 논하고 있다고도 말할 수 있다.

또한 데오빌로란 가공의 이름이었다는 설도 있다. 왜냐하면 그리스도교를 믿는 일은 비록 고난이라 하더라도 위험한 시대였기 때문에 본명을 쓰는 것을 삼갔을 것이기 때문이다. 더구나 데오빌로라는 이름은 '하나님을 사랑한다'는 뜻이므로, 특정한 인물은 아니었을지도 모른다.

여기서 첫번째 글이라고 한 것은 누가복음을 가리킨다. 사도행전 1장에는 부활하신 예수님의 두 가지 약속이 있다.

> 요한은 물로 세례를 주었으나 너희는 오래지 않아 성령으로 세례를 받을 것이다.

이것이 첫째 약속이고, 둘째는 다음 말씀이다.

> 성령이 너희에게 임하시면 너희가 권능을 받고 예루살렘과 온 유대와 사마리아와 땅 끝까지 이르러 내 증인이 되리라.

제자들에게 성령이 강림함

솔직히 말해서 나는 이 사도행전 1장을 이때까지 깊이 생각하지 않고 읽어 넘기곤 했다. 그러나 이 원고를 쓰기 위해서 다시 읽어 보니 매우 엄숙한 느낌이 가슴에 밀려 왔다. 왜냐하면 예수의 이 약속은 한 치도 어김없이 이루어졌기 때문이다.

이 두 가지 약속 가운데, 성령이라고 하는 별로 듣지 못하던 말이 각각 나온다.

"성령이란 무엇이냐?"고 물었을 때 명확히 대답할 수 있는 그리스도인은 사실 그다지 많지 않을 것이다. 나도 그 중 한 사람이다.

성경에 따르면 성령이란 하나님의 영이요, 그리스도의 영이다.

"성령으로 말미암지 않고는 예수를 그리스도라고 고백할 수 없다"고 성경에 쓰여 있다. 성령이란

"물질이 아니라 인격적, 영적 존재다"라고 「새 성서 대사전」에도 기록되어 있다.

이 사도행전은 일명 '성령행전'이라고도 불린다. 사도행전에는 사도의 활약이 기록되어 있으나, 그것은 성령의 역사하심이라고도 말할 수 있다.

예수를 버려둔 채 뿔뿔이 흩어져 도망쳐 버렸던 제자들이 아무것도 두려워하지 않을 정도로 강해진 것은, 이 약속의 성령을 부활하신 그리스도께로부터 받아 모셨기 때문이리라. 그 성령을 받는 모습이 2장에 기록되어 있다.

> 오순절이 되어 그들이 모두 한 곳에 모여 있었다. 그때 갑자기 하늘로부터 세찬 바람이 부는 것 같은 소리가 나더니 그들이 앉아 있는 온 집안을 가득 채웠다. 그리고 혀 같은 것들이 불길처럼 갈라져서 그들에게 나타나 각 사람 위에 머물렀다. 그러자 모두 성령으로 충만함을 받고 성령이 시키는 대로 다른 나라 말로 하게 되었다.
>
> (사도행전 2장 1~4절)

이때 마침 예루살렘에는 여러 나라에서 신앙이 돈독한 유대인들이 와서 살고 있었다. 아무튼 굉장히 큰소리였기 때문에 많은 사람들이 깜짝 놀라 그 집을 뛰어들어 갔다. 들어가 보니 사도들이 제각기 자기 나라 방언으로 이야기하고 있지 않은가. 그러니 모두들 놀랄 수밖에 없었다.

이 대목을 읽고 그런 거짓말 같은 일이 어떻게 일어날 수 있느냐고 사람들은 반문한다. 그러나 나는 역사가인 누가가, 실제로 있지도 않았던 일을 썼으리라고는 생각하지 않는다. 집 안에 세찬 바람이 부는 소리가 났다든가, 혓바닥 같은 화염이 사람들 머리 위에 머물렀다든가, 혹은 이때까지 말해 본 적도 없는 남의 나라말을 갑자기 유창하게 지껄이기 시작했다든가 하는 일들은 과연 흔히 있는 일은 아니다. 그렇지만 전혀 없다고도 말할 수 없다.

벌써 몇 년 전의 일이다. 나의 친구 가운데 의사가 한 사람 있었다. 그의 동생은 호카이도 대학의 영문과 학생이었다. 그런데 이 동생이 어느 날 교회에 갔더니 한 남자가 일어서서 유창한 영어를 지껄이기 시작하는 것을 들었다. 그 사람은 양복점 직공으로서, 영어를 전혀 할 줄 모르는 사나이였다. 정확한 발음으로 문법도 틀리지 않게 말하는 것을 들은 그는 그때 이후부터 자신들의 이해를 초월하는 현상이 인간에게 나타나는 것을 알고 더 깊이 하나님을 찾기 시작하였다고 한다.

그런 일이 현대에도 때로는 있다.

아무튼 약속한 대로 성령이 이렇게 제자들에게 임하였다. 그리고 현대에는 확실히 복음이 땅끝까지 전파되고 있다. 일년 내내 얼음에 갇혀 있는 알래스카에도, 식인종이 사는 미개지인 남쪽의 섬에까지도 복음이 전해지고 있는 것을 생각하면 그리스도의 약속이 얼마나 확실한가, 아무리 믿지 않을래도 믿지 않을 도리가 없다. 예수님이 십자가 위에서 가장 무력한 자처럼 죽었을 때, 땅끝까지 그의 이름이 전해지리라고 누가 상상이나 하였겠는가. 성령의 역사가 얼마나 위대한가를 주목하여야겠다고 생각한다.

성령이 임하신 그 날에 3천 명이나 되는 사람들이 베드로의 설교를 듣고 세례를 받았다. 그리고 사도들은 차츰 더 많은 기적을 행할 수 있게 되었다.

이리하여 초대 교회가 탄생하고 또 형성되어 갔는데, 여기에 나로서는 매우 흥미있는 기사 하나가 실려 있다.

> 믿는 사람들은 다 함께 지내면서 모든 물건을 공동으로 소유하고 재산과 물건을 팔아서 모든 사람에게 필요한 대로 나누어 주었다.
>
> 그리고 날마다 한 마음으로 성전에 모이기를 힘쓰고, 집에서는 빵을 떼며 기쁨과 순전한 마음으로 음식을 함께 먹었고, 하나님을 찬양하며 모든 사람에게 호감을 샀다.

주께서 구원을 받는 사람을 날마다 더하게 하였다.

(사도행전 2장 44~47절)

즉, 기독교회는 출발 직후, 사랑의 공동체를 형성해 갔던 것이다. 거기에는 믿음과 형제애가 넘치는 아름다운 사회가 이룩되었다. 나는 여기서 인간 사회의 원점이자 궁극의 모습을 보는 듯한 느낌을 받는다.

사울을 거꾸러뜨린 하늘의 빛

이리하여 성령으로 충만한 교회는 차츰 교인들의 수가 늘어났다. 그러나 동시에 박해도 더욱 심하게 받았다.

사도들의 손을 거쳐 많은 표징과 놀라운 일들이 백성 가운데서 일어났다(중략). 심지어 사람들이 병든 사람들을 메고 큰 거리에 나가 침대나 자리에 눕혀 놓고 베드로가 지나갈 때 그 그림자만이라도 그들 가운데 누구에게 덮이기를 바랐다.

또 예루살렘 근방에 있는 여러 동네에서 많은 사람이 병든 사람들과 더러운 귀신에게 시달리고 있는 사람들을 데리고 모여 들었다. 그리고 그들은 모두다 고침을 받았다. 대제사장과 그의 동지인 사두개파 사람들이 모두 마음에 시기가 가득 차서 일어나, 사도들을 잡아다가 감옥에 가두었다.

(사도행전 4장 12~18절)

별로 해설이 필요치 않은 대목이다. 예수님이 붙잡히던 날 밤에 예수님을 세 번이나 모른다고 한 그 베드로가 이제 위대한 사도가 된 것이다. 그것은 베드로가, 부활하신 그리스도께로부터 성령을 받은 확실한 증거다. 베드로가 체포되어, 기독교를 전파하면 안 된다는 대제사장의 임명을 받았을 때에도 그는 이렇게 말하였다.

사람에게 복종하기보다는 하나님께 복종해야 한다.

(사도행전 5장 29절)

이 얼마나 담대하고 확신에 찬 말인가. 또 그 무렵 스데반이라는 '믿음과 성령이 충만한' 집사가 있었다. 성경에 보면

> 스데반은 은혜와 권능이 충만하여 백성 가운데서 큰 기사와 표적을 행하고 있었다. (사도행전 6장 8절)

라고 기록되어 있다. 또 사람들은 이 스데반과 토론을 벌였지만

> 그러나 그가 지혜와 성령으로 말하기 때문에 그들은 스데반을 당해 낼 수가 없었다. (사도행전 6장 10절)

고도 쓰여 있다. 토론에 진 사람들이 다른 사람들을 선동해서, 스데반이 하나님을 모독했다는 소문을 퍼뜨리게 했다. 재판받는 자리에 끌려 나온 스데반의 모습은 마치 천사 같은 얼굴을 하고 있었다.

천사 같은 얼굴의 스데반을 박해자들은 교외로 끌고 가서 돌로 쳐죽였다.

> 그를 성 밖으로 끌어내어 돌로 쳤다. 증인들은 옷을 벗어 사울이라는 청년의 발 앞에 두었다.
> 그들이 스데반을 돌로 치고 있는 동안 스데반은
> "주 예수여, 내 영혼을 받아 주시옵소서"하고 부르짖었다.
> 그리고 나서 무릎을 꿇고
> "주님, 이 죄를 저 사람들에게 돌리지 마시옵소서"
> 하고 큰소리로 외쳤다. 이 말을 하고 스데반은 잠이 들었다.
>
> (사도행전 7장 58~60절)

그의 죽음은 그리스도가 십자가에서 당하신 죽음과 사랑을 닮은 영광스러운 순교였다. 이때 거기서 사람들의 옷을 지키고 있던 사울이라는 청년이야말로 다른 사람 아닌, 훗날의 대사도 바울이었다. 그러나 이 사울이라는 청년, 즉 훗날의 바울이 그때에는 스데반을 죽이는 일에 찬성하고 나섰던 것이다. 현대 말로 하면 바로 '살인방조죄'에 해당하는 것이다.

그러나 사울은 눈썹 하나 까딱하지 않고, 선지피 낭자하게 흘리면서 죽어가는 스데반을 보고 쾌재를 불렀음에 틀림없다. 아니, 그는 사람들의 겉옷이나 지킨다고 하는 자신의 임무에 불만감조차 품고 있었을지 모른다. 왜냐하면 사울은, 인간인 예수를 하나님의 아들이자 구주로 여긴다는 것은 하나님을 모독하는 것이라고 생각하였기 때문이다. 사울로서는 하나님의 아들이 인간의 모습을 입고 나타난다고 하는 것은 도무지 믿어지지 않았던 것이다.

이 스데반이 순교하던 날 기독교에 대한 큰 박해가 일어났다. 사도 이외의 신도들은 집을 버리고 유대와 사마리아 지방으로 뿔뿔이 흩어져 도망쳤다. 이 큰 박해에 앞장선 사람이 다름아닌 사울이었다. 신자들의 집집마다 들이닥쳐, 미처 도피하지 못한 남녀들을 끌어내어 닥치는 대로 투옥시키면서 사나운 짐승처럼 휩쓸고 다녔다.

그러나 여기에 하나님의 오묘한 섭리가 나타났다. 유대와 사마리아의 각 지방으로 도망쳐 나간 사람들이 많은 기적을 행하고, 그 땅에 복음을 전파하는 결과를 가져왔기 때문이다.

한편 사울은 갈수록 더 그리스도의 제자들을 박해하면서 기세를 떨쳐 다메섹으로 향하였다. 그러다가 그 도상에서 사울의 생애를 180도 전환시켜 놓는 큰 사건이 발생하였다.

사울이 길을 떠나 다메섹 가까이 이르렀을 때에 갑자기 하늘에서 환한 빛이 그에게 두루 비쳤다.

그는 땅에 엎드러졌다. 그리고

"사울아, 사울아, 네가 왜 나를 핍박하느냐?"하는 소리를 들었다.

그래서 그가 "주님, 누구십니까?"하고 물었다.

그러자 "나는 네가 핍박하는 예수다. 일어나 시내로 들어가라. 네가 할 일을 일러 줄 사람이 있을 것이다"하는 대답이 들려왔다.

사울과 동행하던 사람들은 소리를 들었으나 아무도 보이지 않아 말을 못하고 서 있었다. 사울이 땅에서 일어났다.

그런데 눈을 떴으나 시력을 잃었기 때문에 사람들이 그의 손을 이끌고 다메섹으로 들어갔다. (사도행전 9장 3~8절)

생각지도 않은 사건이 돌발한 것이다. 사울이 다만 기독교 신도 살해를 삶의 보람으로 삼고 다메섹으로 가는 걸음을 서두르고 있을 때 그는 하늘에서 비치는 빛으로 인하여 갑자기 맹인이 되어 버렸다. 아니, 맹인은 되었지만 그는 다행스럽게도 그리스도의 음성을 직접 들었다.

이 충격으로 사울은 사흘 동안 먹지도 마시지도 못할 지경이 되어 버렸다. 그 사흘 동안 그는 과연 무엇을 하였을까. 자신의 귀로 똑똑히 들은

"사울아, 사울아, 네가 왜 나를 핍박하느냐?" 하는 말씀만을 계속 생각했을 것임에 틀림없다. 그는 아마 그리스도 앞에 엎드려 기도하였을 것이다. 이때 이후 그는 그리스도를 믿는 사람이 되었다. 그리고 눈도 뜨였다.

깜짝 놀란 것은 기독교도들이었다. 어제까지 자기네들이 가장 무서워하던 사울이 "예수님이야말로 그리스도다"라고, 다메섹에 사는 유대인들에게 전도하기 시작하였기 때문이다. 그러나 기독교도들은 아직도 무서워서 사울에게 접근하지 않았다. 당연한 일일 것이다. 사울의 신상에 일어난 사건을 알 까닭이 없는 신자들이, 사울의 갑작스런 변화를 쉽사리 믿었을 리가 없다. 하나의 음모가 아닐까, 하고 두려워한 것도 무리가 아니다.

그런데 여기 바나바라고 하는 위대한 사도가 있었다. 바나바란 '위로의 아들'이란 뜻으로 그는 포용력이 있는 평판이 좋은 사도였다. 이 바나바가 사울을 찾아가서 그를 친절히 대해 주었다. 뿐만아니라 바나바는 그를 사도들이 있는 곳으로 데리고 가서, 사울의 신

상에 일어난 하나님의 은혜를 사람들에게 설명하여 들려주었다. 그렇게 한 결과 사울은 사도들에게 차츰 인정을 받게 되었다.

이 바울(사울은 히브리어, 바울은 로마식 이름)은 바리새파의 엄격한 교육을 받으며 자랐고, 예루살렘의 유명한 교법사 가말리엘 문하의 준재였다. 게다가 나면서부터 로마시민권을 가지고 있었다. 로마시민권을 가지고 있는 사람에게는 갖가지 특권이 부여되며 신변보호가 가해지기 때문에, 일부러 많은 돈을 들여 시민권을 사는 사람도 적지 않았다. 바울의 부친은 어떤 공적이 있었기 때문에 이 시민권을 얻었던 것 같다.

요컨대 바울은 신앙면으로나 사회적으로나 존경받는 존재였다. 그가 쌓은 힘이 기독교 전도에 얼마만큼 크게 사용되었는지는 그 후의 기록과 그의 서신을 통해 잘 알 수 있다.

성령님은 대박해자 사울까지도 이렇게 변화시켰다.

헤롯 왕의 박해

그러나 한편, 박해는 점점 더 치열해져서 헤롯왕은 마침내도 야고보를 살해하였다. 강력한 사도 야고보가 죽임당하는 것을 보고 유대인들은 기뻐하였다. 유대인들이 기뻐하는 것을 보고 헤롯은 다시 그들의 환심을 사려고 베드로까지 잡아 가두었다.

베드로는 두 사람의 병사들에게 감시를 받으며 이중으로 된 쇠사슬에 매어 있었음에도 불구하고 천사들에 의해 감옥에서 탈출하여 무사히 신도들의 집으로 돌아갈 수가 있었다.

박해자 헤롯이 민중을 향하여 연설을 하고 있을 때, 모여서 듣던 사람들이

"이 소리는 인간의 소리가 아니라 신의 소리다"라고 그를 추켜세웠다. 그는 흐뭇한 마음으로 이야기를 계속하다가 갑자기 독충에게

물려 죽고 말았다. 감옥에 갇혀 있던 베드로가 구출되고, 베드로를 감옥에 가두었던 헤롯왕은 독충에 물려 죽었다. 사도행전에는 성령으로 말미암는 이런 기적들이 거듭거듭 일어나서, 아무리 박해를 당해도 그리스도의 복음은 갈수록 더 널리 전파되는 모습이 생생하게 그려져 있다.

박해는 당연히 바울에게도 닥쳤다. 얼마 전까지만 해도 박해자였던 바울이 이번에는 박해를 당하는 몸이 되었다. 바울이 그리스도를 믿게 되었다고 하는 사실은 제사장이나 율법학자들에게는 용서할 수 없는 배신행위였다. 배신자에 대한 증오는 갑절로 불타오르게 마련이다. 바울은 자신이 박해를 얼마나 받았는지를 다음과 같이 쓰고 있다.

> 나는 심한 고역을 겪었으며 감옥에도 많이 갇혔고 매는 수없이 맞았으며 여러 번 죽을 뻔했다.
> 유대 사람들에게서 40에 하나를 감한 매를 다섯 번 맞았고, 몽둥이로 맞은 것이 세 번이요, 돌로 맞은 것이 한 번이요, 파선을 당한 것이 세 번이요. 그리고 스물네 시간 동안 아득한 바다 위를 헤맨 적도 있다.
> 자주 여행하는 동안 강물의 위험과, 도둑의 위험과, 동족의 위험과, 이방사람의 위험과, 도시의 위험과, 광야의 위험과, 바다의 위험과, 거짓 형제의 위험을 당했다.
> 노동과 고역에 시달리며 여러 번 밤을 새우고 굶주리고 목말랐으며 여러 번 굶고 추위에 떨고 헐벗었다.　　　(고린도후서 11장 23~27절)

이런 기록을 우리는 하나하나 나 자신의 몸에 일어난 것이라고 상상해 가면서 읽어 보면, 바울이 당한 고난이 얼마나 컸는지를 잘 알 수 있을 것이다. 무엇보다도 투옥된다고 하는 것 하나만으로도 큰 위협이 아닐 수 없다.

내가 살고 있는 아사히가와에 있는 교도소는 수세식 화장실과 난

방 설비가 다 갖추어져 있다. 그러나 아무리 시설이 좋다 해도 거기에 들어가 산다는 것은 보통 괴로움이 아닐 것이다. 하물며 2천 년 전의 감옥은 더 말할 나위도 없다. 아마 사람 몸에 곰팡이가 필 정도로 불결한 곳이었음에 틀림없다. 게다가 또 '40에 하나를 감한 매'를 맞았다고 한다. 곧 39회의 매를 맞은 것이다.

　이것은 유대의 율법상 최고의 매질이었다. 그 매질의 모습을 「새 성서 대사전」에서 살펴보자.

　죄수를 두 기둥 사이에 세워 놓고 두 손을 두 기둥에 묶고 어깨와 가슴이 드러나게 옷을 벗긴다. 채찍은 소가죽으로 만든 것이며 그 채찍에 나귀 가죽으로 만든 끈 두 가닥을 감아 꼰 것이다. 때릴 때 아픔을 더하게 하기 위함이다. 이 채찍으로 가슴을 열 세 번, 어깨를 스물 여섯 번, 덩치 큰 사나이가 힘껏 후려친다.

　이런 채찍을 단 한 번만이라도 자기 가슴에 맞는 것을 상상해 보면 그 아픔이 얼마나 클까를 짐작할 수 있을 것이다.

　로마인의 매질은 또 달랐다. 범죄자가 어떤 신분이냐에 따라 매질에 차이가 있었다. 자유인인 경우에는 자작나무로 만든 매, 즉 나무 매를 사용하였다. 죄수는 역시 옷이 벗겨 기둥에 매인 채 얻어 맞았다.

　몸을 비틀 여유도 주지 않는 잔인한 매질이었다. 그것이 노예이거나 타국인 또는 사형수인 경우는 매의 끄트머리에 몇 가닥의 가죽 끈을 매고 그 가죽끈에 쇠갈퀴가 달려 있었다. 예수님도 십자가에 못박히시기 직전 이 쇠갈퀴가 달린 채찍에 맞아 등의 살이 찢어지고 피가 흘렀다.

　다음에 돌로 맞았다고 하였는데, 사도행전 14장 19절에 바울이 돌에 얻어맞아 반쯤 죽었다가 되살아난 기사가 실려 있다. 아마 바울은 이때의 일을 회상하면서 썼을 것이다.

돌이라고 해서 나는 아이들이 던지며 노는 작은 돌인 줄 알았는데 그것이 아니고 상당히 큰 돌인 모양이다. 이런 것들 중에 어느 한 가지만이라도 그것이 내 몸에 일어나는 일이라고 상상한다면 몸서리가 쳐질 형벌들뿐이다.

그러나 이런 고비를 몇 번이나 넘기면서도 사도들은 열심히 복음을 전파하고 또 전하였다. 그 드라마틱한 광경이 사도행전에는 마치 눈앞에 보는 듯이 그려져 있다. 그래서 이 사도행전은 가장 흥미있게 읽어내려 갈 수 있다.

바울이 행한 기적

베드로가 많은 기적을 행하였듯이, 사도 바울도 그에 못지 않게 큰 기적을 많이 행하였다.

> 하나님이 바울을 통하여 놀라운 기적들을 행하셨다. 그리하여 심지어 바울의 몸에 닿았던 수건이나 앞치마를 가져다가 앓는 사람에게 대기만 해도 병이 물러가고 귀신들이 나갔다. (사도행전 19장 11~12절)

고 쓰여 있을 정도다. 물론 박해로 인한 고난도 컸지만, 군중의 인기와 칭송도 역시 컸다. 그런데 그것이 다음과 같은 사건을 유발하였다.

> 루스드라에 불구자 한 사람이 앉아 있었다.
> 그는 나면서부터 앉은뱅이로서 걸어 본 적이 없었다.
> 이 사람이 바울의 말을 듣고 있었다.
> 바울이 그의 얼굴을 보고 고침을 받을 만한 믿음이 그에게 있는 것을 알았다.
> 그래서 큰소리로 "똑바로 일어서라"하고 말했다.
> 그러자 그는 뛰어 일어나 걸어다녔다. 무리는 바울이 행한 일을 보고 루가오니아 말로

"신들이 사람의 모양으로 우리에게 내려왔다"하고 소리질렀다.

그리고 바나바를 제우스라고 부르고, 바울은 공석상에서 말하는 것을 주로 맡았기 때문에 헤르메스라고 불렀다.

성 밖에 있는 제우스 신전의 제사장은 몇 마디의 수소와 화환을 성문앞에 가지고 와서 군중과 함께 두 사도에게 제사를 드리려 했다. 그러나 바나바와 바울 두 사도는 이 말을 듣고 자기들의 옷을 찢으며 군중 가운데로 뛰어들어 가서 외쳤다.

"여러분, 왜 이런 일을 합니까? 우리도 여러분과 같은 인간입니다. 우리가 복음을 가지고 와서 여러분에게 전하는 것은 여러분이 이런 헛된 일을 버리고 하늘과 땅과 바다와 그 안에 있는 모든 것을 만드신 살아 계신 하나님께 돌아오게 하려는 것입니다"(중략).

두 사도가 이렇게 말하면서 군중이 자기들에게 제사드리지 못하도록 겨우 말렸다.   (사도행전 14장 8~18절)

여기서 바울과 바나바의 진실한 신앙의 모습을 우리는 엿볼 수 있다. 두 사도는 마음만 내키면 교조(敎祖)가 될 수도 있었고, 기적을 행함으로써 돈벌이도 할 수 있었다. 사람들이 말하였듯이, 신이 인간의 탈을 쓰고 내려왔다고 생각하게 할 수도 있었다. 그러나 그들은 헤롯 왕과는 달랐다. 자기들의 겉옷을 찢으며

"우리도 여러분과 같은 인간입니다"하고 똑똑히 밝힘으로써 사람들을 그렇게 하지 못하도록 말렸던 것이다. 아무리 큰 능력을 받았다 하더라도, 깜짝 놀랄 만한 기적을 행했다 하더라도, 또는 왕의 가문에 태어났다 하더라도 인간은 어디까지나 인간이다. 신은 오직 한 분, 예수 그리스도의 아버지이신 하나님뿐이다. 천지를 지으신 전능자 하나님 한 분뿐이다.

바울은 이렇게 고난의 전도를 계속하다가 마침내 로마에 죄수로서 압송되었다. 사도행전의 저자 누가는 로마에서의 2년 동안을 바

울과 고난을 함께 겪었다. 이 사도행전에 기록된 내용 중, 바울에게서 들은 것도 많이 있었다.

  이상으로써 성령행전이라고도 불리는 사도행전의 소개는 끝난 셈인데, 이것은 예수님의 승천 후 30년 동안에 걸친 사도들의 눈부신 기록이라고 한다. 따라서 청년 사울이라고 불리던 바울도 로마에서는 적어도 55, 56세는 되어 있었으리라고 생각된다. 이 30년 동안 당시의 세계 중심지라고 일컬어지던 로마에까지 죄수 바울을 통하여 복음이 전파된 셈이다.

8

사도들의 서신집

사도들의 서신집

　사도행전에 이어 사도서라고 불리는 서신들이 신약성경의 후반부를 차지하고 있다. 사도행전은 복음서와 이 사도서를 연결하는 가교(架橋) 같은 책이다.
　사도의 서신은 21종인데 그 태반은 바울이 쓴 것이다. 그러나 바울은 자기 손으로 직접 쓴 것이 아니라 거의 구술로 받아 쓰게 했던 것 같다. 그 이유는 명백치 않으나 바울은 눈이 나빴었다고 전해지고 있다. 이렇게 이 원고를 쓰고 있는 나 자신도 오른쪽 손가락을 앓고 있기 때문에 벌써 오랫동안 구술을 해서 받아 쓰게 하고 있다. 그래서 나는 바울의 서신을 읽을 때마다 바울이 구술하고 있는 모습을 머리 속으로 상상해 보곤 한다.
　그런데 자기가 쓴 이 편지들이 후세에 성경으로 편찬되어 세계 모든 사람들에게 읽힐 것을 바울은 한 번이라도 상상해 본 적이 있었을까. 기억력이 몹시 나쁜 나 같은 사람도 암송하고 있는 말씀이나 구절이 여러 개 있다. 그 정도로 나 같은 사람도 몇 십 번은 읽었다. 맹인으로서 나병환자인 어떤 분이 성경 전체를 암송한다는 말을 들었는데, 아무튼 그 정도로까지 근 2천년 동안 사람들의 신앙을 기르고 용기를 북돋워 온 서신이다. 이 얼마나 위대한 책인가.

서신이란 말이 나와서 생각이 나는데, 어떤 병원에 의사가 한 사람 있었다. 외래 환자인 내가 진찰실에 들어갔을 때 그는 입원 환자에게 온 엽서를 한장 한장 읽어 보고는 미소를 짓기도 하고 싱글벙글 웃기도 하면서 내게는 시선을 던지지도 않았다. 이같이, 자기에게 온 편지보다 다른 사람에게 온 편지가 더 흥미 있는 것은 확실하다.

사도의 서신은 직접 우리 앞으로 온 편지는 아니다. 그런 의미에서는 다른 사람 앞으로 온 편지이기 때문에 재미있을 것 같지만, 받는 쪽의 인간성이나 형편을 모르면 그렇게 재미있지는 않을 것이다. 받는 쪽의 사정에 대한 어느 정도의 지식이 없으면 읽어 보아도 무슨 말인지 잘 모르는 수가 있다. 해설서를 참고하면서 함께 사도들의 서신을 읽어 나가기로 한다.

사도들의 서신은 각처에 있는 교회나 제자들을 지도하기 위해 쓰여진 것이기 때문에 복음서나 사도행전처럼 드라마틱한 장면은 별로 없다. 다만 신앙의 구체적인 면에 관한 지도나 요청이나 훈화가 많으므로 문제를 안고 있는 사람에게는 깊은 설득력을 가지고 다가온다.

그렇긴 하나 지면 관계도 있고 해서 나는 내 마음에 특히 부딪쳐 온 대목이나 또는 중요한 말씀을 소개하는 데 그치고자 한다.

사도서 가운데 가장 읽기 쉬운 것은 야고보서가 아닌가 생각한다. 이 야고보는 예수의 동생이었다고 한다. 예수님이 세상에 계시는 동안 야고보는 예수를 전혀 믿지 않았던 것 같다. 이해하지도 못했던 것 같다. 예수님이 전도하시는 것을 못마땅하게 여겨 예수님의 전도를 만류하러 갔다는 기사가 복음서에 나온다. 그러다가 예수님이 부활하신 후 그는 신자가 되어 예루살렘 교회의 지도자가 되었다. 이것 역시 성령의 역사에 의한 것이었으리라.

… 9 …

푸대접받는 야고보서

뛰어난 작가나 재능있는 화가가 생전에는 아무런 평가도 받지 못했던 예를 우리는 종종 듣는다. 나는 야고보서가 사도의 서신 중에서 가장 읽기 쉬운 서신이라고 말하였는데, 사실은 이 야고보서는 매우 푸대접 받은 서신이다.

야고보서는 처음에 성경 가운데 들어가지도 못했다. 도중에 수록되기는 했으나, 루터 같은 이는 '지푸라기 서신'이라고 평하며 이를 성경에서 제거하자는 움직임마저 보였다.

그후 오늘날까지 야고보서를 일반 신도들이 자칫하면 루터 같은 눈으로 보게 되기가 십상이다.

그럼 야고보서의 어디가 그토록 못마땅한가. 여기 조금 인용해보자.

"시련을 참는 사람은 복이 있다. 시련을 이겨낸 사람은 생명의 면류관을 받을 것이다."

"누구든지, 듣기는 빨리하고 말하기는 더디하며 성내기도 더디하라."

"말씀을 행하는 자가 되라. 그저 듣기만 하여 자기를 속이는 자가 되지 말라."

"영광의 주 예수 그리스도를 믿고 있는 너희는 사람을 차별 대우 해서는 안 된다. 가령 너희 회당에 금가락지를 끼고 화려한 옷을 입은 사람들이 들어왔다고 치자. 너희가 화려한 옷차림을 한 사람에게는 특별한 관심을 가지고 '당신은 여기 좋은 자리에 앉으시오' 하고, 가난한 사람에게는 '당신은 거기 서 있든지 내 발 아래 앉든지 하시오' 라고 말한다면 너희 사이에서 차별을 두고 나쁜 생각으로 사람을 판단하는 자가 된 것이 아닌가?(중략)

또 너희를 법정으로 끌고간 자도 부자들이 아닌가?"

"내 형제들아, 누가 믿음이 있다고 말하면서도 행함이 없으면 무슨 유익이 있겠느냐? 그런 믿음이 그를 구원할 수 있겠느냐? 어떤 형제나 자매가 헐벗고 그 날의 양식조차 없는데 너희 중의 누가 그들에게 '편안히 가서 몸을 따뜻하게 하고 배부르게 먹으라' 고 말하면서 몸에 필요한 것들을 주지 않으면 무슨 유익이 있겠느냐? 믿음도 이와 같다. 믿음에 행함이 따르지 않으면 그것만으로서는 죽은 믿음이다. 그러나 어떤 사람은 이렇게 말할 것이다.

'네게는 믿음이 있고 내게는 행함이 있다. 행함이 없는 믿음을 내게 보이라. 나는 내 행함을 통하여 믿음을 보이겠다.'"

위와 같은 야고보서 특유의 말씀이 또 몇 가지 있는데, 그 어느 대목을 루터는 못마땅하게 여겼는지 언뜻 읽어 가지고는 잘 모를 것이다. 야고보는 무엇 하나 틀린 말을 하지 않았다. 당연한 이야기가 구체적으로 적혀 있을 뿐이다.

그러나 역대의 신학자나 종교학자들이 지적해 온 문제점은 이 야고보서가 '복음적'이 아니라는 데 있다. 복음적이냐 아니냐하는 것이 기독교의 요점이다. 그럼 '복음'이란 무엇이냐. 되풀이되는 것 같지만 이것은 "죄인인 우리 인류를 대신해서 예수 그리스도가 십자가에 못박히셨다. 그리고 그리스도는 부활하셨다. 이 십자가와 부활을 믿음으로써 영원한 구원을 얻는다"는 것이다.

즉, 우리 인간 편에 무슨 자랑할 만한 행위나 공로가 있어서 하나님께 구원받는 것이 아니다. 인간이 아무리 선한 일을 했다고 해도 인간은 자기 자신의 죄를 속할 수 없다. 죄를 속할 수 있는 분은 예수 그리스도뿐이시다. 이것이 기독교 신앙의 근본이다.

그런데 '야고보서'는 그리스도의 십자가에 관하여 말하기보다는, 신도로서 왜 선한 행동을 해야 되는가에 중점을 두고 있기 때문에 '복음적'이 아니라는 것이다. 그래서 지금까지도 야고보서는 자칫하면 냉대를 받는다.

아까 인용하였 듯이

"시련을 이겨 낸 사람은, 하나님을 사랑하는 사람들에게 약속된 생명의 면류관을 받을 것이다"라는 말씀이 복음에서 벗어나 있다고 해서 논란을 받고 있다.

그러나 믿는다고 하는 것이 도대체 무엇인가. 믿는다고 하는 것은 하나님의 말씀을 듣는 것이요, 듣고 순종하는 것이다. 바울처럼 신앙을 강조한 사람조차도 그 서신에서 이렇게 권고하고 있다.

   너희도 상을 얻게 되도록 달려야 한다. (고린도전서 9장 24절)

"상을 얻기 위하여 달리라"는 말은 곧 신도의 행동을 중요시하고 있는 말이 아닌가. 그런데도 바울을 복음적이 아니라고 비난하는 사람은 없다. 그것은 한편으로 그가 그리스도의 속죄를 거듭거듭 강조하고 있기 때문이다.

야고보서가 그리스도의 속죄를 논하지 않고 있는 것은 사실이다. 그렇다고 해서 그것이 반드시 십자가를 무시한 것이 되는 것일까. 야고보는 그리스도의 속죄는 이미 더 이상 논할 필요도 없으리만큼 자명한 것으로 여기고 이 편지를 썼다고 볼 수는 없을까. 어느 시대에나 "믿고 있기만 하면 어떤 죄라도 용서받을 수 있다"고 하며 방종의 생활을 하는 무리는 있는 법이다.

야고보는 그런 무리가 읽으라고 이 편지를 썼는지도 모른다.

"그 열매를 보아서 나무를 안다"고 하는 예수님의 말씀도 있다. 자신의 욕망을 위하여 신앙을 악용하는 생활태도가 옳을 리 없다. 야고보서는 바로 그 점을 공박한 것이다. 야고보 자신이

"하나님과 주 예수 그리스도의 종 야고보"라고 말했고, "우리들의 영광의 주 예수 그리스도에 대한 신앙을 지키기 위하여…"라고 말하였듯이, 그리스도에 대한 자세는 확고하다. 이렇게 생각하고 읽어보면, 지푸라기 서신이란 평은 지나치다고 말할 수 있으며, 또 이 서신은 현대의 우리에게도 중요한 서신이다.

이 서신을 쓴 야고보는 예수님의 동생이라고 한다. 하지만 예수님의 사촌동생인지 친동생인지는 확실치 않다. 그런데 부자의 횡포를 규탄하는 말씀은 누가복음에 기록되어 있는 예수님의 말씀과 공통점이 있어서 흥미롭다. 예수님 가까이서 생활하고 있던 사람이 아닐까 여겨진다.

21통의 사도서신

사도의 서신을 논함에 있어 나는 야고보서부터 시작하였는데, 신약성경에는 바울이 쓴 로마서 이하 14통의 그의 서신, 지금 논한 야고보서, 베드로의 2통의 서신, 요한의 3통의 서신, 그리고 유다서, 합계 21통의 서신이 편집되어 있다.

그 중 맨 마지막의 유다서를 나는 처음에 저 예수를 배신한 가룟 유다의 편지인 줄로만 생각하고 읽었다. 그래서 그 무렵 내가 읽은 성경을 보면 붉은 펜으로,

'이렇게 좋던 유다의 신앙이 어째서 상실되었을까?' 라고 적혀 있

는 것을 보고 고소를 금치 못한다. 아무튼 똑같은 이름을 가진 인물이 성경에는 여럿 등장한다. 야고보만 해도 맨 먼저 순교한 요한의 형제 야고보가 있고, 요한이란 이름만하더라도 사도 요한도 있고 세례 요한도 있다. 아니, 꼭 하나밖에 없다고 생각하였던 예수라는 이름도 다른 곳에 나온다. 오해가 없이 읽어내려 가기 위해서는 해설서나, 가르쳐 주는 선배가 이점에서도 필요한 셈이다.

그럼, 이하 이 사도서신의 특징과, 나로서 특히 감명을 받은 말씀들을 소개하고자 한다. 다만 성경의 말씀은 전후관계에 유의할 필요가 있으므로, 통독하는 것이 바람직하다는 것은 두 말할 나위도 없다.

10

로마서

원수갚는 것을 금함

서신이라고는 하지만 오히려 논문이라고 말할 수 있을 정도로 신학적인 경향을 띠고 있다. 바울은 이를, 기독교의 신앙이 곡해되거나 잘못 전해지거나 하는 일이 없게 하기 위하여 유언을 쓰는 셈치고 기록한 것이라고 한다.

> 하나님께서 세상을 창조하신 그때부터 그의 보이지 않는 특성들, 말하자면 그의 영원하신 힘과 신으로서의 성품이 그가 만드신 만물을 통하여 분명히 알려져 있다. (2장 20절)

> 일반 사람이 받는 삯은 은혜로 받는 것이 아니다. 당연한 보수로 받는 것이다. 그러나 행한 것이 없더라도 불경건한 자를 의로운 사람으로 받아주시는 하나님을 믿는 사람에게는 그의 믿음이 의로 인정된다. (4장 4~5절)

> 그는 소망이 끊어진 때에도 여전히 믿고 바랐다. (4장 18절)

> 그뿐 아니라, 우리는 환난 가운데서도 기뻐한다. 그것은 환난은 인내를 낳고, 인내는 품격을 낳고, 품격은 희망을 낳는다는 것을 알고 있기 때

문이다. 그리고 이 희망은 우리를 실망시키지 않는다.　　(5장 3～5절)
너희 지체를 죄에 내어 주어 불의의 도구가 되게 해서는 안 된다.
　　　　　　　　　　　　　　　　　　　　　　　(6장 13절)
죄의 값은 죽음이다.　　　　　　　　　　　　　(6장 23절)
기뻐하는 자들과 함께 기뻐하고, 우는 자들과 함께 울어라.(12장 15절)
교만한 마음을 품지 말며, 낮은 사람들과 같이하고, 자기 지혜를 과시하지 말라.　　　　　　　　　　　　　　　　　　(12장 16절)
스스로 원수를 갚지 말고 하나님의 진노에 맡겨 두라. 성경에 '원수 갚는 것은 내가 할 일이니 내가 보복하겠다'고 기록되어 있기 때문이다. 도리어 네 원수가 주리거든 먹을 것을 주고, 목마르거든 마실 것을 주어라. 그렇게 하면 네가 그의 머리 위에 숯불을 얹는 것이 되리라.　　　　　　　　　　　　　　　　　　(12장 19～20절)

　이 19절 이하의 말씀은 '원수갚기'라든가, '하나님의 진노'라든가, 언뜻 사랑이신 하나님과는 거리가 먼 듯한 느낌이 들게 한다. 그러나 이 말씀을 읽고 오랜 역사에 걸쳐 얼마나 많은 사람들이 원수갚기를 단념하였겠는가. 또 이 말씀들은 흔히 문학의 테마가 되기도 했다.

11

고린도전서

심금을 울리는 '사랑의 장'

　로마서와 마찬가지로 바울의 서신이다. 고린도란 로마제국의 아가야주(州) 수도로서, 에베소와 더불어 심히 번영했던 큰 도시였다.
　이 고린도에 바울은 교회를 세웠는데 그로부터 3년 후 그는 고린도교회의 나쁜 소문을 들었다. 고린도에 사는 글로에 가문의 사람이 와서 알려 주기를 "교회 안에 분쟁이 일고 있다", "신자 중에 불륜에 빠진 사람이 있다"는 것이었다. 그 불륜이란, 아버지의 아내(후처)와 동거하고 있다는 놀라운 사실이었다.
　이 두 가지 사건의 소문을 들은 바울은 즉시 펜을 들어 편지를 썼다. 또 이 편지 가운데서 바울은 고린도교회에서 문의해 온 결혼문제, 부활문제 같은 질문에도 회답을 했다. 특히 주목할 만한 것은 부활문제인데, 부활에 관해 의문이 날 때에는 고린도전서 15장을 찾아보면 될 것이다.
　　　십자가의 말씀이 멸망할 사람들에게는 어리석은 것이 되지만 구원받는
　　　우리에게는 하나님의 능력이 된다.　　　　　　　　　　　　(1장 18절)

누구든지 인간을 자랑해서는 안 된다.   (3장 21절)

지식은 사람을 교만하게 하고 사랑은 덕을 세운다. 자기가 무엇을 안다고 생각하는 사람은 아직 그가 마땅히 알아야 할 것도 알지 못하는 사람이다.   (8장 1~2절)

비록 내가 예언의 능력을 가졌다 하더라도, 모든 신비를 깨달았다 하더라도, 모든 지식을 가졌다 하더라도, 그리고 산을 옮길 만한 모든 믿음을 가졌다 하더라도 사랑이 없으면 나는 아무것도 아니다.

내가 비록 내 모든 소유를 나누어 주었다 하더라도, 그리고 내 몸을 내주어 불사르게 한다 하더라도 사랑이 없으면 내게는 유익이 없다.
                                              (13장 2~3절)

사랑은 오래 참는다. 사랑은 친절하다. 사랑은 시기하지 않는다. 사랑은 자랑하지 않는다. 교만하지 않는다. 무례히 행치 않는다. 자기 이익을 구하지 않는다. 성내지 않는다. 남의 악행을 기억하지 않는다.

불의를 기뻐하지 않는다. 그리고 진리를 기뻐한다. 모든 것을 덮어준다. 모든 것을 믿는다. 모든 것을 바란다. 모든 것을 견딘다.
                                              (13장 4~7절)

믿음과 희망과 사랑, 이 세 가지는 언제까지나 존속하는 것이다.

그런데 그 중에서도 제일은 사랑이다.   (13장 13절)

이 고린도전서 13장은 '사랑의 장'이라고 불리는 유명한 대목이다. 이 장 전체를 외우는 사람도 많다. 나도 누구에게서 휘호를 부탁받으면 흔히 "사랑은 오래 참는다"라고 써 주는데, 이것은 위의 인용문에서 요약한 것이다. 분쟁을 일삼고, 또 불륜에 빠져 있던 고린도 교회 교인들에게 이런 말씀이 어떻게 받아들여졌을지, 나는 여러모로 상상을 해보게 된다.

다음에는 부활에 관하여 상세하게 논한 15장에서 인용해 보기로 하자.

그리스도께서 죽은 자들 가운데서 다시 살아나셨다는 것을 우리가 전파하고 있는데 어찌하여 너희 중에서 어떤 사람은 죽은 자의 부활이 없다고 말하느냐?
만일 죽은 자의 부활이 없다면 그리스도께서 다시 살아나지 못했을 것이다. 그리고 그리스도께서 다시 살아나지 못했다면 우리의 전도도 헛되고 너희의 믿음도 헛될 것이다. 만일 죽은 자가 다시 살아나는 일이 없다면 하나님께서도 그리스도를 다시 살리시지 않았을 것이다.
그런데 우리는 하나님께서 그리스도를 다시 살리셨다고 증거했으니 우리는 하나님을 거슬러 거짓 증거를 한 것이냐(중략).
만일 그리스도 안에서 우리가 바라는 것이 이생에만 있다면 우리는 모든 사람 가운데서 가장 불쌍한 인간들일 것이다. (15장 12~19절)

12

고린도후서

병중에 용기를 얻음

나에게는 각계 각층의 독자에게서 편지가 오는데, 번민이 있는 사람이 참으로 많다. 생각해 보면 인생에는 언제 무슨 일이 갑자기 일어날지 아무도 모른다. 그런 괴로움이나 번민을 지닌 사람, 살 소망을 잃은 사람들에게 이 고린도후서는 크나큰 격려와 위로를 주고 있다고 옛날부터 일컬어지고 있다.

그럼 어째서 이 고린도후서가 위로와 격려로 가득 차 있느냐 하면 사실은 바울 자신이 번민과 고통 가운데서 이 글을 썼기 때문이다.

무엇을 바울은 번민하고 괴로워하였는가? 고린도전서에서 교회 내의 분쟁을 경계하고 불륜을 꾸짖는 데 전력을 기울였는데도, 교회 내의 문제는 도무지 해결되지 않았다. 사랑의 장과 같은 놀랍고도 훌륭한 말씀들을 써 보냈는데도 고린도교회의 교인들은 그것을 반드시 순수하게 받아들이는 것 같지도 않았다.

아니, 그 정도가 아니다. 그 무렵 유대교인들 각처의 교회를 돌아다니면서 교회를 분열시켰는데, 고린도교회에도 들이닥쳐서 반 바울파 사람들을 포섭하고 선동하여 교회를 자기네 수중에 넣으려고까지 했다. 이런 가운데서 바울 개인에 대하여 중상을 일삼으므로, 바울은 그들의 공격의 화살을 정면으로 받는 몸이 되었다.

그런 가운데서 사실은 바울이 이 고린도전서와 후서 사이에 또 한두 통의 편지를 써 보냈을 것이라고 한다. 그 중 한 통이 '눈물의 서신'이라고 불리는 편지인 것 같은데 그것은 현재 세계 어느 곳에도 남아 있지 않은 것 같다.

성경에 편입된 이 후서는 교회가 어느 정도 진정되어 자리가 잡힌 후에 보내어진 것인 듯한데, 그 바울의 마음을 슬프게 했던 불륜이나 분쟁은 아직도 완전히 자취를 감추지 않고 있었던 것 같다.

나는 처음 성경을 읽을 때, 성경 안에 불륜이라든가 간음이라든가 분쟁이라든가 하는 말이 있으리라고는 상상도 하지 못했다. 문자 그대로 거룩한 말씀만이 쓰여 있을 줄 알았다. 그러나 성경은 인간의 현실을 있는 그대로, 하나도 숨기지 않고 도려 내어서 기록하고 있다. 그것은 마치, 빛이 흉칙한 어둠을 폭로하는 것과 같다. 그리고 확실히 하나님의 말씀은, 더럽고 흉칙한 우리 인간 가운데 강렬한 빛을 비추고 있다.

> 하나님은 모든 환난 가운데서 우리를 위로해 주신다. 그래서 우리도 하나님께로부터 받는 위로를 통하여 모든 환난 가운데 있는 사람들을 위로할 수 있게 하신다. (1장 4절)
> 우리는 우리의 힘으로 감당할 수 없을 만큼 심한 환난에 눌려 마침내 살 희망마저 끊어져 버렸었다. 우리는 마음속으로 죽음을 각오했었다. 마침내 우리는 우리 자신을 의지하지 않고 죽은 자를 다시 살리시는 하나님을 의지하게 되었다. (1장 8~9절)
> 어떤 잘못한 사람을 너희가 용서하면 나도 그를 용서한다. (2장 10절)

> 우리는 사방으로 우겨쌈을 당하여도 눌리지 않고, 당황하는 일이 있어도 아주 실망하는 일이 없으며, 박해를 당해도 버림을 받지 않고, 거꾸러뜨림을 당해도 망하지 않는다.
>
> 우리가 언제나 예수의 죽으심을 우리 몸에 짊어지고 다니는 것은 예수의 생명이 우리 몸에 나타나게 하려는 것이다. (4장 8~10절)

위의 성구에서 생각나는 것은 전 교통부 장관 마쓰우라 씨의 관한 이야기다. 그는 젊었을 때 사업에 실패하여 한밤중에 도망치려고 결심했을 정도의 사태에 부딪혔다. 그러나 기독교 신자였던 그는 이 말씀을 성경에서 보고 나서, 마음을 고쳐먹고 마침내 다시 일어날 수 있었다는 것이다.

성경의 말씀이 내 살과 피가 되면 그 같은 큰 힘이 된다는 것을 나는 병상에서 체험하였다.

> 우리가 바라는 것은 보이는 것이 아니라 보이지 않는 것이다.
> 보이는 것은 순간적이요. 보이지 않는 것은 영원하기 때문이다.
> (4장 18절)

주께서 말씀하셨다.

> "내 은혜가 네게 충족하다. 내 권능은 약한 데서 완전해진다."
> (12장 9절)

아무런 고뇌도 없는 사람들에게는 이런 말씀이 별로 위로와 격려가 되지 않을지도 모른다. 그러나 나는 언제 나을지도 모르는 채 기약 없이 병원 침상에 누워 있으면서 이 성구를 읽고 얼마나 큰 용기와 위로를 얻었는지 모른다. 그 당시 읽던 낡은 성경을 꺼내 보면 이곳에 친 붉은 줄이 마치 어제 친 것처럼 또렷하기만 하다. 나는 그 글줄 사이에 펜으로 이렇게 써 두었다.

"주님, 내가 병든 몸이 된 것을 감사드립니다. 밝고 명랑하게 살 수 있게 하여 주시옵소서. 임마누엘, 아멘."

그와 동시에 "내 권능은 약한 데서 완전해진다"는 구절이 파란 잉크로 에워싸여져 있다. 그 당시의 평강이 넘치던 심경을 지금도 역력히 회상한다.

    우리는 진리를 거슬러서는 아무것도 행할 힘이 없다.

    다만 진리를 위해서만 힘이 있다.　　　　　　(13장 8절)

13

갈라디아서

종교개혁에 불을 지른 서신

갈라디아인에게 보낸 서신은 겨우 10페이지 남짓되는 짧은 서신이지만, 사도서신 중의 핵심이라고 말할 수 있는 중요한 서신이다.

어느 정도로 중요한가.

루터가 야고보서를 '지푸라기 서신'이라고 말했다는 것은 앞에서도 언급하였다. 신앙보다 행위를 중시한 것 같은 야고보서를 루터는 못마땅하게 여겼지만 이 갈라디아서에 관해서는

"나는 이 서신과 결혼하였다"고 말한 적이 있을 정도로 중시하였다.

이 서신은 종교개혁에 불을 지른 서신이라고 한다. 왜냐하면 루터는 이 서신의 강해를 마치고 난 직후에 종교개혁의 기치를 높이 들었기 때문이다. 즉, 이 서신은 그리스도에 대한 믿음이야말로 영원한 구원에 이를 수 있는 것임을 강조하고 있는데, 이 진리가 루터의 마음을 강하게 사로잡았다.

바울은 이 편지를, 분노를 띤 어조로 쓰고 있다. 도대체 무엇에

대해 분노하였던가. 그것은 갈라디아에 있는 여러 교회에도, 고린도 교회를 해치던 유대교주의자들이 들이닥쳐서 헤집고 돌아다녔기 때문이다.

유대교란, 구약성경만을 정경으로 믿고, 율법을 지키지 않으면 구원을 받을 수 없다고 하는 교리를 내세우는 것이다. 이 유대교도들은 그리스도의 십자가를 믿는 사람들을 '할례받지 못한 자들'이라고 멸시하며 욕했다.

할례란 무엇인가. 나는 성경을 처음 읽기 시작하였을 무렵, 이 할례라는 말이 몹시 귀에 거슬렸다. 그래서 한번은 나를 지도해 주는 청년에게 그 뜻을 물어 보았다. 때마침 다방의 테이블을 사이에 두고 마주앉아 있었는데, 그가 당혹해하던 모습이 지금도 눈에 선하다.

할례, 그것은 유대나라에 태어난 남자가 난 지 8일 만에 지켜야 했던 의식이다. 의식이라고는 하지만, 남성 성기의 표피를 절개하거나 혹은 그 일부를 베어내는 외과 수술이다. 여기에는 종교적인 성별의 뜻이 담겨져 있다고 한다. 이 할례를 받지 못한 사람은 유대인으로 간주되지 못하였다. 그리고 할례는 선민의 표시이기도 했다. 유대인은 이 할례를 자기 나라에 사는 이방인에게도 강요하였다. 이 문제에 관하여는 사도행전에도 쓰여 있다.

이 할례를 유대교주의의 그리스도 신자들은(이들을 바울은 몰래 들어온 거짓 형제라고 불렀다) 갈라디아 여러 교회의 신자에게도 강요하였다.

현대에 살고 있는 우리로서는, 할례를 받지 않으면 구원받지 못한다고 하는 따위의 율법은 어리석기 짝이 없는 일처럼 들리지만, 인간 세계에서의 관습이란 무서운 것이다.

이 할례를 받았느냐 받지 못했느냐에 따라 사람을 멸시하거나 공격하거나 종교논쟁으로까지 비약하였다. 현대에도 이 할례와 비슷한 관습이 있지는 않은지 한번 생각해 볼 필요가 있다.

아무튼 바울은 강렬한 투지를 가지고 복음을 변호하고 있다. 그 한 예로서 다음과 같은 말씀조차 있다.

> 할례를 가지고 너희를 선동하는 사람들은 차라리 스스로 그것을 베어 버리는 것이 좋을 것이다. (5장 12절)

이 '베어 버린다' 말 속에는, 할례, 할례 하고 떠들어대는 일파에 대한 강렬한 풍자와 분노가 담겨져 있는데, 즉 "그토록 할례가 소원이라면 차라리 깨끗이 거세해 버리면 어떻겠는가" 하는 것이 원어의 의미라고 한다. 이것은 약간 품위가 없는 말투같기도 하지만, 이렇게까지 말하지 않고는 견딜 수 없을 만큼 바울의 심정은 격해 있었던 것이리라. 물론 이 서신 가운데는 어조를 바꾼, 진정에서 우러난 권고도 많이 있다.

> 그리스도께서 우리를 해방하여 자유케 하셨다. 그러므로 굳게 서서 다시는 종의 멍에를 메지 말라. (5장 1절)

종의 멍에란, 말할 것도 없이 할례나 율법에 의해 꼼짝달싹 못 하고 있는 신앙의 모습을 가리켜 하는 말이다.

> 형제들아, 너희는 자유를 위하여 부르심을 받았다.
> 그러나 그 자유를 육적인 욕정을 위한 기회로 삼지 말고 사랑으로 서로 종노릇 하라.
> 모든 율법은
> "네 이웃을 네 몸과 같이 사랑하라" 하신 한 말씀에 다 들어 있다.
> (5장 13~14절)

> 서로 남의 무거운 짐을 져 주라. (6장 2절)
> 사람은 각각 자기 자신의 짐을 져야 한다. (6장 5절)

위의 2절과 5절의 말씀은 표리일체의 말씀으로 받아들여야 할 것이다.

    선을 행하다가 낙심하지 말자. 꾸준히 하노라면 거둘 때가 올 것이다.

(6장 9절)

  우리 인간은 좋은 일을 한두 가지 했다고 해서 무슨 큰일이나 한 줄 알거나 자기 만족에 빠지거나 권태에 빠지거나 큰 선심이나 쓴 것같이 느끼기가 쉬운 것이다.

14

에베소서

어떻게 살 것인가를 가르쳐 줌

「에게 해(海)에 바친다」라는 소설이 아꾸다가와 상을 수상했다. 에베소는 이 에게해 연안의 항구 도시로서 상업과 종교의 중심지였다. 에베소의 시가지도를 보면 큰 대중 목욕탕이나 널찍한 야외극장 같은 것이 있어서 제법 로마제국 번영시대의 도시다웠음을 알 수 있다.

에베소에서는 유명한 아데미라는 여신을 숭배하고 있었다. 그 당시 아데미의 상은 가슴을 다 드러내고서 있었는데 그것은 기원전 590년경에 세워진 것이라고 한다.

에베소의 여러 교회 앞으로, 로마 옥중에 갇힌 바울이 쓴 것이 에베소서다. 이 서신은 '승천의 서신'이라고도 불리며 또는 '신자의 수양을 위한 서신'이라고도 불린다.

바울은 그리스도에 대한 믿음만을 갈라디아서에서 강조하였으나 이 에베소서에서는 어떻게 윤리적으로 살아야 하는가를 가르치고 있는데, 바울의 서신인지 아닌지를 의심하는 사람도 있다고 한다.

너희는 은혜 가운데서 믿음을 통하여 구원을 받았다. 이것은 너희에게서 난 것이 아니요, 하나님의 선물이다. 행위에서 난 것이 아니므로 아무도 자랑할 수 없다. 우리를 지으신 이는 하나님이시다. 선한 일을 하게 하시려고 그리스도 예수 안에서 하나님이 우리를 지으셨다.
(2장 8~10절)

만민의 아버지이신 하나님은 한 분이시다. 그는 만물 위에 계시고 만물을 통하여 일하시고 만물 안에 계신다. (4장 6절)

이 말씀은 하나님의 초월성, 보편성, 내재성을 나타내고 있다.

성내더라도 죄는 짓지 말라. 해질 때까지 노여움을 품고 있지 말라.
(4장 26절)

나쁜 말은 입 밖에도 내지 말아라. 오히려 필요한 경우에 덕을 세울 수 있는 유익한 말을 하여 듣는 사람들에게 은혜가 되게 하라. (4장 29절)
추잡한 행동이나 어리석은 말이나 야비한 말을 하지 말라.
그런 것은 좋은 일이 아니다. 도리어 감사하는 말을 하라. (5장 4절)
빛의 자녀답게 살아라. (5장 8절)
아내 된 이들이여, 자기 남편에게 순종하기를 주(그리스도)께 순종하듯 하라. (5장 22절)
남편 된 이들이여, 자기 아내 사랑하기를 그리스도께서 교회를 사랑하셔서 교회를 위하여 자기 몸을 버리신 것같이 하라. (5장 25절)

아내와 남편에게 대한 이 말씀은 교회에서의 결혼식 때에도 많이 낭독된다.

15

빌립소서

기쁨에 넘치는 말씀

　빌립보는 로마 제국의 식민지로서, 이곳 역시 상업이 번영하던 도시였다. 최초에는 근교에서 산출되는 금·은 때문에 번영하였다고 한다.
　빌립보교회와 바울과는 매우 친밀한 관계였다. 빌립보교회는 옥중에 있는 바울에게 물질적인 도움을 주고 있었다. 그 빌립보교회에서 에바브로디도라고 하는 독실한 신자가 금품을 가지고 에베소 감옥에 갇혀 있는 바울을 찾아가서 위문하였다. 그리하여 그대로 눌러앉아 바울의 시중을 들며 그냥 있기로 되었었는데 그만 큰 병을 앓고 향수병에 걸렸던 것 같다. 바울은 에바브로디도가 완쾌된 후 그를 빌립보로 되돌려 보냈다. 그때 그에게 들려서 보낸 것이 바로 이 빌립보서였다고 한다.
　바울로서는 빌립보 사람들이 에바브로디도의 귀환을 무책임한 행위라고 생각할까 봐 이 서신 가운데 다음과 같이 쓰고 있다.
　　　너희는 주 안에서 기쁜 마음으로 그를 영접하고 또 그와 같은 이들을 존경하라. 그는 그리스도의 일에 자기 목숨을 던졌고 거의 죽는 데까지 이르렀던 사람이기 때문이다. (2장 29~30절)

바울은 에바브로디도를 위하여 신경을 썼으며 그와 동시에 이 편지에서도 유대교주의자들의 동향을 경계하라고 경고하며, 교회의 합심을 간곡히 권고하고 있다.

빌립보서는 읽어 보면 이해하기 쉬운 서신이다. 내가 좋아하는 성구가 특히 많은 서신이기도 하다. 빌립보라고 하면 '기쁨'이란 말이 곧 연상될 정도로 기쁨에 넘치는 말씀이 거듭거듭 등장한다.

내게 있어 사는 것이 그리스도니 죽는 것도 유익하다. (1장 21절)

너희는 그리스도를 믿는 특권뿐만 아니라 그리스도를 위하여 고난당하는 특권도 받았다. (1장 29절)

주 안에서 항상 기뻐하라. 다시 말하겠는데, 기뻐하라. (4장 4절)

나는 비천하게 살 줄도 알고, 부요하게 살 줄도 안다.

배부르거나 배고프거나 풍부하거나 궁핍하거나 그 어떤 경우에도 적응할 수 있는 비결을 지니고 있다.

내게 능력 주시는 분 안에서 나는 무엇이든지 할 수 있다.

(4장 12~13절)

옥중에 갇혀 있는 몸이면서 편지를 써 보낸 바울의 신앙이, 2천년이 지난 지금도 우리의 가슴에 큰 감명을 안겨 준다.

16

골로새서

심오한 그리스도관

내가 다섯 살이 될 때까지 자라던 집 근처에 염색소가 있었다.

제법 널찍한 빈터에 언제나 고운 물을 들인 옷감이, 수많은 가느다란 대나무 위에 쭉 펴진 채 말려지고 있었다. 거기를 지나노라면 언제나 시큼한 염색물감 냄새가 나곤 했다. 지금도 염색이란 글자만 보아도 그 냄새가 풍기는 듯한 느낌이 든다.

골로새라는 도시는 염색의 도시라고 불릴 만큼 염색업이 성행했다고 한다. 그러니 틀림없이 시큼한 냄새가 온 도시에 가득 차 있었을 것이라고 상상해 본다.

이 골로새서가 있는 일대는 세계에서도 유명한 양털 생산의 중심지이기도 했다. 그것에 물을 들이는 곳이 골로새였고, 그것으로 옷을 만드는 곳이 라오디게아였다. 그러나 옛날에 번창했던 이 두 도시가 지금은 남아 있지 않다. 라오디게아는 폐허라도 남아 있으나, 골로새는 이상하게도 그 흔적을 알아볼 수 있는 돌 하나도 남아 있지 않다고 한다.

즉, 싹 쓸어간 것처럼 되어 버렸다. 도대체 어떻게 해서 골로새는 사라지고 없는가. 이 근방은 지진으로 유명한 곳이기는 하다지만 지진으로 소멸되었다 해도 무엇인가 흔적은 남아 있어야 할 것이 아닌가.

이런 사실을 읽어 가노라면, 현재 우리가 살고 있는 이 도시도 골로새처럼 언젠가는 흔적도 없이 사라지고 마는 날이 오지 않을까 하는 생각을 떨쳐 버릴 수가 없다. 눈에 보이는 것이 영원한 존재는 결코 아니다.

그것은 어쨌든, 골로새 교회에도 역시 문젯거리가 있었다. 즉, 여기에도 그리스도의 십자가를 업신여기는 일파가 몰래 잠입했던 것이다. 어떠한 이단 사설을 그들이 퍼뜨리고 다녔는지 이 서신 가운데서 찾아보자.

너희는 인간의 헛된 속임수 철학에 포로가 되어서는 안 된다.

(2장 8절)

'헛된 속임수 철학'이라고 바울은 말하였다. 물론, "철학 곧 속임수"는 아니다. 바울이 이렇게 말한 것은 아마 그리스도의 십자가를 업신여기는 나머지, 철학을 신앙의 자리에 올려놓고 그 철학으로 순진한 신자들을 미혹하는 일에 대한 항변이었을 것이다.

이같은 위험은 현대에도 종종 볼 수 있다. 학문을 신앙보다 중요시하여 남에게 강요하는 수가 종종 있다. 때로는 신학이란 분야에도 그런 속임수와 비슷한 것이 나타나는 수가 있다.

바울은 또한, 일상문제에도 언급하고 있다.

그러므로 너희는 먹는 일이나 마시는 일이나 명절이나 매달 초하루 행사나 안식일 문제로 아무에게도 구애받아서는 안 된다. (2장 16절)

그 당시 금욕주의자가 교회 안에 몰래 들어와서는, 어떤 음식은 먹으면 더러워진다든가, 어떤 음식을 먹지 말아야 될까 등등, 말을 많이 퍼뜨리고 다녔다. 구약 성경 가운데 정해진 율법에는, 먹어서는 안 되는 것과 먹어도 좋은 것이 있는데, 그것을 특히 엄격히 지킨 것이 금욕주의자들이었다. 가령 양이나 소는 먹어도 되지만 돼지나 토끼는 먹으면 안 된다고 하며, 이를 엄격히 지키고 있었다.

현대에도 술은 물론, 커피도 안 된다. 홍차도 안 된다. 육식도 해서는 안 된다고 하는 파가 기독교에도 있어서, 매우 엄격하게 이를 지키고 있는 것 같다. 그러나 그것은 영혼의 구원과는 직접 아무런 관계가 없다.

여기에 '초하루 행사' 라는 말이 있는데 이것은 매달 초하루에 나오는 달을 말하는 듯하다. 이 날에는 특히 희생제물을 바치고 나팔을 불고 일상 하던 일을 쉬는 관례가 있었다. 그 날을 안식일과 더불어 엄격하게 지켰던 것 같다. 이것 역시 율법이다. 바울은 그런 것들은 엄격하게 지키지 않더라도 그리스도의 속죄를 믿으면 영원한 구원에 참여할 수 있다고, 여기서도 되풀이해서 설명하고 있다.

이 같은 경향이 있던 골로새 교회에 보낸 이 서신은 그리스도의 신성을 매우 명확하게 선언하고 있다.

그 아들(그리스도)은 보이지 않는 하나님의 형상이시며 모든 피조물보다 먼저 나신 분이다. (1장 15절)

이 말씀은 요한복음의

　　태초에 말씀이 계셨다. 말씀이 하나님과 함께 계셨다.

　　말씀은 하나님이었다. 그는 태초에 하나님과 함께 계셨다.

　　모든 것이 그를 통하여 생겨났다

는 말씀과 꼭 들어맞는다.

이 서신은 이같이 심오한 그리스도관이 바탕이 되어 있지만, 다른 서신과 마찬가지로 일상의 생활 훈련에 관한 말씀도 적지 않다.

　　아내 된 자들아, 남편에게 순종하라. 이것이 주 안에 있는 자로서 당연히 해야 할 일이다. 남편된 자들아. 아내를 사랑하라. 아내를 괴롭혀서는 안 된다. 자녀들아, 모든 일에 부모를 순종하라. 이것이 주님을 기쁘시게 하는 일이다.어버이들아, 자녀들을 격분하게 하지 말라. 그리하여 자녀들의 의기가 꺾이지 않도록 하라. (3장 18~21절)

17

데살로니가(전·후)서

3주 동안에 교회를 설립함

기독교를 서양의 종교라고 말하는 사람이 더러 있다. 나도 사실은 오랫동안 그렇게 생각해 왔다. 그러나 예수의 고향 유대는 서양이 아니라 동양이다.

에베소, 골로새, 갈라디아도 동일하게 아시아 가운데 있으며, 동양(현재의 터키)이다. 그러나 데살로니가는 빌립보와 더불어 서양(현재의 그리스)이다. 이 서양에 처음으로 기독교를 전파한 이가 바울이었다.

그런데 마케도니아의 수도 데살로니가는 알렉산더 대왕의 누이동생인 데살로니가의 이름을 따서 붙인 이름이라고 하며, 매우 번화했던 주요 도시였다. 이 대도시 데살로니가를 향하여, 예루살렘에서 일부러 출발한 바울의 기백에 나는 놀라지 않을 수 없다.

데살로니가는 모든 면에서 그리스 문화의 영향을 받는 도시라고 한다. 그리스 철학, 그리스 고대 종교, 그러한 뿌리 깊은 사상 문화가 박혀 있는 데살로니가에, 그리스도의 십자가를 전하려고 하는 대

사도 바울의 신앙은 정말 성령의 역사가 아니고는 확립될 수 없었음에 틀림없다.

버클리는 "마케도니아 선교 길에 나선 바울의 생각 속에는 알렉산더 대왕의 존재가 들어있지 않았을까"하고 말했는데, 거기에 대해 조금 언급해 두자.

알렉산더 대왕은 당시 벌써 수백 년 전에 죽은 인물인데 그는
"전세계를 하나로 통일하여 평화와 화목을 도모하기 위하여 나는 하나님께로부터 보내심을 받았다"고 언명하고, 동양인과 서양인의 구별도, 그리스인과 유대인의 차별도, 자유인과 노예의 차이도 없는 나라를 이상으로 꿈꾸던 왕이었다. 버클리는 바울의,

> 거기에는 그리스인이나 유대인이나, 할례자나 무할례자나, 미개인이나 스구디아인이나, 종이나 자유인의 구별이 없고 오직 모든 것이 그리스도의 것이요, 그리스도가 모든 것 안에 계시다 (골로새서 3장 11절)

고 하는 말씀 속에서 알렉산더 대왕의 영향을 보고 있는 것 같다.

그것은 어쨌든, 나로서 놀라운 것은 바울이 겨우 3주일 정도밖에 데살로니가에 머무르지 않았는데도 불구하고 거기에 그리스도를 믿는 무리가 형성되고 교회가 설립되었다고 하는 사실이다. 이는 바울의 신앙이 얼마나 건실했는가를 웅변으로 입증하는 일이며, 성령의 도우심이 얼마나 풍성했는가를 증명해 준다.

어느 누가 한 도시에 불과 3주일 동안만 머무르고 나서 이 같은 열매를 맺을 수가 있겠는가.

물론 이 교회에도 문제는 많이 있었다. 그리스도의 십자가와 부활을 믿는 것은 당연하다 하더라도, 종말의 심판을 믿는 나머지, 금방이라도 예수님이 재림하실 줄로 생각하고, 일도 제대로 손에 잡히지 않아 쓸데없이 어물어물 돌아다니는 사람들이 있었다.

이 서신에는 그런 약한 신앙을 가진 사람이나 잘못된 종말관을

가진 사람들에 대한 훈계와 권면의 말씀이 눈에 띈다.

  침착한 생활을 하기에 힘쓰고, 자기 직무에 전념하며, 제 손으로 일하라.   (전서 4장 11절)
  모든 것을 분간하여 좋은 것을 굳게 잡고 악한 것은 모양이라도 버리라.   (전서 5장 21~22절)
  주의 날(그리스도 재림의 날)이 벌써 왔다고 하더라도 너희는 마음이 쉽게 동요되거나 당황해서는 안 된다.   (후서 2장 2절)
  일하기 싫어하는 사람은 먹지도 말라.   (후서 3장 10절)

18

디모데(전·후)서

교회는 어떠해야 하는가

지금까지의 서신은 교회 앞으로 보낸 서신이었다. 그런데 이 서신은 디모데라고 하는 개인에게 보낸 편지다. 디모데란 인물은 어떤 신자였을까? 성경은 디모데를 이렇게 쓰고 있다.

> 거기 디모데라는 제자가 있었다. 그의 어머니는 신앙이 돈독한 유대 여인이요, 아버지는 그리스 사람이었다. 디모데는 루스드라와 이고니온에 있는 형제들에게 인정받는 사람이었다. (사도행전 16장 1~2절)

누가는 이같이 디모데를 평판이 좋은 인물이었다고 쓰고 있다. 이를 뒷받침하기라도 하듯이 바울도 빌립보서에서 이렇게 쓰고 있다.

> 나와 같은 심정을 가지고 너희의 형편을 진심으로 염려해 줄 사람은 디모데밖에 아무도 없다. 모두들 자기 일에만 관심이 있고 그리스도 예수의 일에는 무관심하다. 그러나 디모데의 사람됨을 너희가 잘 알고 있다. 그는 자식이 아버지에게 하듯이 나를 섬기며 나와 함께 복음을 위하여 일해 왔다. (빌립보서 2장 20~22절)

절대적인 신용을 바울에게서 얻고 있었음을 알 수 있다. 이 서신은 곧 디모데에게 보낸, 이른바 개인적인 편지지만 그 내용은 교회에 대한 편지라고 해도 무방할 것이다.

예부터 디모데서는 '목회서신'으로 유명하다. 목회란 교회의 관리 지도를 일컫는 말이다. 현대로 말하자면 목사의 활약을 목회라고 한다.

이 서신의 큰 줄거리는
　1. 교회의 질서란 무엇인가
　2. 어떻게 교회를 조직하고 치리하고 교인의 영혼을 보살피는가
라는 두 가지로 요약을 할 수 있다.

교회라고 말하면 현대에 세워지고 있는 건물로서의 회당을 염두에 두기 쉬우나, 교회란 신자들의 집합체다. 양 무리의 모임이다. 즉, 교회당은 없더라도 신자가 있으면 교회는 존재한다.

그 당시의 교회는 현대처럼, 일반 사회에 인정을 받는 평온한 교회가 아니었다. 끊임없이 이단 취급을 받고 박해를 당하곤 하던 시대였다. 이 디모데도 60대에는 박해를 받아 순교당하였다고 한다. 바울은 이 편지 첫머리에서 "믿음으로 낳은 참된 아들 디모데에게"라고 쓰고 있는데, 이는 단순한 인사치레가 아니다. 바울의 전도여행에 마치 그림자처럼 따라다니면서 얼마나 많은 활약을 했는지는, 위에서 말한 누가와 바울의 평으로 알 수 있다.

　　나이 많은 이를 책망하지 말고 오히려 아버지를 대하듯이 권하라.
　　젊은이들에게는 형제를 대하듯이 권면하고, 나이 많은 여자들에게는 어머니를 대하듯이 권하라. 젊은 여자들에게는 지극히 순결한 마음을 가지고 자매를 대하듯이 권면하라.　　　　　(전서 5장 1~3절)
　　우리는 아무것도 세상에 가지고 온 것이 없으며 아무것도 가지고 갈 수 없다.　　　　　(전서 6장 7절)

부자가 되기를 원하는 사람은 유혹과 올무와 어리석고도 해로운 여러 가지 욕심에 빠질 것이다. 이것들은 사람들을 파괴와 멸망에 빠지게 한다. (전서 6장 9절)
돈을 사랑하는 것이 모든 악의 뿌리다. (전서 6장 10절)
수고하는 농부가 소출을 먼저 받는 것이 마땅하다. (후서 2장 6절)

19

디도서

어리석은 논쟁을 피하라

이 편지 역시 디모데서와 같은 목적으로 쓰여진 것 같다. 그러나 디도는 디모데만큼 유명하지 않았다. 유명하지는 않았지만, 바울과 함께 전도에 수고한 점으로는 디모데와 같았으며 바울의 좋은 제자였다. 일설에는 디도가 누가의 아우였다고 한다. 그때문인지 누가가 쓴 사도행전에는 디도의 이야기가 기록되어 있지 않다. 누가가 '우리'라고 쓴 그 속에 디도도 포함되어 있지 않은지 모르겠다.

    어리석은 논쟁과 족보 이야기와 다툼과 율법에 관한 싸움을 피하라.
    이것들은 유익이 없고 헛될 뿐이다. (3장 9절)

20

빌레몬서

노예가 아니라 사랑하는 형제로서

이것 역시 바울의 편지다. 그러나 사실은 바울 한 사람으로부터의 편지가 아니라, 첫머리에 디모데의 이름도 함께 적혀 있다. 바울의 서신은 대부분이 이처럼 바울과 디모데 또는 실바노 등 인명으로 발신되어 있다. 이것은 아마 바울이 구술하고 다른 사람이 필기하였기 때문에 그렇지 않을까 생각된다. 바울은 전에도 말하였 듯이, 눈이 나빴기 때문에 스스로 펜을 들기가 거북하였던 것 같다.

그래서 때로는 편지 마지막에

> 나 바울이 친필로 서명하며 너희에게 문안한다. 이것이 내가 어느 편지에나 서명하는 표요, 내 편지의 방식이다. (데살로니가 후서 3장 17절)

라고 쓰고 있다.

그런데 우리가 일상 쓰는 편지를 생각해 보자. 우리가 편지를 쓰는 경우, 바울의 편지 같은 내용을 쓰는 일이 과연 있는가? 그리고 바울과 같이 긴 편지를 쓰는 일이 일생에 한 번이라도 있는가?

이렇게 쓰려면 정말 거창한 일거리일 것이다.

이 빌레몬서는 바울의 서신 가운데서 가장 짧다. 기껏해야 2백자 원고지 여섯 장 남짓 밖에 안 될 것이다. 이렇게 짧은 편지가 어떻게 성경에 수록되었는지 흥미가 깊다.

이 빌레몬서는 오네시모라고 하는 빌레몬의 노예의 문제가 중심으로 되어 있다. 그 당시는 노예 문제가 아무런 이의 없이 존재하던 시대였다. 겨우 수건 두 장을 훔쳤다고 해서 그 벌로 쇠를 뜨겁게 달궈서 몸에 낙인을 찍던 시대였기 때문에 만일 주인집에 대해 거역하거나 하면 사형에 처하는 수도 있었다고 한다.

이 점을 염두에 두고 이 글을 읽어 보면 이 편지가 비록 짧은 글이라 해도 참으로 놀라운 것이었음을 알 수 있을 것이다.

빌레몬은 노예, 오네시모의 주인이었다. 오네시모는 주인 집에서 물건을 훔치고 로마로 도망쳤다. 그리하여 거기서 바울을 만나 그리스도인이 되었다.

그때 바울은 미결수의 몸으로 재판의 결과를 기다리며 로마에 머물러 있었다. 미결수라고는 하나 집을 한 채 빌려서(파수병도 한 사람 딸려 있었다) 비교적 자유로운 생활이 허락되어 있었다.

오네시모는 바울의 시종을 들고 있었는데, 바울은 그 오네시모를 빌레몬에게로 되돌려 보내기로 마음먹었다. 도망친 노예에게는 어떤 가혹한 형벌을 내려도 괜찮던 시대다. 그러니 그것은 큰 모험이었다. 그렇지만 바울은 이 한 사람의 노예를 되돌려 보내줌으로써 빌레몬이나 그 친구 및 친지에게, 신자는 노예를 어떻게 대해야 하는지를 가르쳐 주고 싶었을 것이다. 그런데 그 소원이 받아들여진 것 같다. 만일 빌레몬이 그 청원을 깊은 감동으로 받아들이지 않았다면 이 편지는 벌써 찢겨져 없어졌을 것임에 틀림없기 때문이다.

나는 그리스도 예수 안에서 그대가 마땅히 해야 할 일을 거리낌없이 명령할 수도 있지만 오히려 사랑으로 부탁을 하려고 한다.

이렇게 나이가 많고 또 지금은 그리스도 예수를 위하여 갇혀 있는 나 바울은 내가 갇혀 있을 때 얻은 아들 오네시모를 위하여 그대에게 간청한다. (8~10절)

그는 내 심복이다. (12절)

이제부터는 그를 종으로서가 아니라, 종 이상으로 사랑하는 형제로 받아들이기 바란다. (16절)

그대가 나를 동지로 여긴다면 나를 맞이하는 것처럼 그를 맞아 주기 바란다. (17절)

이런 말들은 그 당시 사람들에게는 충격적인 말이었을 것이다. 노예는 인간으로서가 아니라 개, 돼지 취급을 받던 시대였기 때문이다. 부자의 재산 취급을 받던 노예에 대해

"그는 나의 심복이니, 사랑하는 형제로 나를 맞이하듯이 맞이해 주기 바란다"고 하는 말로 나타낸 바울의 사상은 그 시대의 부자들을 분노케 하기에 충분했을 것이다. 그것이 훗날, 미국의 저 노예해방과 직결된 것임을 생각하면 이 짧은 빌레몬서는 크나큰 사랑의 다이나마이트였다고 말할 수 있다.

21

히브리서

평생 잊을 수 없는 한 구절

  이 서신은 이름이 일단 히브리서로 되어 있으나, 누구 앞으로 보낸 것인지, 수신인의 이름이 없다. 또 발신인의 이름도 없다.

  나에게도 때로는 발신인의 이름이 없는 편지가 오는데, 그럴 때는 우체국 소인을 살펴보거나 필적으로 판단하거나. 쓰여진 내용으로 미루어서 상대방을 짐작한다.

  이 히브리서도 그런 식으로 해서 저자를 추측만 하여 왔지, 아직까지 확실한 발신인은 모르고 있다. 바나바가 썼다는 사람도 있고, 디모데가 썼다는 사람도 있는 등, 여러 가지 설이 있으나 확실한 근거가 없다.

  그러면 히브리인이란 누구인가. 그것은 이스라엘인을 가리킨다. 히브리인이란 외국인이 이스라엘인을 부를 때 또는 이스라엘인이 외국인 앞에서 말할 때 사용된 말이라고 한다. 이 서신은 이때까지의 서신보다 좀 어렵다.

  어느 정도 구약성경에 정통하지 않으면 이해하기가 어렵다. 신앙

연조가 긴 신자들에게도 그렇게 쉽지는 않다. 그러니까 이 곳을 읽고 모르겠다고 해서 실망할 필요는 없다.

성경의 해설서는 얼마든지 있다. 그러나 성경의 가장 좋은 해설서는 성경 자체라고 한다. 앞에서도 말하였지만 성경은 구약성경과 신약성경을 합쳐서 비로소 성경인 것이다. 신약성경을 알기 위해서는 구약성경을 읽을 필요가 있다. 구약 성경을 알기 위해서는 신약성경을 읽을 필요가 있다. 서로서로 해설서의 역할을 하고 있기 때문이다.

그러면 이 히브리서는 무엇에 관하여 기록하고 있는가. 한마디로 하면 그리스도론을 전개하고 있는 것이다. 특히 그리스도는 대제사장이심을 역설하고 있다.

이스라엘 민족은 어릴 때부터 회당에 가서 구약성경을 외울 정도로 교육을 받아왔기 때문에 이 편지에 쓰여 있는 의도나 논지를 잘 알고 있었음에 틀림없다. 아마 이 저자는 그리스도의 십자가가 어떤 의미를 갖는지, 그리스도를 믿는다고 하는 것은 어떤 것인지를 신앙이 식은 신자들에게 다시금 깨우쳐 주려 했던 것 같다.

이 서신이 쓰여진 때는 이미 네로 황제에 의한 박해가 있었던 후이기 때문에 믿음이 퇴보되어 있던 사람들에게 용기와 위로를 주는데 크게 이바지 하였을 것으로 생각된다.

> 하나님께서는 이 아드님(그리스도)을 만물의 상속자로 정하셨으며 그를 통하여 모든 세상을 지으셨다. 아드님은 하나님의 영광의 광채시요. 그의 본체의 완전한 표현이시며 그의 권능의 말씀으로 만물을 보존하시는 분이시다. (1장 2~3절)

이 말씀은 요한복음의 "태초에 말씀이 있었다. 말씀이 하나님과 함께 있었다"와 일치하는 그리스도관이다.

> 집보다 집을 지은 사람이 더 큰 영광을 차지한다(중략). 집마다 지은 이

가 있는데, 만물을 지으신 이는 하나님이시다. (3장 3~4절)

날마다 '오늘'이라고 부르는 동안에 서로 권면하여 아무도 죄의 유혹에 빠져 완고하게 되는 일이 없도록 하라. (3장 13절)

너희는 확신을 버리지 말라. 그 확신에는 큰 보상이 따른다.
(10장 35절)

믿음은 바라는 것들의 실상이요, 보이지 않는 것들의 증거다.
(11장 1절)

이 마지막 한 절은 나에겐 평생 잊을 수 없는 말씀이다. 아직 내가 깁스 침상에 누워 있을 무렵, 문병하러 온 미우라(장차의 나의 남편)가 붓으로 화선지에 써서 벽에 붙여 주었다. 나는 이 말씀에 용기를 얻고 드디어 병을 이겨 낼 수 있었다.

너희가 죄와 맞서 싸우고 있지만 아직 피를 흘리기까지 대항한 일은 없다. (12장 4절)

이 땅 위에는 영원한 도성이 없다. (13장 14절)

22

베드로(전·후)서

폭군 네로의 박해

베드로는 예수님의 열두 제자 중의 한 사람으로서, 예수님이 잡히시던 밤에 세 번 예수님을 모른다고 말한 사람이다. 그럼에도 불구하고 왜 그런지 나는 베드로란 사람을 제자들 중에서 가장 좋아한다. 깊이 생각하지 않고 행동부터 하는 경거망동형이지만 그에게는 따뜻한 인간미가 있다.

이 서신도 그 특징은 따뜻한 인정미라고들 하지만, 그 사랑은 그리스도를 세 번씩이나 부인했기 때문에 도리어 더 풍성하게 넘쳐났으리라고 생각된다.

버클리의 해설서를 보면 기원 64년에 네로의 박해가 있었는데, 이 서신은 그로부터 몇 년쯤 후에 쓰여진 것이라고 한다. 영화로도 보았지만 네로는 정말 언어로 표현 못 할 정도의 폭군이었다. 네로는 로마 시가지를 불태웠다. 낡은 로마의 거리를 새로 건축하여 눈으로 보기에 산뜻하고 기분좋은 거리로 바꾸어 놓기 위함이었다. 빗발 같은 비난의 소리가 네로에게 퍼부어졌다. 그는 그 비난을 얼버

무리기 위하여 방화죄를 그리스도 교도에게 떠넘겼다.

그 이전에도 그리스도 교도는 갖가지 오해를 받아 왔었다. 그들은 최후의 만찬을 기념하여 때때로 빵을 서로 떼고 포도주 잔을 함께 나누었다. 그런데 그 만찬석상에는 신자들밖에 참여할 수 없었다. 그래서 외부 사람들은 그 모습을 볼 수가 없다.

예수님은 최후의 만찬에서 빵을 떼어 주시면서 "이것은 내 몸이다"라고 말씀하시고 또 포도주 잔을 나누어 주시면서 "이것은 내 피다"라고 말씀하셨다. 그것이 잘못 전해져서 그리스도 신자는 사람의 살을 먹고 사람의 피를 마신다고 하는 터무니없는 이야기가 나돌게 되고, 더구나 타국인과 어린아이를 잡아 먹는다고 하는 뜬소문까지 나돌았다.

또 그 자리에서 화목의 표시로서 키스를 하기도 했는데 그것을 정욕적인 제전이라고 소문을 퍼뜨렸다고 한다. 그 같은 오해를 받고 있던 그리스도 교도들이었기 때문에 처음에는 네로가 방화한 것으로 믿어 의심치 않던 사람들도 나중에는 얼토당토 않은 비난을 그리스도 교도에게 퍼붓게 되었던 것 같다. 그리하여 대학살이 일어나고, 네로는 그리스도 교도를 차례로 체포하여 십자가에 못박거나, 밤에 정원의 불을 밝히기 위하여 신자들의 몸에 콜타르를 바르고 불을 붙여 횃불 대신으로 태웠다고 한다.

또는 야생 짐승의 가죽을 덮어씌워 사냥개들에게 잡아 먹히게 했다고도 한다.

이 첫번째 박해가 끝난 후에도 그리스도 교도들은 늘 위험에 직면하여 있었다. 군중은 투우를 보는 것처럼 그리스도 교도의 피를 보고 열광하였기 때문이다. 그 중 대다수는 법률에 의해서가 아니라, 무서운 사형에 의해 그리스도 교도의 목숨이 빼앗겼다.

이러한 상황 속에서 베드로는 이 편지를 썼다. 그러나 원한이나 미움이 없고, 위로와 확신으로 가득 찬 말씀이 나열되어 있음은 역시 크나큰 놀라움이 아닐 수 없다.

> 자유인답게 행동하라. 그러나 그 자유를 악을 덮는 데 쓰지 말고 하나님의 종답게 써라. (전서 2장 16절)
> 죄를 짓고 매를 맞으면서 참으면 그것이 무슨 영광이 되겠느냐.
> 그러나 선을 행하다가 고통을 당하면서 참으면 그것은 하나님 보시기에 아름다운 일이다. (전서 2장 20절)
> 악을 악으로 갚거나 욕을 욕으로 갚지 말고 도리어 축복하라. (전서 3장 9절)
> 너희 걱정을 모두 하나님께 맡겨라. 하나님께서 너희를 돌보고 계신다. (전서 5장 7절)
> 너희는 열심을 다하여 믿음에 덕을, 덕에 지식을, 지식에 절제를, 절제에 인내를, 인내에 경건을, 경건에 형제 사랑을, 형제 사랑에 하나님 사랑을 더하도록 하라. (후서 1장 5~7절)

23

요한일서

자기 눈으로 직접 본 예수의 하나님다운 성품

이것도 서신으로 되어 있으나 서신의 형식과는 거리가 멀다. 수신인의 이름도, 인사도 없고 막바로 설교로 들어가고 있다. 저자는 요한복음을 쓴, 열두 사도 중의 하나인 요한이라 하며 쓰여진 연대는 기원 1백 년경이라고 한다. 그렇다면 예수님이 32, 3세 때에 십자가에 못박혔기 때문에, 요한이 그때 20세였다 하더라도 이미 90세 가까운 노인이다.

이 요한은 죽지 않는다고 하는 전설이 있었을 정도로 장수하였기 때문에 기원 1백 년경까지도 튼튼한 몸으로 활약하고 있었을지 모른다. 나는 원어로 읽어 보지 못하였기 때문에 잘 모르지만 요한복음과 이 요한일서와는 문장에서 풍기는 느낌이 매우 비슷하여서 아무리 보아도 동일 인물인 것같이 생각된다.

베드로나 바울의 서신과는 달리, 이 편지가 쓰여지던 무렵은 교회가 비교적 평온했던 것 같다. 박해로 고생하는 일은 없었던 것 같다. 그 대신 교회 자체 안에 갖가지 유혹이 있어서 거짓 선지자가

들끓거나, 뜨거웠던 신앙이 식어졌거나, 붕괴될 조짐까지 보였던 것 같다.

신앙은 외부에서 오는 박해로 인하여 무너지는 것보다도, 자기 마음이 해이해짐으로써 무너지는 수가 많다. 그것은 현대 교회도 마찬가지다. 그 당시의 교회가 직면한 하나의 위기는, 예수를 그리스도로 믿을 수가 없다고 하는 것이었다. 특히 오랫동안 유대교를 믿어 온 사람들에게는 십자가에 달리신 예수를 구주로 믿는다는 것은 현대의 우리가 상상하기보다 훨씬 더 어려운 일이었던 것 같다.

즉, 하나님의 아들이 육신을 입고 이 세상에 태어나셨다고 하는 것은 아무래도 믿어지지 않는 일이었다. 이런 때에 요한은 이 편지를 썼던 것이다. 그러니 편지 쓴 목적은 쉽게 이해가 될 것이다. 즉, 예수 그리스도에 관한 새로운 확인이다.

> 생명의 말씀에 관하여―그것은 처음부터 있었는데 우리가 들었고, 우리의 눈으로 보았고, 자세히 보았고, 또 손으로 만져 본 것이다.
> 이 생명이 보이게 나타나 우리의 눈으로 보았기 때문에 지금 너희에게 증거하며 선포하는 것이다. 이 생명은 영원한 생명인데 본래 아버지와 함께 계시다가 우리에게 나타나신 것이다. (1장 1~2절)

이 첫머리 말씀은 요한복음의 첫머리 말씀과 어쩌면 그렇게 비슷한가.

> 태초에 말씀이 계셨다. 말씀이 하나님과 함께 계셨다. 말씀은 하나님이었다. 그는 태초에 하나님과 함께 계셨다. 모든 것이 그를 통하여 지어졌으며 글을 통하지 않고 지어진 것은 하나도 없다.
> (요한복음 1장 1~4절)

요한은 자기 눈으로 직접 보고 귀로 직접 들은 직제자로서 예수의 신성을 힘있게 증언하고 있다.

> 우리가 우리의 죄를 고백하면 하나님은 신실하시고 의로우시므로 우리

의 죄를 용서하시고 모든 불의에서 우리를 깨끗하게 해 주실 것이다.

(1장 9절)

예수 그리스도가 육신을 입고 오셨다는 것을 고백하는 영은 다 하나님께로부터 온 영이다. 그러나 예수를 시인하지 않는 영은 다 하나님께로부터 오지 않은 영이다. (4장 2~3절)

24

요한 이·삼서

거짓 스승에 미혹되지 말라

 요한일서와 마찬가지로 저자는 요한이다. 매우 짧은 편지로서, 삼서는 성경 가운데서 가장 짧은 편지라고 한다. 이서는 그 수신인이 '선택된 여자와 그 자녀들에게'로 되어 있다.
 나는 어떤 여자에게 써 보낸 것이었을까 생각하고 있었는데, 교회를 여자라고도 불렀다고 한다. 흔히 교회의 신랑은 그리스도라고 비유적으로 말하는 수가 있기 때문이다. 그러므로 그 자녀들이란 곧 교회 신도들이다.
 이 짧은 편지에서 가장 중요한 대목은 다음 말씀이다.

> 누구든지 지나치게 나가, 그리스도의 가르침에 머물러 있지 않은 사람은 하나님을 모시지 못한다. 그 가르침에 머물러 있는 사람은 아버지와 아들을 모실 수 있다.
> 그대들에게 가는 사람 가운데 이 가르침을 가지지 않고 가는 사람이 있거든 그를 집으로 받아들이지 말고 인사도 하지 말라. (이서 9~10절)

 이 곳을 별 생각 없이 읽으면 그리스도 신자들이란 얼마나 편협하고 비관용적인가 하고 놀랄 것이다. 나도 그렇게 생각되어, 이 곳을 읽을 때마다 어쩐지 저항감을 느끼곤 했다. 그러나 이렇게 쓰는 데는 그럴 만한 사정이 있었다.

그 당시 순회 설교사가 다수 있었던 것 같다. 그 가운데에는 기독교와 전혀 무관한 교리를 전하는 위험한 가짜 스승이 있었다. 그 당시 순회 설교사가 다수 있었던 것 같다. 그 가운데에는 기독교와 전혀 무관한 교리를 전하는 위험한 가짜 스승이 있었다. 각처에 흩어져 있는 교회에 언제 이런 거짓 스승이 몰래 들어올지 몰랐다. 아무 것도 모르고, 자기들에게 좋은 설교를 해주는 스승인 줄 알고 환영해 놓고 보면 이상한 설교를 하곤 해서 신도들의 신앙에 동요와 혼란을 가져왔던 것이다.

현대에도 이런 유의 거짓 스승이 있다. 복음서에도 자칭 그리스도나 거짓 그리스도가 나타날 것이라고 예수님이 예언하셨 듯이, 마치 자기가 재림주 그리스도이거나 한 것 같은 교리를 가지고 많은 젊은이들을 미혹하는 자가 있다. 그런 거짓 스승에게 말려든 젊은이들은 미혹하는 자가 있다. 그런 거짓 스승에게 말려든 젊은이들은 공부를 포기하고, 부모를 등지고, 직장을 버리고, 침식을 잊고 모금하러 가정방문을 하거나 거리를 돌아다니거나 하고 있다.

전국에 그 피해자들의 모임조차 생겨났으며, 나에게도 그런 가족들로부터 끊임없이 호소가 날아들고 있다. 이렇게 생각해 보면, "그는 집에 받아들이지 말고 인사도 하지 말라"고 하는 권고를 결코 편협하다거나 비관용적이라고 탓할 수는 없다.

요한삼서에도

디오드레베가 우리를 받아들이지 않았다. 그러므로 내가 가면 그가 하는 일들을 지적할 것이다. 그는 악한 말로 우리를 근거 없이 헐뜯고, 그것으로도 만족하지 않아 형제들을 받아들이지 않을 뿐더러, 받아들이

려는 사람들까지도 방해하고 교회에서 쫓아내고 있다. (9~10절)
는 말씀이 나와 있는데 단순히 사사로운 문제가 아니라, 교회 전체의 문제였음을 염두에 두고 읽어 보면 납득이 갈 것이라고 생각한다. 이는 사도들이 문제의 초점을 흐려 놓거나, 적당히 타협하거나 하지 않았다고 하는 한 예이기도 하다. 예수님의 "예는 예, 아니면 아니라고 하라"고 가르치신 말씀이 연상된다.

아무튼 초대교회에 복음이 올바로 뿌리 내리기까지에, 안팎으로 많은 문제와 씨름했던 것을 엿볼 수 있다.

25

유다서

육으로 더러워진 자

 이 유다를 가룟 유다인 줄로 내가 착각했던 이야기는 전에도 했다. 이 유다는 예수의 형제 유다라고 한다. 이 편지를 쓰지 않으면 안 되었던 것은, 다른 편지와 마찬가지로, 거짓 스승이 나타나는 바람에 그 거짓 스승으로 인하여 교회가 분열되거나 분쟁이 일어났기 때문에 서둘러 썼다고 한다.

 이것도 짧은 서신이기는 하지만 신자라도 한 번 읽어서 뜻을 알기는 어렵다. 왜냐하면 구약성경의 사건이나 지명, 인명이 연달아 나오기 때문이다.

> 언제나 하나님의 사랑 안에 머물러 있어 영원한 생명으로 인도하시는 우리 주 예수 그리스도의 자비를 기다리라. 의심하는 자들을 긍휼히 여기고 그들을 불에서 끌어내어 구해 주라.
>
> 또 어떤 사람들에게는 두려운 마음으로 긍휼을 베풀어라. 그러나 육으로 더러워진 자에 대해서는 그 속옷이라도 싫어하라.　　(21~23절)

 이 맨 마지막 말 '육으로 더러워진 자'란, 하나님을 믿는다고 말하면서, 믿고 있기 때문에 무슨 짓을 해도 괜찮다고 하는, 그릇된 방종의 생활을 하고 있던 거짓 스승들을 가리킨다고 한다. 이를 위해 유다는 이 서신을 썼던 것이다.

26

요한계시록

신앙을 지켜 내기 위한 암호

전에 나는 신약성경 가운데서 이 요한계시록을 읽는 것이 가장 마음에 내키지 않았다. 나와 같은 생각을 가진 사람이 의외로 많지만, 그 반대로 이 계시록에 열중하는 사람도 적지 않다는 말을 들었다. 즉, 평가가 두 갈래로 갈라진다는 말이 되겠다.

내가 전에 이 책을 경원했던 것은, 애매모호한 대목이 너무나 많기 때문이었다. 왜 그런가. 그것은 군데군데 암호가 사용되어 있기 때문이다. 그러나 암호를 푼다는 것은 재미있다. 하지만 이에 열중하는 나머지, 흥미 본위의 억설을 퍼뜨린다거나, 혹은 몇년 몇월 며칠에 이 세상의 종말이 온다고 하면서 사람들을 불안과 혼란에 빠뜨리는 일이 있으므로 크게 조심하지 않으면 안 된다.

그럼 어째서 암호 같은 것을 사용하지 않으면 안 되었던가. 그것을 알려면 역시 여기서도 그 배경에 유의해야 한다.

나는 로마 황제라고 하면 금방 폭군 네로를 연상한다. 앞에서도 말하였듯이, 자기 자신이 로마 시내에 불을 지르고 나서, 그 죄를 그리스도 신자에게 덮어씌워 잔학한 형벌을 가한 네로다. 그런데 초대부터 8대까지의 황제를 주해서에서 살펴보면 3대째에 벌써 황제 숭배를 강요한 카리그라 황제(37~41년)가 있다.

이 황제는 정신 이상자로서 과대망상광이었다고 한다. 네로(54~68년)는 5대째인데 그는 과연 폭군이기는 했으나 자신을 신이라고 하지는 않았고 황제 숭배도 강요하지 않았다.

그런데 제8대째인 도미시안 황제(81~96년)는 카리그라와 네로를 합쳐 놓은 것 같은 흉악무도한 폭군이었다. 「새 성서 대사전」에 따르면 이 황제는 로마의 신분 높은 유력인사를 많이 사형에 처하거나 또는 아무런 이유도 없이 추방하거나 재산을 몰수하거나 하였다. 시기심이 강하여 자기 조카를 위시하여 근친자에게도 그 마수를 뻗치곤 했다. 그는 너무나 많은 사람들을 역적의 혐의를 뒤집어 씌워 처형했기 때문에 자기 아내가 신하와 모의하여 그를 모살했을 정도다.

특히 그의 가장 큰 죄악은 자기 자신을 신이라고 주장하고 법령으로 그것을 선포한 것이었다. 정부의 통고나 공문서의 첫머리에는 '우리 주이며 신인 도미시안 황제의 명에 의하여'라는 말을 쓰게 하였다. 또 서면으로나 입으로나 그를 부를 때에는 '주' 또는 '신' 이라고 불러야 했다. 즉, 로마제국 및 그 점령국에 거주하는 자들은 그를 신으로 섬기든가, 신이라고 부르지 않고 죽음에 넘겨지든가, 두 길 중 한 가지밖에 없었다.

그리스도 신자로서는 결코 사람을 신이라고 부를 수는 없는 노릇이다. 그런 시대에 살아야 했던 그리스도 신자들의 두려움은 얼마나 컸겠는가. 그 신앙을 격려하고 끝까지 참고 견디게 하기 위하여 이 요한계시록은 쓰여졌던 것이다. 그러기에 황제 측에 이 책의 의도가 탄로나서는 안 되었다. 암호를 사용한 것은 목숨을 걸고 신앙을 지켜 내게 하기 위한 지혜였다.

즉, 이 책은 목숨을 걸고 쓰여진 것이며, 읽는 쪽도 역시 목숨을 걸고 읽어야 할 책이었다. 나는 여기서 문득 주저하지 않을 수 없다. 나는 하나님을 믿는 자로서 또는 글을 쓰는 자로서, 과연 내 목숨을 위험에 내맡기면서까지 쓸 수가 있을까 하고.

이렇게 생각할 때 나는 새삼스레, 이런 암호를 사용해 가면서까지 기록하지 않고는 견딜 수 없었던 그 신앙에 압도당한다.

박해 가운데서 쓰여진 신약성경

생각해 보면 이 계시록뿐만 아니라 신약성경의 대부분이 박해에 직면한 가운데서 기록된 것이다. 바울 같은 이는 옥중에 있으면서 썼다. 원래 기독교는 예수님이 십자가에 못박힌다고 하는 박해에서 시작된 것이다. 그러기에 신약성경의 어느 부분에도 그리스도의 존귀한 피가 뿌려져 있고, 성도들의 피가 묻어 있다.

시대는 2천 년의 세월이 흘렀다고는 하나, 목숨을 걸고 썼던 이 성경을 우리 역시 진지한 마음으로 읽어야 하지 않겠는가. 목숨을 걸고 쓴 글을 이해하기 위해서는 읽는 자 역시 진지하게 읽어야 한다.

"성경은 자기의 모든 생활을 희생하고 읽어야 한다"
고 말한 어떤 목사님의 말씀의 깊이를 이제 나는 어렴풋이 알 것 같다. 그리고 또한 "성경의 말씀을 나 자신에게 하는 말씀으로 여겨, 귀를 기울여야 한다"고 말한 목사님의 말씀도 깊이가 있다고 느낀다. 마지막으로 계시록 가운데 한두 대목을 인용하고 펜을 놓고자 한다.

　　　　보라, 내가 문 밖에 서서 문을 두드리고 있다.
　　　　누구든지 내 음성을 듣고 문을 열면 내가 그에게 들어가 그와 함께 먹고 그도 나와 함께 먹을 것이다. 이기는 자에게는 이긴 후에 내 보좌에

앉도록 해주겠다.   (3장 20~21절)

이 말씀에 따라 그려진 유명한 그림도 있다. 손잡이가 없는 문밖에서 그리스도가 문을 두드리고 계시는 그림이다. 손잡이가 없으니 그리스도는 문을 열 수가 없다. 그리스도교의 신앙은 자기 의지로 안에서 문을 열고 그리스도를 마음 속에 모셔들이는 것이다.

지금까지 읽어 온 성경 전체는 그리스도의 노크다. 이 노크에 응하여 마음의 문을 여느냐, 열지 않느냐에 따라 그 인생은 전혀 달라지는 것이다.

　　아멘, 주 예수여, 오시옵소서.

이것이 성경의 마지막 말씀이다(끝 인사가 이 뒤에 한 줄 있기는 하지만). 박해를 받으면서도 사도들이 기다리고 있었던 것은 바로 주 예수 그리스도였다.

인간이 정말 기다려야 하는 것은 무엇인가.

그것은 거룩하신 분, 사랑이신 분, 의로우신 분, 곧 구세주 하나님의 아들이시다. 나도 또한 빌어마지 않는다.

　　주 예수여, 오시옵소서.

옮긴이 김 유 곤

고려대학교 영문과 졸업
충남대학교 대학원 졸업
서울장로회 신학대학 수료
동양전문대학 교수
우석출판사 편집주간
문학사상사 편집고문 역임
현, 전문 번역문학가로 활동중임(일본어)
번역서:『우찌무라 간조(內村鑑三)전집』전 20권 중 열다섯 권(설우사, 1975-1981) 다카하시 사브로『무교회주의 탐구』(설우사, 1981) 미우라 아야코『보랏빛 사연들』(설우사,1985) 토마스 아켐피스『그리스도를 본받아』(설우사, 1986) 빌리 그레이엄『행복의 비결』(설우사, 1986) 스즈키 히로유키『사랑이 나를 다시 살게 했습니다』(가야넷, 2001) 호시노 토미히로『극한의 고통이 피워 낸 생명의 꽃』외 번역서 다수

생명의 샘터 – 설우특선 ⑩

1981년 4월 30일   초판 1쇄 발행
1986년 8월 30일   1판 3쇄 발행
1991년 9월 20일   2판 1쇄 발행
1999년 6월 30일   3판 1쇄 발행
2005년 4월 22일   3판 2쇄 발행

지은이   우찌무라 간조
옮긴이   김 유 곤
펴낸이   임 만 호
펴낸곳   설우사

등 록   제16-13호(1978.7.20)
주 소   135-092 서울 강남구 삼성2동 38-13
전 화   02)544-3468~9
FAX   02)511-3920
ⓒ 설우사, 2004

http://www.holybooks.co.kr
e-mail : holybooks@naver.com

Printed in Korea
89-87911-09-8   03830

정 가 8,000원